读史新元素

失败者

张程 著

失 败 者 ： 被 遗 忘 的 历 史

中原出版传媒集团
中原传媒股份公司

大象出版社
·郑州·

图书在版编目(CIP)数据

失败者：被遗忘的历史 / 张程著. — 郑州：大象出版社，2021. 8
ISBN 978-7-5711-1078-9

Ⅰ. ①失… Ⅱ. ①张… Ⅲ. ①中国历史-通俗读物
Ⅳ. ①K209

中国版本图书馆 CIP 数据核字(2021)第 117054 号

失败者：被遗忘的历史

SHIBAIZHE：BEI YIWANG DE LISHI

张　程　著

出 版 人　汪林中
责任编辑　李小希
责任校对　安德华　牛志远
特邀设计　刘　民
美术编辑　杜晓燕

出版发行　大象出版社(郑州市郑东新区祥盛街 27 号　邮政编码 450016)
发行科　0371-63863551　总编室　0371-65597936
网　　址　www.daxiang.cn
印　　刷　北京汇林印务有限公司
经　　销　各地新华书店经销
开　　本　890 mm×1240 mm　1/32
印　　张　10.5
字　　数　213 千字
版　　次　2021 年 8 月第 1 版　2021 年 8 月第 1 次印刷
定　　价　58.00 元

若发现印、装质量问题，影响阅读，请与承印厂联系调换。
印厂地址　北京市大兴区黄村镇南六环磁各庄立交桥南 200 米(中轴路东侧)
邮政编码　102600　　　　电话　010-61264834

目　录

宋兹甫：世间再无宋襄公

周襄王十四年（公元前638年）十一月初一，凛冽的北风呼啸在冬日的大地上。

泓水北侧，宋兹甫统率宋国军队抢先列好阵势，等待着楚国大军的到来。双方约好在此厮杀。远方的天际线上扬起了尘土。宋兹甫静静地听着军旗猎猎，感受着夹杂其间的由远及近的大地的颤动，任由思绪蔓延开来……

十四年前（周襄王元年），父亲宋御说把宋兹甫叫到病榻前，要把国家托付给他。宋兹甫诚惶诚恐，他虽是嫡子，但自认才能远在庶出的哥哥宋目夷之下，便恳求父亲传位给目夷。父亲叹了口气，把大儿子目夷也叫了过来。目夷叩头哭诉："弟弟能把国家让给我，这不是最大的仁吗？我品德赶不上弟弟。况且废嫡立庶，不合礼制。"宋御说还在犹豫不定，目夷便逃往卫国躲了起来。第二年春，宋御说去世，宋兹甫继位，请回哥哥目夷，任为国相。

宋兹甫即位后，颇想有一番作为。宋国出自商朝王裔。周灭商后，以商朝旧地置宋国，封末代商王纣王之庶兄微子启为宋国公，统领商朝旧民，定都商丘。传到宋兹甫，已经是第二十代了。宋兹甫看到“礼崩乐坏”，周王室日渐衰微，戎狄蛮夷侵扰华夏，诸侯热衷征伐，百姓苦不堪言，也觉得荒唐难堪。宋兹甫与其他有心改变的贵族不同，他既是前朝天子贵胄，又是现实中的诸侯上公，有理想也有实力拨乱反正。即位后，他积极参与诸侯会盟，热心恢复大一统的和谐与荣光，与一切不合礼制、危害中原诸侯国和礼制道德的乱象做斗争。

比如，春秋首霸齐桓公暮年，诸公子争位，齐国大乱，齐桓公活活被饿死乃至尸虫爬满尸体也无人问津。宋兹甫邀请诸侯共同护送流亡宋国的齐国太子昭归国继位。虽然只有卫国、曹国、邾国三个小国响应，他还是毅然杀向齐国，扶持太子昭继位。

又比如，宋兹甫扣押了行为非礼的滕宣公，又将鄫国国君当作祭品祭祀睢之神，发兵包围曹国。因为他热心为公且小有所成，卫、邾、曹、滑等诸侯国聚集到了宋国周边。宋兹甫自我感觉声名鹊起，而齐桓公之后霸主之位空缺，便想效仿齐桓公，会合诸侯称霸，协调天下进止。目夷劝谏道：“宋乃小国。以小国之力会合诸侯，祸患将至。”他不听。

周襄王十三年（公元前639年）春，宋兹甫召集诸侯在鹿地会盟。前来的大国只有齐、楚两国。齐国是东方强国、前任霸主，虽经内乱，实力仍远超宋国。楚国跨地千里，带甲武士数以万计，北伐之势咄咄逼人。宋兹甫自顾自地以盟主自居，划定各国势力范围。齐君姜昭因宋国对自己有扶立之恩，隐忍不发，但此后再未参加任何宋国召集的会盟；楚王芈恽参会本为打探中原诸国虚实，遂同宋国虚与委蛇。宋兹甫对此都毫无察觉，反而认为霸主地位已成，又自作主张，召集诸侯于当年秋天在盂地再次会盟。他计划在盂地会盟时，让诸侯签订盟约，以收拾乱局，重塑秩序。

宋兹甫感觉自己正在冲刺人生的巅峰，其实他正迅速从峰顶跌落。

赴盂地前，目夷提醒宋兹甫，楚人毫无信义，应带兵参会。宋兹甫震惊了：一场以禁止使用武力为宗旨的会盟，怎么能带军队前往？况且，盟主以信义服人，率领军队赴会，成何体统？他断然拒绝，而且为了阻止目夷搞小动作，拉上目夷一同赴会。

盂地大会，参会者有宋、楚、郑、陈、蔡、许、曹七国。后五国看宋、楚两国态度行事。宋兹甫满心欢喜地宣读盟约，楚王芈恽都点头赞许。到了签约环节，芈恽一跃而起，要署名为盟主。宋兹甫反对，认为宋国是上公，理应为盟主。芈恽则反驳，按爵位论，楚国是王，更应为盟主。宋兹甫直斥“楚王”是僭越自封的，周天子封授楚君的只是“子爵”！芈恽哈哈大笑，挥挥手，场外埋伏的楚军蜂拥而入，将宋兹甫拘为阶下囚。其他诸侯顺势尊楚王为盟主。

宋兹甫蒙受的羞辱还不止于此。楚王芈恽抓住宋兹甫后，本想乘虚直取宋国。不料，目夷已经乘乱逃回宋国，组织抵抗。芈恽想杀掉宋兹甫，群臣担心此举犯众怒；可放了他，芈恽又不甘心。宋兹甫沦为了牢笼中的鸡肋。

老谋深算的芈恽很快想出了向鲁国献捷的把戏。鲁国是宗室周公的封国，地位特殊，有权代表周王接受献俘献捷。于是，多年不向周王进贡的楚国，突然将五花大绑的宋兹甫一路招摇，送到鲁国。鲁王姬申是个明白人，他紧急邀请诸侯在薄地相会，请求楚国释放宋兹甫。宋兹甫被当众批评训斥一番后予以释放，在这一出尴尬表演中充当了一个可怜兮兮的丑角。

宋兹甫的过人之处在于，尽管颜面尽失，心中的理想之火依旧炙热。目夷迎接他回国复位后，他继续致力于恢复前朝的秩序、维护诸侯的荣耀，用力更猛，用情更深。剑戈首先对准了郑国。郑国与周王室同宗，却谄媚楚国。宋兹甫难以忘记盂地大会上郑君提议芈恽为盟主的那副嘴脸。于是，他不顾目夷劝阻，于周襄王十四年夏天，联合卫、许、滕三国军队讨伐郑国。郑国求救于楚国。芈恽率军直接攻宋以救郑。宋兹甫不得不回军，双方军队在泓水相遇……

耳边传来目夷急促的声音，宋兹甫一下子从回忆回到了现实。他定睛一看，泓水南岸的楚军正在渡河。目夷建议："楚兵众而我寡，不如趁楚军渡河未半，突击灭之。"宋兹甫不假思索，断然拒绝："仁义之师怎能趁人渡河而击？"是啊，宋兹甫的目的是恢复仁义道德，消除恃强凌弱。使用自己反对的方式，即便达到了目的，也是没有意义的。

不多时，楚军渡过泓水，在水边抓紧列阵。目夷再次建议："待楚军阵形稳固，我们便难以战胜了。趁现在楚军列阵未成，掩杀过去还有胜算。"宋兹甫再次断然拒绝："君子不困人于厄，不鼓不成列。趁人不备而杀之，更是不道德的。"目夷叹息而退。

楚军列阵完成，甲胄鲜明。战车前出，战马刨地低吼；坚盾环绕，方阵长矛如林。

宋兹甫抬头仰望天空，浮云散去，阳光刺眼，莫名的信心溢满胸膛。他坚毅地注视着前方，猛地拔出佩剑，高喊："仁义！"便驱动驭手，身先士卒，冲向楚军。国君的战车犹如射出的箭镞，引着宋军跟进。迎接他们的是楚军的车阵、盾牌阵和如林的戈矛利刃……一场厮杀，宋军几至全没。率先入阵的宋兹甫，车毁倒地，腿部中箭，身陷重围，赖得目夷拼死相救，才领着少数残兵逃回宋国。

泓水之战成了贵族时代的谢幕之战，宋兹甫不幸担当了那个悲壮的拉幕人。

宋国城内，目夷等大臣埋怨宋兹甫一再错失胜局。宋兹甫朗声说道：

> 君子不重伤，不禽二毛。古之为军也，不以阻隘也。寡人虽亡国之余，不鼓不成列。

"重伤"指继续加害伤者，"二毛"指头发花白的老人。不趁人之危、不欺负老者是君子的基本素养，而不以险要地形取胜、不擂鼓进攻未成列的敌人，则是君子行军打仗的准则。作为前朝天子后裔，宋兹甫自然以君子自居，不为追求胜利而败坏规则。不择手段达成目的，君子不齿。

先秦时代是贵族的时代，世官世禄，贵族群体垄断了政治权力。政治制度与宗法制度高度重合，天子为天下大宗，分邦建国，诸侯为小宗，双方存在明确的权利与义务关系，进而推广至卿、大夫和士人。西周王朝在此之上茁壮发展，数百年来持续融合周边，抚育万民。宋兹甫深信这套周礼是完美的、有效的。他自豪中原华夏族的文化与道德优越于蛮夷戎狄，对后者侵蚀中原痛心疾首，以夷变夏，祸伏其中；他坚信礼法与道德是天下和谐的根基，对于兵戈四起、弱肉强食忧心忡忡。礼崩乐坏，天下何在？匡扶天下、去浊扬清，使中原重归盛世，为宋国摘取荣光，这难道不是贵族天经地义的永世担当吗？

宋兹甫是一个合格的贵族。一个合格的贵族心中时刻装着规则、责任、尊严、荣光，规则为其中最重者。它是贵族群体给天下设计的蓝图，是诸侯言行的准则，也是每个人安身立命的法则。贵族之责，在于捍卫规则体系。宋兹甫自然清楚，按照目夷的建议，宋军胜算很大；也清楚敌强我弱，正面冲锋没有胜算。然而，真照着目夷的建议去做了，自己不就推翻了自己的坚持，沦落为蛮夷的同类了吗？贵族的荣光，就来源于这份“明知不利而为之”的坚持。再落魄的贵族，也不会俯身捡拾地上的黄金，更不会接受嗟来之食；再富裕的暴发户，也可能为了一点蝇头小利喜形于色。真正的贵族，为自己、为他人坚守道德与规范，引导社会发展的方向。

宋兹甫的所作所为，不能说错。他只是在机械僵化地奉行原则，空喊仁义口号。宋兹甫的悲剧，在于他适逢新旧规则交替、贵族精神没落的春秋乱世。僭越、欺凌、谋杀、灭国等是这个时代的常态，宋兹甫以为天经地义的尊王、攘夷、恭谨、礼让等反而成了异态。春秋国灭者数以十计，礼乐征伐自诸侯出。时人追求的是结果，为了达成目的而谋划过程。目夷毫不客气地指出：

> 兵以胜为功，何常言与！必如公言，即奴事之耳，又何战为？

在目夷看来，胜利者才是一场战争的真正评价者，胜者为大，成王败寇。为了取胜，哪还讲什么规则？

在传说为姜太公所著的春秋战争条例《司马法》中，战争观是“以仁为本，以义治之”“争义不争利”，典型的战争场景是“结日定地，各居一面，鸣鼓而战，不相诈”。宋兹甫恪守的就是这套战争法则。他不知道，同时代有一个叫孙武的人正在写另一本兵书《孙子兵法》，其书开宗明义地指出：“兵者，诡道也！”战争是没有常规的，为了取胜可以行使各种阴谋诡计。宋兹甫估计会对《孙子兵法》嗤之以鼻，但千百年后华夏后代都知道《孙子兵法》，却没几个人知晓《司马法》。更让宋兹甫痛心的是，贵族精神日渐淡薄，不仅淡出了战场，也淡出了政治甚至社会。坚持仁义道德的人，被人们看作迂腐的人、幼稚的人、不靠谱的人，往往成为政治斗争的失败者；而深谋远虑、复杂多变的人，更容易成为英雄豪杰。后人逐渐没了内心的坚守、精神的法则，崇尚“识时务者为俊杰”。见机行事、应时而变，无非出于个人利益考量。重私利而轻公义，贪小得而昧大道，最终复制出的是一群群唯利是图、精致利己的同类。宋兹甫和他的时代，正在被历史车轮无情地碾轧。

泓水之战后的第二年夏，宋兹甫因箭伤恶化，不治而死，谥号宋襄公。从此，宋国一蹶不振，深陷三流小国的泥潭。历史的车轮滚滚向前，古代中国再无宋襄公式的政治人物。

耿恭：大汉帝国在西域

东汉永平十八年（公元 75 年）三月，西域绝域孤城，远离中原万里。

戈壁炙热，大地颤抖。校尉耿恭扒在金蒲城（今新疆吉木萨尔）的墙头，看着北匈奴左鹿蠡王率领的两万骑兵将城池包围得水泄不通。匈奴马匹扬起的黄尘遮天蔽日，顷刻间覆盖了这座汉军驻守的小城。

耿恭率领的驻军只有区区数百人，离金蒲城最近的友军有千里之遥。

敌我兵力悬殊，形势危如累卵，城中不免骚动。几天前，匈奴人大举进犯邻近的车师国。车师是降附汉朝的属国，耿恭毫不犹豫地派司马领兵三百人前往援救，不料中途遭遇匈奴埋伏，全军覆没。匈奴大军迅速攻破车师，杀国王降服其国，继而转攻金蒲城。耿恭不畏危难，召集剩下的守军，动员说："前代陈汤镇西域，有言：‘明犯强汉者，虽远必诛！’我光武帝光复大汉，重整西域，以金蒲、柳中两城为柱梁。金蒲虽小，不容有失。我们在，西域尚存；我们败，西域将不复为汉家所有。我们就是大汉！”

言毕，耿恭带头整肃戎装，登墙迎战匈奴。几百名驻军肯定挡不住两万敌人的车轮战，只能智挡，不能硬扛。耿恭下令让大家在弓箭上涂抹毒药，预先向敌人喊话：“汉家箭神，其中疮者必有异。”匈奴人不信。汉军纷纷射出毒箭。匈奴人见中箭的伤口处止不住流血，大为惊慌。适天降暴雨，耿恭带领数百汉军在风雨掩护下“杀伤甚众”。匈奴人惊恐地哀叹：“汉兵神，真可畏也！”溃败而去，金蒲城之围遂解。

耿恭出身于东汉初年的开国勋贵扶风耿氏家族。祖父是早期归附刘秀的隃糜侯耿况，伯父是位列云台二十四将前茅的大将军耿弇。耿家世代将帅，满门衣冠。但是耿恭的父亲耿广早逝，家族的光芒并没有给予耿恭多少荫庇，成年后的耿恭还是需要拼搏前程。西汉曾设置统辖天山南北的西域都护府，但经过王莽之乱，中原王朝对西域的控制力大减。北匈奴重入西域，掌控诸国。永平十七年（公元74年），站稳脚跟的东汉王朝尝试重新经营西域，派遣军队降服车师等国。耿恭以司马身份随军出征。事后，朝廷重设西域都护府，任命陈睦为西域都护；耿恭为戊己校尉，屯西域天山北的金蒲城；关宠并列为戊己校尉，屯西域天山南的柳中城（今新疆鄯善）。各派驻兵数百人。

东汉王朝投入西域的资源有限，而北匈奴自然不会放弃西域，在第二年就派遣精锐铁骑来争夺失地。耿恭在金蒲城取得胜利，并不能扭转大局。他预料到抵抗匈奴将是一场持久战，应趁着战争间隙寻找一个有利的据点，以备坚守。疏勒城（今新疆奇台）城边有溪流水源，可以固守。因此，永平十八年五月，耿恭率军转移到了疏勒城。

六月，依附匈奴的焉耆、龟兹两国攻打西域都护陈睦的驻地，陈睦全军覆没。同时，柳中城陷入北匈奴重围，自顾不暇。耿恭的疏勒城和关宠的柳中城成了黄沙汪洋中的两座孤岛，望眼方圆数千里之地，不是敌人匈奴，就是匈奴的附庸国。

七月，北匈奴重整旗鼓，围攻疏勒城。短兵相接失利后，匈奴人堵绝城外溪流。汉军在疏勒城中掘井十五丈，仍不出水，很快陷入困境。官兵焦渴困乏，以致挤马粪的汁来饮用。如此下去，疏勒城将不战而破。耿恭虔诚地跪地祈祷：“我们为国守城，如果上天不灭大汉，就赐给我们井水吧。”说完，耿恭带着大家奋力挖井运土。突然，奇迹出现，泉水涌出，众人齐呼万岁。象棋中的“耿恭拜井”之典即出于此。耿恭还从城上向下泼水给匈奴人看。匈奴人大感意外，认为是上天护佑着汉军，怏怏而退。

八月，匈奴人卷土重来，还与车师的军队一道进攻疏勒城。耿恭率军继续抵抗。敌人一波又一波地蜂拥而上，又如潮水般一次又一次地退去。疏勒城中有人怒吼，有人怨恨，有人哀号，也有人坠入永夜，但硕大的“汉”字大旗始终在城墙高处猎猎作响。

匈奴转而常驻城外，打消耗战，打算耗尽疏勒城的粮草，饿也要饿死汉军。起初，由于车师王后是汉人后裔，王后时常暗中送些粮食接济汉军，还将敌情告诉耿恭。可惜个人接济杯水车薪，几个月后疏勒城粮尽。城内颗粒无存，又无草木鸟兽可以充饥。但是耿恭带领残存的上百名官兵，战斗意志丝毫没有动摇，他们用水煮铠甲弓弩，咀嚼其上的兽筋皮革充饥，有死志无二心。无奈饥饿的戕害是实实在在的，数日后陆续有战友死去，最后只剩下了数十人。

匈奴单于推断耿恭已陷绝境，派遣使者去招降并给出条件："若降者，当封为白屋王，妻以女子。"这是对耿恭等人英雄气概的褒奖。务实而言，匈奴势力已经蔓延天山南北，一座孤城，数十饿卒，对匈奴的统治没有实质影响。但只要耿恭他们还在，东汉王朝的西域都护府就在，大汉帝国的光芒就在。匈奴单于是用显爵美色与耿恭交换那一面旗帜。

耿恭佯装应允，引匈奴使者进城，亲手将他杀死，然后在城头用火炙烤使者尸体。围城匈奴兵丁莫不胆寒。千年之后，南宋岳飞将此典故写入慷慨激昂的《满江红》："壮志饥餐胡虏肉，笑谈渴饮匈奴血。"

单于闻讯大怒，增派兵力围攻疏勒城。城池岿然不动，匈奴围城之势更加猛烈……

一年多过去了，这支孤军依然钉在疏勒城。耿恭等人每天都登墙眺望东方，希望朝廷军队来援，渐渐地，眺望本身成为一种希望。一天，一位年轻的士兵问耿恭："校尉，朝廷还记得我们吗？"耿恭坚定地回答："记得。朝廷记得每一支队伍。"士兵又问："中原今年是永平几年啊？"这一回，耿恭无言以对。

朝廷确实知道西域还有大汉孤军坚持奋战，之前，关宠遇围时遣使向朝廷求援。但中原也的的确确换了年号，西域大战爆发的八月，汉明帝驾崩，新君汉章帝继位。东汉朝廷新旧交替，迟至十月才商议西域问题，此时耿恭浴血奋战已经整整半年多了。

汉章帝时期的国力远逊于西汉中期，朝廷并无大规模经营西域的实力与意愿。因此，多数大臣反对出兵西域，其中一条重要理由是：事隔半年，朝廷的孤军还在吗？还有人提出：为了区区几百人，牺牲成千上万人去救援，值得吗？唯独司徒鲍昱力排众议道：

> 今使人于危难之地，急而弃之，外则纵蛮夷之暴，内则伤死难之臣。诚令权时后无边事可也，匈奴如复犯塞为寇，陛下将何以使将？

每一位为朝廷浴血奋战的战士，朝廷都不应该忘记。方如此，朝廷才有威望，天下才有保障。年轻的汉章帝为鲍昱的陈词所说服，决意救援西域残军。一场"万里拯救袍泽"的行动就此拉开帷幕。朝廷派酒泉太守秦彭、谒者王蒙、皇甫援征发张掖、酒泉、敦煌三郡及鄯善部队，共七千多人，西出玉门关，直奔柳中城。

建初元年（公元76年）正月，秦彭等人进至柳中城。此时，关宠已经在先前的残酷战斗中阵亡。汉军进一步进击车师国，与匈奴人鏖战，斩杀三千八百人，俘虏三千余人。北匈奴惊慌而逃，车师再度投降东汉。出师成果不可谓不显著，王蒙等人打算就此罢兵东归。

王蒙麾下军吏范羌，原本是受耿恭所遣前往敦煌郡领取本部过冬寒衣的部属，如今加入救援大军重回故地。他坚持要求继续去援救耿恭："同是袍泽，兄弟们在前方生死不知，我等岂可畏难而退？"将领们不愿前往，就分出两千兵马交给范羌行动。

范羌从当地人口中得知疏勒城有紧张战事，但传闻是几个月前的事了。战友们是否还活着？从柳中城至疏勒城的千里长途埋伏着多少匈奴人？范羌无暇顾及这些，义无反顾地踏上征途，经由山北之路去接耿恭"回家"。时值寒冬，天空飘起大雪，范羌和两千援军艰难跋涉在一丈多深的积雪中，没有补给，没有后方支援，只有恶劣的自然环境和未知的危险。他们望见疏勒城伤痕累累的城墙时，已经衣衫褴褛、精疲力竭了，不像援军，更像等待救援的残兵。

那是一个春寒料峭的夜晚，疏勒城头的哨兵发现雪地里有一队黑黝黝的身影，缓慢靠近城门。哨兵赶紧报警。耿恭叫醒百战余生的勇士们，大家收拾起雪地里的武器，准备迎接最后的战斗。"敌人"越来越近，耿恭发现这是一支同样破败不堪、步履蹒跚的队伍，似乎走的每一步都很勉强。真奇怪！匈奴人搞什么名堂？

耿恭下令准备战斗，突然传来一句虚弱却清晰的呼喊：

> 我范羌也。汉遣军迎校尉耳。

片刻沉寂之后，城中爆发出吼声，打破沉寂的夜。吼声此起彼伏，最后变为整齐划一的齐呼万岁。疏勒城门洞开，内外众人拥抱致礼，痛哭流涕。战士在哪儿恪尽职守，祖国就去哪儿迎接他们回家。

两支队伍来不及休整，第二天便一道返回东方。算范羌在内，耿恭所部只余二十六人踏上归途。归途一点都不亚于战场，他们跨越几千里没有支援、没有朋友的荒漠雪野，随时准备与匈奴追兵激战，边战边走，终于在三月抵达了东汉帝国最西部的边关——玉门关。

从疏勒城出发的二十六人，沿途陆续英勇阵亡、冻饿而死，抵达玉门关时只剩下了十三人，史称“十三勇士归玉门”。

十三名勇士中留下姓名的只有耿恭、范羌、石修、张封，其他九名普通士卒湮没无闻。他们“衣屦穿决，形容枯槁”，在玉门关得到了英雄凯旋般的待遇。中郎将郑众为他们安排洗浴，更换衣帽，并上书朝廷说：

> 耿恭以单兵固守孤城，当匈奴之冲，对数万之众，连月逾年，心力困尽。凿山为井，煮弩为粮，出于万死无一生之望。

前后杀伤丑虏数千百计，卒全忠勇，不为大汉耻。恭之节义，古今未有。宜蒙显爵，以厉将帅。

朝廷提耿恭为骑都尉，任命所部司马石修为洛阳市丞、张封为雍营司马，任命军吏范羌为共县（今河南辉县）县丞，其他九人都补羽林之职。耿恭孤悬鏖战之时，母亲不幸去世。耿恭回来后，补行丧礼，释服时汉章帝特地派五官中郎将馈赠牛和酒。

耿恭抵达洛阳后，司徒鲍昱上奏称，耿恭节操超过苏武，当封爵厚赏。耿恭与苏武都深陷敌国，忠贞不屈，坚忍不拔，让大汉荣光闪耀匈奴。苏武归朝后封关内侯，恩宠无比；但是耿恭只被提为骑都尉，一年后（建初二年）再升任长水校尉。可以说两人归朝后的待遇相差巨大。与苏武所处的西汉中期不同，汉章帝时代的朝廷关注的重心在内政、在如何重现西汉辉煌，而不在开疆拓土，不在重返西域，因此宣扬对外作战的典型的动力不足。更重要的原因在于勋贵豪强是东汉建立的支柱，却是承平时期帝王打压的重点。耿恭出身于开国勋贵扶风耿氏家族，他本人虽然没有享受多少门荫，但是耿氏其他宗支权势犹存，汉章帝断不会再主动增强耿氏势力。统而论之，耿恭节操不逊苏武，却注定不会有苏武那般的恩遇，甚至没有得到东汉朝廷的宣传，以至于“玉门十三勇士”的英雄事迹快速湮没，如断线风筝般滑进深深的历史隧道。

耿恭的后半生，也很快无声无息。

在之后的与西北少数民族的战争中，耿恭只是一位普通将领。建初三年（公元 78 年），东汉发动对西部羌人部落的征战，出征将领中就有耿恭。耿恭斩杀、俘虏一千多人，迫降羌人十三部落共数万人。他在战场上功劳卓著，在为人处世上却缺乏经验，得罪了出征羌人的主帅马防。马防是皇太后之兄，权势熏天，“位愈九卿，班同三府”。很快就有人弹劾耿恭不留心军事，桀骜不恭。朝廷将耿恭罢官，逮捕回洛阳，关入监狱，不久遣送原籍。

此后没有发生东山再起的传奇，也不存在造福乡里的故事，耿恭老死家中。他是一位被忽视的英雄，忽视之深，以至于后人连他准确的生卒年份都不知道。

郝普：东吴政坛边缘人

公元 230 年，是吴国的黄龙二年，在魏国是太和四年，入蜀汉则成了建兴八年。

建业城（今江苏南京）的吴国廷尉署来了一个年轻人。22 岁的隐蕃，自带光芒，从北方青州南投孙吴，除授为廷尉监，前来上任。

隐蕃处于闪耀的顶峰，一举一动都吸引众人的目光。建业城内盛传，隐蕃是青州的世家子，家学深厚且聪慧勤奋，加之仪表堂堂、能言善辩，真是雄姿英发，前程不可限量。这样的人才，不辞艰辛，投奔吴国，是朝野瞩目的“归义”之举。但吴大帝孙权并没有立刻召见他，或许孙权只是将隐蕃当作普通的投诚者。隐蕃的过人之处在于能够让性情刚硬的孙权很快便召见了自己，他主动上书说：

> 臣闻纣为无道，微子先出；高祖宽明，陈平先入。臣年二十二，委弃封域，归命有道，赖蒙天灵，得自全致。臣至止有日，而主者同之降人，未见精别，使臣微言妙旨，不得上达。于邑三叹，曷惟其已。谨诣阙拜章，乞蒙引见。

奏章开篇即贬魏文帝曹丕为商纣王，抬高孙权为汉高祖，而隐蕃自比微子、陈平。他们所处的时代，无不是革故鼎新、英雄辈出的时代。寥寥几笔便将身处的时代类比为大破大立的充满机遇之时，阅者不禁好奇：机遇何在？言者又有何高见？然而，隐蕃并不铺陈开去，而是自述非一般降人，要求面谈。进取心旺盛的孙权立刻召隐蕃来谈。会谈的具体内容，外人自然无从得知，但是廷尉署和朝野诸人都流传说隐蕃在君上面前侃侃而谈，指点江山、陈述政见，君上拍案叫好，当即委任其为廷尉监。

如此英才赴廷尉署任职，廷尉署上下都觉得与有荣焉。时任廷尉郝普热情接待、寒暄勉励之余，对隐蕃尤其有好感。郝普原以为年轻人缺乏实际政务的历练，安排其来廷尉署应该是观政考察，以备大用。接触几次后，他惊喜地发现隐蕃不仅对天下大事了然于胸，对廷尉执掌的司法刑狱也颇有见解，且待人接物谦恭有礼，丝毫没有后起之秀咄咄逼人之势。如此英才怎么会安排到略显边缘的廷尉署呢？

郝普好奇打探君上安排隐蕃来本官署的深意。从宫中各处汇聚来的消息，让他的内心飘来了厚厚的阴云。原来，孙权对隐蕃非常满意，有心重用，便询问陪同接见的老友、右领军胡综的意见。胡综回答："看隐蕃的上书，语气夸大，很像东方朔；观隐蕃的表现，灵敏擅辩，很像祢衡。但是论起才干都比不上两人。"孙权又问可以授予什么官职，胡综建议："浮夸之人不可治民，不过可以在京城安排一个小职位观察几日。"孙权想起隐蕃刚就刑狱发表了一番议论，便任用隐蕃为廷尉监。显然，郝普的判断与胡综是截然相反的，他隐隐觉得这位君上的心腹有压制才俊、排斥异己的嫌疑。这种感觉多么熟悉而又苦涩啊！

每位公卿大臣，在成熟、稳重的表象之下，都隐藏着屈辱、受伤、不甘与激愤。数不清的锤炼摔打造就了压制一切的平静如水。只不过，再过硬的情绪控制能力，也有不能及之处，负面情绪的蛛丝马迹总会显露。有的人，将自身遭受的苦难不公施加到下级与晚辈身上，成为顽疾的捍卫者和丑恶的加害者；有的人，则想通过肃清权限范围内的不公、减少年轻才俊的困难，来彰显过往的错与恶……

郝普在隐蕃的身上看到了自己的过往。

郝普的家并不在江东，而在千里之外的荆州义阳（今湖北枣阳）。他和隐蕃一样，是东吴的降人，也和隐蕃一样，才华横溢，年少成名。和隐蕃不同的是，郝普青年时代即出仕荆州，青云直上，直至零陵（治今湖南永州零陵区）太守。当时荆州的统治者是大汉皇叔刘备。在荆州士人群体中，刘备风评极佳，挟赤壁大胜曹操之雄风，招揽本地士人聚于麾下。荆州成了刘备阵营发展壮大的根据地，荆州士人也成了刘备统治的基本盘。他们支持刘军进占巴蜀，使其事业如日初升，喷薄而上。回想起短暂的零陵岁月，多年后的郝普还能感受到当日的意气风发、彼时的指点江山，仿佛全灭曹贼、重振汉室的荣光正在向自己招手。自己的前途，将沐浴在伟大征程的光芒之下，自太守而刺史、将军、公卿，终将封侯拜相。

建安二十年（公元215年），梦突然碎了。

梦碎的场景，郝普把它深深掩埋在心底深处。好几次夜深人静难以入眠，思绪已经到了记忆掩埋地的周围，他刻意扭头而去。那是他毕生最不愿触摸的伤痛。可是，隐蕃的到来，迅速照亮了他的心底，曝光了他苦痛的记忆。

有两个仇人，站立在郝普的苦痛之上，他一生不能原谅！

一个是吕蒙。当年，孙权毁约，发兵夺取刘备的荆州。刘军主力远在巴蜀，荆州空虚。孙军大将吕蒙率两万兵士进攻长沙、桂阳，二郡不敌而降。吕蒙乘胜渡过湘江，扑向零陵。郝普手下将不满十、兵不过千，但决心做个忠臣。他招募民壮，坚守城池，在焦虑忐忑之中，等待刘备援军。

先来到零陵的，是第二个仇人邓玄之。当时，邓玄之还是郝普的挚友。邓玄之并不避讳自己是吕蒙的说客。吕蒙进军途中路过酃县（今湖南衡阳），征召居于当地的邓玄之。在一个夜晚邓玄之赶赴孙军营垒，来到吕蒙的营帐时，吕蒙正连夜招集将领，布置攻城事宜。军事会议散后，吕蒙对邓玄之说：“郝子太（郝普的字）闻世间有忠义事，亦欲为之，而不知时也。刘备在汉中，和魏军缠斗厮杀，难以回援荆州，而我主孙权亲自率军来攻，攻城略地，连败刘军，这都是你亲眼所见的。刘备首尾倒悬，救死不给，岂有余力顾及零陵？今我军士卒精锐，援兵相继于道，郝子太命在旦夕，却还在奢望救援。我大军兵临城下，零陵孤城必破！城破之后，郝子太身死何益于事，而令家中老母戴白受诛，岂不痛哉？”邓玄之深以为然，入城转告郝普。郝普内心顿起波澜，前途、家人、性命等都成了考量因素。权衡之事一多，恐惧担忧慢慢占据了郝普的心头。零陵地处边乡僻壤，山岭环绕，难道就是我郝普的葬身之地？眼看荆州便要落入孙权之手，刘备阵营前程黯淡，群雄逐鹿，结果难料。

人生兜兜转转，无非在丛林迷宫中做出一个个选择。选择决定命运。郝普抵不过邓玄之的反复规劝，决定投降。

翌日，郝普大开四门，奉印出降。他刚一出城，吕蒙预先安排的四名将领，各带百人，马上抢入城门，迅速占领了零陵。郝普来到吴军营垒，吕蒙笑脸相迎。寒暄之后，吕蒙拿出了孙权的紧急文书。郝普迟疑了一下，接了过来。只几眼，巨大的不适差点儿让他背过气去，又瞬间将他打击得僵在原地。这是吕蒙昨日收到的告急文书。原来刘备得知孙权大举进犯，紧急从成都赶到荆州长江南岸的公安督战。大将关羽南下争夺三郡，前锋进至益阳。孙权一面派遣万人屯驻益阳抵挡关羽，一面紧急传令吕蒙放弃零陵，回师增援。吕蒙的可怕而又可恨之处，正在于他的执着、他的急智。他竟然硬是压下孙权的告急文书不表，找到邓玄之，演了一场戏，骗了邓玄之，更骗了郝普。

郝普原本可以等不远处的关羽大军赶来救援，成就自己的忠名，更可能获得前途的实利，现在却中了吕蒙的诡计，成了献城的降人！郝普“惭恨入地”，羞愧自己的意志不堪一击，痛恨吕蒙的奸诈狡猾。一旁的吕蒙拍手大笑，让郝普更加惭恨羞耻。幸福的光辉在这一刻永远从郝普的人生中褪去了。

吕蒙智取零陵后，撤换郝普，另委他人善后，率军赴援益阳。孙刘双方最终达成以湘江为界平分荆州的协议。故乡恢复均势，郝普却难以回到从前，留在了孙吴阵营为官。三国时期有一个突出的现象，那便是战争的张力、分裂的缝隙，最终都汇聚到了荆州这块土地上：最大规模的战争——赤壁之战爆发于此，战后曹刘孙三家分占荆州；经白衣渡江、夷陵大战，孙权完全吞并刘备荆州的领地。时代乱象凝结于此，荆州人承担了更多的不幸，就像郝普的家乡为曹魏所占，他得遇于刘备，大半生却出仕孙吴。①

大半生的仕途表面上位列公卿，风风光光，背后的清冷寒意只有郝普自己知道。乱世之中，朝堂公卿轻如狗，地方太守、刺史才是实权人物。孙吴政权还有一个特殊情况，它植根于军事征伐集团，兵权是权力的来源。将领、大族拥有部曲，部曲的多少

---

①　《吕蒙传》记载：孙刘两家划湘江而治后，孙权将零陵郡交还给刘备，遣返了包括郝普在内的三郡官员。不过，建安二十四年（公元 219 年），吕蒙白衣渡江，袭杀关羽，取得刘备荆州领地。郝普再次归入东吴。

通常决定军政职务的高低，而且常是世袭的。而郝普既没有地方实职履历，也没有获颁部曲，始终如油浮水一般漂在东吴朝堂之上。两汉以来，廷尉署的地位日趋边缘化，如今又逢乱世，郝普更陷入门庭萧索、无公可办的窘境。

突如其来的隐蕃，给廷尉署带来了热议，也在郝普的心里掀起了波澜。同是降人，同是东吴政坛的边缘人，同样在年轻时才华横溢、指点江山，他不希望隐蕃在冷衙门里耗尽时光，希望看到隐蕃平步青云。隐蕃的成功，一定程度上就是郝普的成功，就是对现有权力格局无声却有力的抨击。

郝普公开表达对隐蕃的赞赏——“蕃有王佐之才”，还时常叹息他被屈才埋没了。隐蕃也没有让郝普失望，他凭借出众的辩才和耀眼的交际能力获得了朝野一片称赞，许多人以与其结交为时尚，其中不乏东吴豪门，如左将军朱据、卫将军全琮。他们两位出身于东吴政权的支柱家族，手握兵权，对隐蕃的肯定让青年明星的声誉如日中天。不过，光芒之中也有黑斑。少数官员就不和隐蕃来往，如太常潘濬和羊衜、杨迪等。郝普难以理解，羊衜、潘濬和自己一样，都来自荆州，都是东吴政坛的边缘人，为什么就不与隐蕃结交呢？最令人费解的是，潘濬听说儿子骑都尉潘翥和隐蕃应酬交往，勃然大怒，写信责骂：

吾受国厚恩，志报以命，尔辈在都，当念恭顺，亲贤慕善，何故与降虏交，以粮饷之？在远闻此，心震面热，惆怅累旬。

疏到，急就往使，受杖一百，促责所饷。

志在报国自然没错，但也不必直呼隐蕃为“降虏”吧？如果隐蕃是降虏，我郝普何尝不是，你潘濬又何尝不是？有必要做得这么决绝，让儿子把已经馈赠给隐蕃的礼物都拿回去吗？你还打你儿子一百杖，我看，该挨打的是你潘濬！一想到这个潘濬，郝普便浑身不自在。潘濬对隐蕃的激烈反应令人费解，他在东吴的作为更令人惊讶。

潘濬是荆州土著，武陵郡汉寿县人，蒙刘备提拔为荆州治中从事。吕蒙白衣渡江，东吴全占荆州，刘军将吏纷纷投降，只潘濬称病不出。而孙权单单就看上了潘濬，亲自慰劳有加。潘濬涕泪交下，孙权掏巾帮他拭去泪水。至此，潘濬向孙权称臣，但仍为荆州治中从事，是少数在东吴政权中担任地方实职且掌握军队的荆州人。黄龙元年（公元229年），孙权称帝，任命潘濬为少府，进封刘阳侯，后迁任太常。与郝普同列公卿久居朝堂不同，潘濬浸淫江湖，长期与大将陆逊屯驻武昌，协理荆州事务。

郝普对潘濬的态度，费解之余夹杂着羡慕嫉妒。三国政权各有基本盘：曹魏的基本盘是曹操起兵的元从集团曹氏、夏侯氏家族，以及紧随其后加入的由颍川、汝南士人组成的颍汝集团；刘备的基本盘是关羽、张飞、赵云等元从集团，以及流亡入川的荆州集团，郝普原本也是荆州集团的一员；孙权的基本盘是周瑜、鲁肃、黄盖等父兄的老人和以张、朱、顾、陆为代表的江东大族。

随着各自基本盘中老人和元从们的去世，后者掌握了三国的实权，边缘群体要想在各家政权中分享实权，要加倍付出，且未必能得偿所愿。主导群体的强势和党同伐异，给边缘人带来了无处不在的不适感。潘濬能在江东大族的垄断格局中搏出一方天地，过人之处和备尝艰辛的经历，自不待言。他对儿子的激烈训斥，并且有意将书信泄露出来，其中的谨慎郝普可以理解，其中的自我贬低，郝普觉得没有必要，平添自己的尴尬与苦涩。可怜人何必为难可怜人?

在涟漪荡漾的朝堂之外，是东吴和曹魏对峙的前线。两国沿着荆北、江淮一线反复争夺襄樊、合肥、寿春等据点，多年来各自难有突破。魏军略占优势，且居高临下，一心剑指长江。东吴抓住魏军心理，在公元 228 年实施了一起成功的诱敌深入事件。时任鄱阳太守周鲂诈降，致书曹魏的淮南主将曹休，表示愿意纳土归降，请魏军南下接应。曹休喜出望外，轻易挥师，孤军深入，结果在石亭遇伏，几乎全军覆没，曹休事后惭恨而死。

三年后的黄龙三年（公元 231 年）十月，又一封降书传到了淮南的魏营，是东吴的中郎将孙布所写。孙布在信中表示要率部归降，请魏军上将王凌南下接应。这是不是又一个骗局呢?

王凌立功心切，宁可信其有不可信其无，迟疑之后挥师南下。但前方等待他的，不是孙布投诚的军队，而是孙权布下的重重伏兵!

这场计划中的伏击战是扭转江淮战局的重要机会，孙权高度重视，亲自督战。在紧张而兴奋的气氛中，它成了一个公开的秘密流传在建业城的官寺衙署中，很快传到了隐蕃的耳朵里。

隐蕃大惊！原来他和孙布一样，都是诈降。隐蕃的真实身份是魏明帝直接指派到南方的间谍，执行反间之计，离间东吴君臣及豪门。魏军即将进入吴军的包围圈，隐蕃怎能袖手旁观？而此时，王凌大军已经南下，隐蕃想派人向他告急，不仅没有联络的渠道，时间上也不一定来得及。危难见忠诚，隐蕃决定牺牲自己，在东吴首都建业城发动武装叛乱，希望能打乱东吴的部署，引起王凌的警觉。

这注定是一场自杀式的叛乱。隐蕃事先毫无准备——他的任务是反间而非叛乱，仓促之下率领奴仆冲出家门，鼓噪、放火。他不求成功，只求闹出声响。果然，城内吴军迅速出动，镇压了叛乱，隐蕃成了阶下囚。不过，“都城有变”的警报传到了吴军前线，进而传到了魏军那边。王凌对孙布投降一事本就无确实把握，听闻风吹草动，立刻撤军北返。

孙权恨恨而归后，亲自审讯隐蕃：“何乃以肌肉为人受毒乎？”意欲诱导隐蕃招出同党。隐蕃说：

> 孙君，丈夫图事，岂有无伴！烈士死，不足相牵耳。

言罢，至死闭口不答。好一句“烈士死，不足相牵耳”，它充满想象与猜疑的空间，对于多疑的孙权而言，这极可能是开启杀戮的根源。隐蕃虽死，牵连的大臣极多。之前与之交好的朱据、全综等人都为孙权所猜忌，或去职闲置，或解除兵权。细细思来，隐蕃临死前，还在忠实执行离间的使命，可谓忠诚尽职的曹魏间谍。

受到冲击最大的是隐蕃的上司、之前高调称赞隐蕃的郝普。孙权倒不觉得郝普是叛党，而是当面痛骂郝普的无知、无能：

> 卿前盛称蕃，又为之怨望朝廷，使蕃反叛，皆卿之由！

众目睽睽之下，郝普不知自己是如何回的家。他失魂落魄地瘫倒于案几之侧，听见扑通扑通的心跳声和沉重发烫的呼吸声。他终于能够理解潘濬的谨小慎微和高调示弱了，潘濬确实在自己之上，早就把自身处境和突围之道看得通通透透。

郝普冥冥之中又想起了之前的好友、后来断了联系的糜芳。郝普在刘备阵营是零陵太守，糜芳则是重要得多的南郡太守。糜芳还是刘备的小舅子。糜家本是徐州富豪，刘备入据徐州时，糜竺、糜芳兄弟便倾尽家产、奴仆资助刘备，还将妹妹嫁为刘妻。但在孙军突袭荆州时，糜芳也投降了。类似的经历，让郝普和糜芳在建业城一度走得很近。

作为原刘备阵营的核心成员，糜芳遭受了吴人更多的鄙视。一次，糜芳乘船出行，遇到东吴大臣虞翻的船。糜芳的船工向虞翻喊道：“回避我们将军的船！”虞翻厉声呵斥：“失忠之人，凭什么侍奉君主？献城败将，何以妄称将军？”糜芳默默躲进船舱，关上船窗，让虞翻先过。又一次，还是虞翻。他乘车经过糜芳营地，因营门未开，车马不能通过，便说道：“应该打开的门关闭着，应该关闭的门却打开了。”糜芳再次不发一言，此后便很少与人走动，连与郝普等旧友也渐渐不通音讯了。郝普如今多少能体味到糜芳的沉默了。糜大人，你现在何处，近况可好？我是一点都不好啊！

原来，只有自己浑浑噩噩地生活在茫然之中，如同肆意生长的野草，成不了气候还遭人嫌弃。罢了罢了，案几上恰好摆有佩剑，郝普一把抓过……

“见责自杀”这四个字是《吴书·胡综传》中记载的郝普的结局，郝普的生平还在《吴书·吕蒙传》《蜀书·杨戏传》中有所提及。

司马孚：大魏纯忠之臣[①]

甘露五年（公元 260 年）五月的一天，洛阳城风雨如晦，雨水倾盆而下，冲刷着街道上的鲜血。

当天，魏帝曹髦不满司马昭专政，率宫人讨伐，于宫门处为司马氏爪牙所杀，史称“甘露之变”。风雨声很好地掩盖了厮杀声，甚至似乎要继续掩盖曾经发生过的事件本身。洛阳城里的贵族官宦在紧张思索，如何也像雨水一般洗去突发事变对自己的影响。司马昭之心路人皆知，反对司马昭，连皇帝都必死无疑，没有人会站在死去的君王一边指责权臣。于是，百官不敢妄动，任凭曹髦的尸体暴露在外，遭受风吹雨打。

风雨中，只有一位鬓发斑白的老者冲到现场。他跪在曹髦尸

---

① 本文主要参考了仇鹿鸣《半透明的镜子：司马孚在魏晋政治中的形象与地位》（《学术月刊》2011 年第 2 期）和《从族到家：宗室势力与西晋政治的转型》（《史学月刊》2011 年第 9 期）两文。

体旁，把年轻皇帝的头颅放在自己大腿上，失声痛哭："杀陛下者，臣之罪！"这一声自责盖过了风雨声，传到很多官民耳朵里，一直流传到千百年后……

五年后，司马昭的儿子司马炎正式篡夺曹魏的天下，建立西晋王朝。魏末帝曹奂被贬为陈留王，迁出皇宫。当此之际，众臣逢迎新主人，没人恭送旧君王。自古只听新人笑，谁人顾得旧人哭？这是情理之中的事，也是臣工自保之术。因此，曹奂出宫的场面十分冷清，老奴哀叹，瘦马气喘。

凄凉中，又是五年前的那位老者郑重赶来。亡国之时，有人如此高调，可算是王朝最佳的挽歌。

这位老者就是司马孚。

司马孚到底何许人也？为什么敢在新政权车轮滚滚驶来之际，逆"潮流"而动？更奇怪的是，司马孚竟然能安然而退！

司马孚如此作为，最大的资本就是他的辈分。晋朝皇室源于河内司马氏。东汉末期，河内温县人司马防，历任洛阳令、京兆尹、骑都尉，生有八子，依次为司马朗、司马懿、司马孚、司马馗、司马恂、司马进、司马通、司马敏。

八子中最为早成的是老大司马朗，他从小见识不凡，被曹操辟为司空属官，官至兖州刺史，于征讨东吴时不顾军中时疫，亲自视察，派送药品，不幸染病去世，享年 47 岁。曹操对司马朗赞誉有加，继而陆续招用司马懿、司马孚等兄弟。司马孚以东汉官员的身份踏入仕途，先是担任曹植的文学掾，对年轻气盛的曹植多有规劝；后迁为太子中庶子，成为曹丕的属员。曹操逝世时，司马孚随同曹丕在邺城（今河北临漳西南）。消息传来，曹丕与群臣“相聚号哭，无复行列”，悲痛至极。司马孚劝谏曹丕整顿禁卫，抓紧即位。他临危不乱、沉稳务实的作风深得曹丕赏识。曹丕建政后，司马孚累官至黄门侍郎，加骑都尉；魏明帝时又任度支尚书，负责国家财政；正始年间受封昌平亭侯，拜尚书令，成为宰辅高官。

曹魏王朝有厚恩于司马孚，司马孚也把最精彩的时光、最漫长的岁月奉献给了曹魏王朝。

司马孚人生最大的变数，来自他的二哥司马懿。

司马懿是曹魏核心权力圈的成员之一，卷入了与曹氏宗亲的残酷斗争。大将军曹爽一度擅权，司马懿失势。三弟司马孚审时度势，韬光养晦，“不视庶事，但正身远害而已”。正始十年（公元 249 年），司马懿发动“高平陵之变”，趁曹爽和皇帝曹芳离开洛阳去谒陵之际，发兵控制洛阳，诛杀曹爽及其党羽。在这场二选一的政变中，司马孚站在了二哥一边。毕竟，一边是自己的骨肉至亲，一边是要迫害自己家族的他姓人，这个选择在情理之中。在兵变中，司马孚与侄子司马师一起屯兵司马门，控制洛阳进出要道。事后，司马孚以功封侯，加侍中。

之后数年，司马家族似乎便是曹魏王朝。司马孚分不清是在为国效力，还是替自家分忧。他曾督师在扬州前线击退了东吴二十万大军的进攻，也曾坐镇关中，指挥诸军应对蜀汉姜维的北伐骚扰。嘉平三年（公元 251 年），二哥司马懿去世，两个侄子司马师、司马昭先后接任大将军，执掌大权。司马家族在朝野势力日渐膨胀，司马孚也愈加尊荣。

事难全遂，月盈则亏。尊荣之下，司马孚有难以名状的隐忧。嘉平六年（公元 254 年），司马师废皇帝曹芳，立高贵乡公曹髦为帝。虽为至亲，但司马懿父子行事，事先并未商讯司马孚。如果说“高平陵之变”尚有你死我活的争斗，那么司马师废黜曹芳则纯粹别有用心了。基本的政治敏锐让司马孚明白，自己家族开始超越权臣的界限，朝着谋朝篡位的危险方向前进了。可他终究是司马家族中人，平素行事又谨慎低调，难道还出面制止不成？

司马孚只能用小的行动来委婉表达态度。曹芳被废，垂涕与太后分别后出宫，“群臣送者数十人，太尉司马孚悲不自胜，余多垂涕”。在凄惨悲凉之中，司马孚完成了第一次无声的反抗。第二次便是曹髦遇害之时在风雨中的失声痛哭。然而，这些抗争都不能阻止司马家族代魏建晋。咸熙二年（公元 265 年）十一月，侄孙司马炎逼迫曹奂退位，自称皇帝，建立晋朝。司马家族弹冠相庆，可司马孚又不合时宜地去与曹奂拜辞。此次的拜辞不同于往常，彼时是曹魏天下，此时却已是大晋王朝了。尽管如此，司马孚还是痛哭流涕地说：

> 臣死之日，固大魏之纯臣也。

后人多有批判司马孚伪善，说其惺惺作态、大伪似真、大奸似忠等。鲁迅先生在《古小说钩沉》中的“语林”部分记载：

> 景王（即司马师）欲诛夏侯玄，意未决，间问安王孚云：“己才足以制之不？”孚云：“昔赵俨葬儿，汝来，半坐迎之。泰初（即夏侯玄）后至，一座悉起。以此方之，恐汝不如。”乃杀之。

夏侯玄反对司马家族，诛杀他的决定看似是司马师决策的，细究起来却是司马孚推动的。如此看来，“魏之纯臣”没有什么值得夸耀的，而且严格而论，司马孚还曾经是“汉臣”呢。

司马孚“三代老臣”的身份是毋庸置疑的，他的内心肯定经历过挣扎。改朝换代之时，别人面临的是忠义与私利的选择，司马孚多了一份国与家的纠结——一边是骨肉至亲，一边是为之奋斗了大半辈子的曹魏的江山社稷，选择哪一边都是艰难的。希望他以死相抗甚至公开与全族至亲为敌，实在是要求太高了。司马孚没有以死为曹魏尽忠，也没做出对司马家族的有害之举，这是一个人在复杂环境中做出的情理之中的选择。

选择决定命运，而历史人物面临选择之时，压力更大，考量因素错综复杂，个人好恶情绪难以捉摸，实在没有一个可以量化的分析体系。

晋朝代替曹魏的过程，是司马家族的集体奋斗的过程。在这个漫长而充满政治风险的过程中，整个司马家族逐步凝结成了一个一荣俱荣、一损俱损的政治共同体。家族内的各个房支都曾为帝位的取得做出过贡献。司马孚自然出过力，但肯定算不上积极。相反，他的“小动作”更值得玩味，对家族的影响也是负面的。

晋朝建立后，司马孚年老辈高，是晋武帝司马炎唯一在世的祖父辈尊长。司马炎对他十分尊宠，封他为安平王，食邑四万户，进拜太宰、持节、都督中外诸军事，又赐予云母辇、青盖车。晋朝“邑二万户为大国”，安平国封四万户，为最大的诸侯国。每次朝会时，司马孚乘车上殿，皇帝司马炎反而降阶相迎。就座后，司马炎亲自献酒，以家人之礼对待。

西晋以大封宗室闻名。晋初所封的二十七王之中，以司马懿这一辈来说，共有六个房支的成员受封为王。司马孚一支数目最多，除司马孚外，尚有七子（望、辅、晃、环、珪、衡、景）二孙（司马望之子洪、楙）封王。紧随其后的才是司马懿一支，有九人封王。《艺文类聚·职官》记载了这一旷古绝今的盛况：

> 献王（司马孚）一门三世，同时十人封王，二人世子父，位极人臣，子孙咸居大官，出则旌旗节钺，入则貂蝉衮冕，自公族之宠，未始有也。

司马孚虽见尊宠，却不以为荣，常有忧色，至死以魏臣自称。泰始八年（公元 272 年），他临终写下遗令：

有魏贞士河内温县司马孚，字叔达，不伊不周，不夷不惠，立身行道，终始若一。当以素棺单椁，敛以时服。

“不伊不周”出典《汉书》，指的是王莽身为宰辅不做周公、伊尹，而谋取皇位。司马孚用在此处是指自己身为曹魏老臣，却没有尽责，也暗含司马氏代魏如王莽篡位的意思。“不夷不惠”出自《法言》，“夷”指伯夷，“惠”指柳下惠，“不夷不惠”就是“不屈其意，不累其身”，不违背自己的心意侍奉新主，也不过于偏执导致身死族灭。这是司马孚的人生自我总结。

司马孚薨时享年93岁，在古代是极为长寿的。

司马炎在太极东堂举哀三日，下诏：“王勋德超世，尊宠无二，期颐在位，朕之所倚。庶永百龄，谘仰训导，奄忽殂陨，哀慕感切。其以东园温明秘器、朝服一具、衣一袭、绯练百匹、绢布各五百匹、钱百万、谷千斛以供丧事。”司马孚的葬礼规格，比照东汉东平献王刘苍的旧例，刘苍是东汉早期的皇室尊长。

司马孚家人遵照遗嘱，对晋武帝司马炎所赐器物，一律不施用。而司马炎两次御驾亲临葬礼，亲拜尽哀；司马孚下葬时，又亲临都亭，望灵柩而拜，哀动左右。朝廷给司马孚的葬礼配置銮辂轻车、介士武贲百人、吉凶导从二千余人，前后鼓吹，配飨太庙，备极哀荣，无以复加。

司马孚死后，其子孙很快不复往日的尊荣。司马炎将自己对“大魏之纯臣”的不满全都打击报复到了司马孚的子孙身上。

泰始九年（公元 273 年），司马孚孙子司马隆继位为安平王，不久去世，因无子国除。咸宁三年（公元 277 年），司马敦被册立为安平王，国复。当年，司马炎调整诸侯分封，诸侯国普遍增邑，安平国却被降为次国，仅食一万户，是此次调整受影响最大的诸侯国。安平国至此由盛转衰。

慕容超：最后的大燕皇帝

公元384年，是杀戮无常、视生命如草芥的魏晋南北朝乱世中的一年。

凉州张掖的监牢中又多了一批冤魂。太守下令处死居住在城中的一户鲜卑人。哀号声、抽泣声充满了监牢的每一处空气，一个叫纳的鲜卑男子紧紧拽住几个年幼的孩子，不愿分离，这几个孩子中既有纳自己的儿子，也有哥哥留下的儿子。刽子手恶狠狠地把纳往牢门外拉，身子脱出牢门之际，纳深情地回望了一眼缩在监牢墙角瑟瑟发抖、满头白发的母亲公孙氏和身怀六甲的妻子段氏。

另一边，狱吏呼延平正在向太守力保公孙氏和段氏。两个柔弱妇人——段氏还怀有身孕，不会威胁官府，相反，真正威胁官府的是屠戮公孙氏和段氏彰显出来的官府残暴不义。张掖太守觉得有理，同意将两位女眷收监待命。呼延平暂时保住两人性命后，又策划了劫狱。狱吏将管下人犯劫救而去，称得上是惊世传奇。乱世多奇事，诚然如此。

呼延平带上家小，护着公孙氏和段氏，遁入羌人所居的蛮荒之地。在羌地，段氏生下一子，取名为超。

超，这个遗腹子，奔跑在山壑纵横、蛮夷杂居的贫瘠之地，如野草般勃发，如白云般散漫。羌人的孩子们大多过着如山林草木般不为人知、自生自灭的生活，过早地承担起生活的重担，无奈地品味着贫苦的煎熬，或者干脆死于权势者的征发、争斗与摆布，最后也同草木那般化为尘土。公孙氏、呼延平的日子并不富裕，需要为生计操劳，但他们尽最大的努力让小孩子衣食无忧。超渐渐发现自己和周边的羌族小伙伴们不同，在伙伴们早早低头伏身于生计之时，他继续无忧无虑地奔跑着。

人生不是单行线，不可能沿着一条路径一走到底。超的无忧岁月在10岁时戛然而止。当年，老祖母公孙氏病逝。临终，公孙氏将爱孙叫到跟前，讲述了他的身世：超全名慕容超，出身于昌黎棘城（今辽宁义县）的皇室贵胄慕容氏。慕容超是大燕太祖慕容皝之孙、烈祖慕容儁之侄。公孙氏即燕太祖的妃子，育有慕容纳、慕容德两个儿子。

慕容氏是魏晋南北朝的枭雄家族，子孙繁衍众多，且人才辈出。慕容皝生子数以十计，父子四处征战，统一了华北大部。可惜强强相斥、同胞猜忌，公元370年，大燕国亡于前秦大帝苻坚。前秦优待慕容家族，苻坚任命慕容纳为广武（今山西代县）太守、慕容德为张掖太守。几年后，慕容纳辞去官职，奔凉州张掖投靠弟弟慕容德，一家人团聚。不想公元383年，苻坚南征东晋，意图统一全国。慕容德随征南下，将家眷留在了张掖。不久，前秦大军在淝水战败，帝国分崩离析，豪强军阀四起。慕容皝之子慕容垂纵横河北，恢复燕国。滞留军中的慕容德也追随这个同父异母的哥哥恢复故国。

消息传到张掖，便引发了张掖太守处死慕容纳父子及慕容德留在此处的孩子的事情。之前，慕容德任太守时，有恩于呼延平。呼延平知恩图报，全力保下了公孙氏与段氏，并护佑着慕容超流亡，被后世视为一代义士。

10岁的孩子，显然不能明了家世的曲折，不能理解祖父辈孜孜以求的复国梦想。公孙氏的临终教诲，给孙子刻下了两个印记：一是不能忘记自己是慕容家的子孙，是大燕的皇室贵胄；二是拿出珍藏的金刀传给慕容超——这是慕容德南征前留下的信物，嘱咐说："汝得东归，可以此刀还汝叔也。"

公孙氏逝世后，呼延平带段氏、慕容超母子奔入后凉。此时前秦已覆灭，吕氏家族割据凉州，建立了后凉政权。慕容超在后凉相对安全，呼延平一行便定居后凉都城姑臧（今甘肃武威）。

少年慕容超对姑臧的记忆很多，却没有一条与美好有关，而是充满饥饿、死亡与毁灭。后凉政权建立不久即内外交困，战火四起。末代君主吕隆通过骨肉相残上台，强权立威，但凡豪强、名门乃至宗亲大臣不顺己者，全部诛杀。后凉朝野内外人人自危，无心生产。尚称繁荣的姑臧城内，百姓生活无法维持。更可怕的是，后凉末期战火燃烧到首都姑臧，青壮纷纷被硬拉入伍，肢体残缺、痛苦而终的兵丁比比皆是。在政权的最后时光，姑臧陷入后秦军队的重围，出现了人吃人的地狱景象。十多万百姓活活饿死，尸体散落城内各处，无人收殓，任由腐烂，空气中弥漫着恶臭。尚未饿死的百姓千方百计逃往城外活命，吕隆担心人去政亡，坑杀了几百人，但还是阻止不了零星的逃亡。后人无从得知刚刚成年的慕容超是如何逃过拉丁入伍、扛枪打仗的厄运，又是如何在饿殍遍地的姑臧城奇迹般地存活下来的。

公元403年，后凉亡于后秦。侥幸存活的慕容超跟随呼延平、母亲段氏一道，以平民的身份，踏上了迁往后秦都城长安的漫长旅途。至长安不久，一代义士呼延平去世了。段氏做主，为慕容超娶了多年相随的呼延平之女为妻。

呼延平死后，慕容超一家人失去了收入，向赤贫境地沦陷。长安城里多了一个年轻的鲜卑乞丐，为了一口吃食，听人吆来喝去；长安城里多了一个年轻的鲜卑疯子，为了莫名来由，四处疯癫游荡。不知怎地，有人得知了慕容超的身世。不过几乎没有人重视这个落魄贵族，反而增加了鄙视他、嘲笑他的谈资，只有后秦大臣姚绍见而怪之，劝皇帝姚兴授以爵位，优容牵制。姚兴遂召见慕容超，慕容超匆忙前去，收敛了疯癫之态，尽露对荣华富贵的贪恋。事后，姚兴鄙夷地对姚绍说：“谚语说的‘妍皮不裹痴骨’，一句荒诞话而已。”姚兴认定慕容超不会有所作为，置之不理，任由他来去自由。

几个月后，慕容超不见了！

母亲段氏、妻子呼延氏都还在长安艰难度日，慕容超却不见踪影，不知疯到何处去了。

原来，叔叔慕容德得知哥哥的遗腹子尚在长安，派人来接慕容超。话说前秦亡后，慕容垂一度恢复燕国，统一华北大部，史称后燕。不幸的是，新的霸主拓跋氏北魏已经崛起。燕魏决战，后燕主力丧尽，慕容垂英雄迟暮，抱憾而终。转年，北魏大军攻占后燕首都邺城，将燕国断为南北两截。北燕收缩辽东，后为他姓篡夺。镇守邺城的慕容德，率南部残余进占河南滑台（今河南滑县），再转进山东站稳脚跟，随后称帝，定都广固（今山东青州），延续了燕国血脉，史称南燕。

慕容家族子嗣虽多，英才虽众，却在不断的仇杀、内讧和对外征战中消亡殆尽。近支皇族几乎为北魏所歼灭，慕容德的子女们早已抛尸张掖，慕容德年近古稀，没有继承人，由谁来延续国祚成了燕国迫在眉睫的大事。亲侄慕容超现身，慕容德喜出望外，再三向列祖列宗祷告，庆幸上天不绝燕国。

出现在慕容德面前的青年，身躯高大，相貌堂堂，更重要的是血统纯正。慕容超呈上金刀信物，叙说祖母遗言。慕容德抚摸着金刀，古稀之躯禁不住地颤抖，发出悲号之声。岁月无情，权力弄人，慕容家族为了燕国大业着实付出了太多、承受了太多。

从此南燕多了一位侍中、骠骑大将军，并袭封北海王——

那原是燕国复国后追封慕容纳的爵位。不久后的建平六年（公元405年），70岁的慕容德去世，20岁的慕容超即皇帝位，改年号为太上。

遗腹子、逃难、杀戮、饥饿、围城、猜疑、生离死别……二十载磨难，换来了九五之尊南面称帝。慕容超迎来了人生的大喜！

人生的欢愉冥冥之中早已标价，只是苦难的过往遮蔽了年轻的双眼，慕容超南向而坐之时，没有意识到皇权的需索正无情涌来。

不同的社会环境，塑造了每个人不同的能力，框定了每个人不同的视野，限制了每个人不同的格局。人可以流动，但流动是个长年累月的缓慢过程，短暂的身份变化、地位升降，不能说没有成功适应的案例，却也犹如甘栗移植青藏、椰子北迁漠北一样，成活者寥寥。

慕容超尝尽了常人所能经历的一切苦难，也拥有过正常生活的必要能力，甚至有超常的心机与隐忍之术。可是，皇冠对承载之人的要求是异常严苛的。皇帝不仅要有过硬的能力素养，还要有超凡的格局、视野和谋略，承受常人难以想象的压力，做出常人难以企及的决策。可惜的是，骤得富贵的慕容超不具备这样的内在素养，驾驭不了偏居山东一隅、在强敌环伺之中求生存谋发展的燕国大局。“南燕政权是由慕容德在后燕亡国之际率领慕容部残余及部分世家大族在青齐地区共同创立的。……在慕容德统治时期，执掌南燕军政大权的主要是慕容鲜卑贵族，南迁士族的政治角色要么充当近侍顾问，要么承担中央机构的底层行政工作，与政府高层决策无缘。随着南燕政权的稳固，慕容氏统治者为了加强皇权，逐渐开始抑制士族势力，对他们采取打压政策。……由于慕容超储君之位的正当性在即位前就遭到部分慕容氏贵族与士族的质疑，因此，为稳固自身统治，慕容超即位后不久即起用以公孙五楼为代表的私人势力。这使得新权贵势力在慕容超的支持下，与以慕容钟、段宏和封孚等人为首的元老重臣之间的矛盾不断激化，最终演变成慕容钟联合部分慕容氏宗族成员和青州大姓封氏等族联合策划的谋反活动。”[①] 慕容超的执政所为，史书记载最多的就是用女乐从后秦换回来母亲段氏、妻子呼延氏，其余的时间和精力似乎都耗费在内部争斗上。

客观而言，慕容氏诸位君王的能力、表现都在均值之上。他们还相当在意舆论公议，说明他们有底线、知敬畏，这在帝王群体中难能可贵。慕容德曾问文武大臣：“朕可比自古以来何等君主？”青州刺史鞠仲回答：“陛下中兴国运，当比夏之少康、汉之光武帝。”慕容德喜形于色，当众宣布赏赐鞠仲一千匹绸缎。赏赐如此之重，鞠仲连忙辞谢。慕容德说：“你拿话来调笑我，朕就不能调笑你吗？你评价我的不是实话，朕也就虚言赏赐你。”中书侍郎韩范进言：“天子无戏言，今日之论，君主与臣下都不

---

① 见扬州大学梁瑞雪硕士论文《南燕政治史研究三题》。

对。”慕容德敛容致谢，赏赐韩范绢绸五十匹。太上二年（公元406年），慕容超也提出同样的问题：“朕可比自古以来何等君主？”太尉封孚回答说：“桀、纣。”慕容超惭愧又气愤，封孚缓缓而出，神色不改。此时已为司空的鞠仲对封孚说：“怎么能如此与天子说话？你应回去谢罪。”封孚说：“我已年过七十，只求死得其所！”言罢便坦然而去。慕容超虑其声望，宽容不予追究。

《晋书》对慕容超评价很低：“不恤政事，畋游是好，百姓苦之。”

南燕残破，地小财寡，支撑一个中央政权已经勉为其难，何况与北魏的纷争又持续不断。慕容超错误地做出了转向东晋掳掠人口和物资的决策。此时掌握东晋实权的是气吞万里如虎的一代枭雄刘裕。他正欲立威篡权，北伐南燕成了最合理的选择。

太上五年（东晋义熙五年，公元409年）夏，刘裕北伐南燕。慕容超不顾反对，放弃在南疆的大岘关布防，收缩主力在平地与晋军决战。刘裕率军通过不设防的大岘关，笑称已经胜券在握。果然，晋军接连告捷，燕军最终被围困在广固城内。

姑臧围城的经历，慕容超在广固再次品味。陷入重围的日子越来越糟糕，城内一多半人都身患疾病。太上六年（东晋义熙六年，公元410年）正月初一，慕容超登上城门，召见群臣，大加赏赐，并杀马犒赏将士。宠姬魏夫人跟随上城，目睹晋军的强盛，握着慕容超的手，两人相对哭泣。大臣韩谆规谏说：“陛下遭逢困厄，正是尽力抗争之际，如今反而对着女子悲泣，多么庸俗啊！”慕容超忙拭泪致歉。

尚书令董锐劝说慕容超出降，慕容超愤怒地把董锐投进监狱。尚书悦寿再次进谏：“天地不仁，助纣为虐，将士患病，日渐衰弱。如今困守孤城，外援绝望，上天的倾向已经相当明显了。假使国运已尽，尧舜让位，转祸为福。皇上纳城归降，可保全宗族。”慕容氏家族是骄傲的家族，建功立业已经融入他们的血液，对权势的渴望和对责任的坚守是他们的特性。恰恰是为了宗族考虑，慕容超拒绝了一切劝降：“兴衰皆有天命。我宁愿挥舞宝剑战死，也不能衔璧投降求生。”

岁月曾经折磨过慕容超，也曾经厚爱过他、亲吻过他。一个人历经人生的风雨悲欢，于弹尽粮绝命悬一线之际，依然坚持的就是他的真性情了。

不日城破，慕容超被俘。刘裕数说其罪状，他都神色自若，一言不发。只是在发现胜利者队列中有曾经投降南燕、后来叛回东晋的刘敬宣，慕容超才开口，淡然将母亲托付给刘敬宣。

南燕亡，慕容超被押赴东晋首都建康（今江苏南京），在街市公开受刑斩首，时年 26 岁。

对正史而言，慕容超是刘裕扬名立威的配角；对慕容氏而言，慕容超是大燕王朝的最后一位帝王。慕容超无子嗣，无谥号，无庙号；他死后，慕容氏家族成为历史长河中的一个传奇符号。

司马德文：愿不再生于帝王家

晋朝不幸，第二位皇帝和倒数第二位皇帝都是白痴：第二位皇帝晋惠帝司马衷说出了著名的“何不食肉糜”的痴语；倒数第二位皇帝晋安帝司马德宗残障程度远超前者，他从生到死不会说话，不辨寒暑，不知饥饱，生活都不能自理。《晋书·安帝纪》也承认“帝不惠，自少及长，口不能言，虽寒暑之变，无以辩也。凡所动止，皆非己出”。

政令非司马德宗所出，倒不全是因为他白痴，而是晋安帝时期的东晋王朝军阀林立、豪强并起，皇帝无一兵一卒，皇权几乎衰败到极点——先是桓玄攻占首都，篡位自立；紧接着刘裕削平群雄，东征西讨，朝野都清楚刘裕即将代晋自立。皇帝是不是白痴，其实并不那么重要。

但是对于家人来说，司马德宗毕竟是挚爱的亲人。司马德宗没有子嗣，只有一个弟弟——琅邪王司马德文。司马德文一直在哥哥身边照顾，不单是料理衣食住行，更是保证其人身安全。兄弟二人感情很好，同患难共命运。桓玄废司马德宗，司马德文便陪伴着哥哥迁往浔阳；桓玄失败后，他们又一起迁到江陵（今湖北荆州），再由刘裕迎回建康，一路上颠沛流离，朝不保夕。

当初桓玄死后，部将桓振跃马奋戈，冲到皇帝面前，瞪眼怒喝司马德宗："臣桓氏一家有何辜负国家，要遭到朝廷的屠灭之祸？"司马德文正在榻上陪伴瑟瑟发抖的哥哥，见事情紧急，下榻对桓振说："这难道是我们兄弟的意思吗？"这句话驳得桓振无话可说。的确，司马德宗是个天下皆知的白痴，连话都说不全，更不用说屠杀桓氏家族了。桓玄争权夺利而死，与这对可怜的兄弟有什么关系？

这一句话出自司马德文之口，恰好是他一生的写照。

义熙十四年（公元418年），刘裕急于篡位，密令党羽中书侍郎王韶之买通司马德宗左右侍从，欲伺机谋害皇帝。司马德文知道后，清楚哥哥不辨安危，毫无自卫能力，便天天随侍左右，一时让王韶之等人无法下手。

年底，司马德文突患急病，不得不暂离兄长就医。王韶之乘机入后宫东堂，指挥党羽用散衣结成带子，将司马德宗活活勒死，时年37岁。司马德文听闻皇帝"暴病驾崩"的噩耗，痛哭失声。他哭的不仅是兄长，还有东晋的国运。

刘裕杀死晋安帝后，慑于社会上盛传“昌明[1]之后有二帝”的图谶，担心人心对晋朝还有依恋，决定再等一两年再取而代之。他指使党羽伪造遗诏，于当年年底改立司马德文为皇帝，次年（公元419年）改年号为元熙。

司马德文就这样传奇般地成了皇帝。

皇帝一旦无权，便是任人宰割的羔羊。司马德文很清楚自己只是一个傀儡。

元熙元年正月，司马德文为了表彰刘裕的“策立之功”，下诏晋封其为宋王，将徐州、豫州、兖州、司州等十个郡增划为宋王封地。年底，司马德文又允许刘裕佩戴十二旒的冠冕，建天子旌旗，出警入跸，乘金根车，驾六马，备五时副车，置旄头云罕，乐舞八佾，设钟虡宫县；晋封宋王亲属为太后、王后、太子，王子、王孙各有爵命。刘裕距离九五之尊只有半步之遥了。

第二年，58岁的刘裕迫不及待地要篡位。一生的征战让他遍体鳞伤，身体情况并不好，他相信在生命的长跑中自己必然会输给新皇帝司马德文。很快，中书令傅亮入宫，将事先草拟好的禅位诏书递给司马德文，让他誊抄一份。敏感的司马德文立刻就明白是怎么回事了。

片刻的惊讶之后，司马德文欣然允诺。他边抄边对左右说：“桓玄篡位之时，晋朝便已经亡国了。多亏刘公出兵平定，才恢

① 指司马德宗、司马德文的父皇晋孝武帝。

复晋朝。我司马家族继续君临天下近二十载，全赖刘公之力。今日禅位，我心甘情愿，没有任何怨恨。”司马德文誊抄完诏书，交给傅亮，主动携后妃等眷属搬出宫去。傅亮随即宣布了皇上禅让的消息。

刘裕得知意料之中的消息后，依照惯例上表推辞。但是司马德文早已经自去了帝号，搬进原来的琅邪王官邸居住。天下已经没有皇帝，刘裕送上去的让表也就没有了呈送对象。相反，建康权贵豪门、文武群臣竞相向刘裕上表劝进。新王朝的好戏开场了。刘裕称帝，建立了宋朝，他就是宋武帝。

司马德文被降封为零陵王，迁居秣陵县城（今江苏南京），由冠军将军刘遵考带兵监管。新朝给司马德文的待遇是：“全食一郡。载天子旌旗，乘五时副车，行晋正朔，郊祀天地礼乐制度，皆用晋典。上书不为表，答表勿称诏。”这个待遇表面上看相当优渥，不仅保持了皇帝的待遇和礼仪不变，而且零陵王在贵族百官中的排位是“位在三公之上、陈留王之下”。

遗憾的是，史载“（逊帝）有其文而不备其礼”，逊帝的待遇是新王朝给的，更得由新王朝来落实。在司马德文之前，中国历史上有两位禅位的皇帝：汉献帝刘协、魏末帝曹奂。他俩的待遇都还不错，但是司马德文就没有前辈那么幸运了。刘裕一开始就没打算让司马德文继续活在世上。

刘裕常年征战，养成了置对手于死地的习惯。对年近花甲的他来说，保留一位年轻的逊帝，危险异常。司马氏篡夺曹魏江山，花费了数代人的精力才争取到天下士族大家的支持，而刘裕的崛起只有短短一二十年，根基不稳。刘裕担心自己百年之后，根基盘错的司马氏复辟。所有的一切决定了司马德文必须死。

刘裕的党羽监视着司马德文的一举一动，不放过任何一个可以下手的机会。

司马德文的褚皇后的哥哥褚秀之、褚淡之是晋朝的太常卿和侍中，在妹夫落难后迅速投靠刘裕，协助监视帝后。褚皇后在皇帝禅让之时已经怀孕，司马德文逊位后她生下一个儿子。刘裕认定这个刚出生的婴儿是个潜在的威胁，下达了暗杀令，褚秀之兄弟便残忍地将刚出生的外甥杀死了。

经历了丧子的悲痛后，司马德文夫妇心惊胆战，日夜生活在惊恐之中。两人整天共处一室，一切饮食都亲自动手。刘裕爪牙一时无法下手。

永初元年（公元420年）九月，刘裕命令曾任琅邪郎中令、司马德文原先的部属张伟前去毒杀逊帝。张伟不忍心谋害故主，可对刘裕又无法交代，在路上饮毒酒自尽了。

刘裕一计不成，又生一计，派遣褚淡之与其兄右卫将军褚叔度出马。两人假意去探望褚皇后，士兵悄悄地跟随在他们身后。褚皇后听说兄长来了，离开丈夫出门相迎。士兵们乘机越墙跳入内室，将毒酒放在司马德文面前，逼他速饮快死。

司马德文摇头拒绝说：“佛曰：人凡自杀，转世不能再投人胎。”

几个士兵不和他废话，一拥而上，将司马德文按在床上，用被子蒙住他的脸，用力扼杀了他。事毕，凶手跳墙而回。宋朝宣称逊帝“暴毙而亡”。司马德文死时才36岁。

司马德文死后，刘裕对司马皇室痛下杀手，几乎夷平了全族，开了后世受禅之君屠杀逊帝及先朝宗室的恶劣先例。半个多世纪后，这个恶劣先例又作用到了刘裕的子孙身上，这恐怕是刘裕没有料到的。

权臣萧道成要代宋自立，无奈宋朝末帝刘準是一个12岁的贪玩小孩，不知禅让为何事。禅让的进度一度停顿，萧道成不得不动用军队逼宫。昇明三年（公元479年）春，禁卫军在王敬则的率领下涌入宫中，大喊着“齐王当继大位”的口号，逼刘準逊位。刘準正在一个小房间内玩捉迷藏，吓得不敢出来。禁卫军逼皇太后把小皇帝从角落里拽出来，架着他去完成“禅让之礼”。刘準坐在跑得飞快的车上，惊吓过度后反而不哭了。他问王敬则：“你们要杀我吗？”王敬则回答：“你要搬到别的地方住。你家祖先取司马家的天下时便是如此作为。”刘準哭道：“愿后身世世勿复生在王家！”

萧道成建齐朝后，封刘準为汝阴王，位在三公之上，同样给予了优渥的待遇。刘準搬离建康，在丹阳居住。当年五月己未，汝阴王府门外马蹄声杂乱。监视刘準的官兵以为有人想劫持刘準复辟，自作主张将13岁的刘準杀害。刘準禅位后存活了不到一个月。刘準死后，萧道成同样将残存的刘宋宗室不论年纪大小，一律幽杀。

魏晋南北朝时政权更迭频繁，落难天子的命运犹如待宰的牛羊一般，一把把寒光闪闪的利刃，往往悬在龙椅的上方。

皇帝是没有退路的，他的退路就是死路。一旦登上大宝，皇帝只有不断巩固手中的权力，扼杀任何潜在的威胁，追求自己的绝对安全。这或许是中国皇权每朝每代不断被强化的心理逻辑。

王义方：管不住嘴的人[①]

大唐显庆元年（公元 656 年），侍御史王义方在家宴请宾客。

数日前，王义方购入一处宅院。长安居，大不易，王义方为官多年才购宅安居，宾客们纷纷道贺。席间，他指着庭院中一棵参天大树，说这是一名贵树种，价值不菲。房产交易时，买卖双方都没有意识到树的价值，定价也未包含该树。王义方想补给卖家差价。宾客们啧啧称奇，其中一人说，王御史生活在云端，不知道民间交易的惯例，房价本就包含庭院树木，况且房产已经交割清楚，买家无须补差额了。王义方觉得不妥："此佳树，得无欠偿乎？"既然是佳树，怎么能无偿获取呢？事后王义方找到原房主，补上了四千钱。

---

① 本文史料依据新旧《唐书》中《王义方传》及余娟娟《王义方生平若干问题之考论》（《海南广播电视大学学报》2017 年第 3 期）一文。

席间，宾客们还谈起了长安城里的一桩奇案。

不久前，有一美貌妇人淳于氏因事入大理寺大狱。中书侍郎李义府贪图淳于氏的美色，托大理寺丞毕正义枉法放出，暗中纳为侧室。如此大胆操作，自然让人议论纷纷。高宗皇帝敕令给事中刘仁轨、侍御史张伦调查此事，谁料关键证人毕正义突然自缢而亡，刘仁轨、张伦以查无实据而草率结案，给长安城的街头巷议平添了诸多“猛料”。

在王义方府上宴席中，宾客们的议论很快从案情本身转到了中书侍郎李义府身上。李义府比王义方大一岁，却在不惑之年就荣登宰相高位。他的前半生仕途并不出彩，虽然早早进入高宗皇帝的潜邸晋王府担任属官，但在高宗即位后仅升迁为中书舍人、弘文馆学士，远谈不上位高权重。而且，宰相长孙无忌很讨厌李义府，曾上奏皇上贬其为壁州（今四川通江）司马，皇帝应允，诏书都已写成，就待第二天颁布。李义府提前探知消息，问计于同事王德俭。王德俭善于钻研高层动态、揣摩皇帝心思，指点道：

> 武昭仪方有宠，上欲立为后，畏宰相议，未有以发之。君能建白，转祸于福也。

高宗李治宠爱武昭仪，想以武氏取代王皇后。无奈武昭仪是先皇才人，又曾出家，经历过于复杂，高宗对其的宠爱一直受到元老宰执长孙无忌、褚遂良等人激烈而明确的反对，更不用说立为皇后了。李义府如能捅破这层窗户纸，倡议立武昭仪为皇后，说不定能转危为安。于是李义府当夜即叩阁上表，盛赞武昭仪，请求废立皇后。李治大喜，当即召见李义府，赐珠一斗，贬官的诏书自然作废。在李义府的倡议下，高宗李治终于在永徽六年（公元 655 年）废王立武。李义府因此赢得了皇帝宠信和武氏奥援，迅速发迹，拜为中书侍郎、同中书门下三品，封广平县男，后又进爵为侯，日渐飞扬跋扈、气焰嚣张。他私纳囚犯为妾证据确凿，毕正义之死他嫌疑重重，可满朝官员“无敢白其奸”。

说者无意，听者有心。王义方恰好正在犹豫是否揭发检举李义府。

王义方与李义府很熟。十多年前，两人同为晋王府的属官，年纪相仿又同处为官，自然走动不少。后来宦海沉浮，一个青云直上，一个原地踏步。李义府位高权重后，没有忘记与王义方的旧情，在王义方从地方县丞调京任著作佐郎上提供便利，又在十多天前亲自举荐王义方荣升侍御史。这份帮助，不能说恩重如山，也让王义方感佩在心。王义方清楚，李义府看重两人的友情，也希望将他拉拢在自己的身边，毕竟新崛起的宰相很需要自己的人马。王义方在政治上跟随李义府，合情合理，前途光明，他为何会蹦出揭发检举的念头呢？

因为王义方是御史，匡扶正义、激浊扬清是他的职责；更因为王义方性格刚正耿直，眼里容不得沙子。《旧唐书》载王义方“謇傲独行”，《新唐书》说他“性謇特，高自标树”。两处共同的“謇”

字，是严肃、正直的意思。

儒家倡导积极入世、关注现实、坚持原则，理想政治高于个人命运，高于朝廷律令，高于统治者的好恶，因此培育出了一批又一批刚正之士，他们或在野或从政，都遵行仁义道德等政治理念。李义府身为朝廷重臣，寡廉鲜耻，为非作歹，显然与儒家思想背离，王义方弹劾他理所应当。可是，道德说教与复杂现实，坚持原则与个人利益，往往不尽相符甚至相悖。恰恰是这种冲突，真正考验一个人的本性。个人所做的抉择，彰显他的品性，也决定了他的命运。

王义方担心弹劾李义府不会有结果。李义府圣眷正隆，势力急速扩张，与他为敌，胜券不大，断送政治前途的可能性倒极大。王义方沉吟良久，自言自语道：

> 可取万代名耶！循默以求达耶！

一边是遵循圣贤教诲，可以天下留名；一边是和其他人一样沉默以对，可以稳步升迁。王义方年过四旬，家小众多，一度觉得没有必要冒险。各家自扫门前雪，不惑之人种好自家一亩三分地、过好自家的小日子就行了，管什么他人冤屈、是非曲直？匡扶正义的代价，为什么要我来承担呢？过了一天，王义方又想开了：

非但为国除蠹，亦乃名在身前。

弹劾之举，不仅是为国除奸，更是坚持原则。不能因为爱惜身家利益而放弃原则。“名在身前”，名是名声，更是原则，是人之所以顶天立地的精气神。放弃了原则，就如同人抽掉了精神，和飞禽走兽有什么区别呢？

可是，李义府权势强盛，是不是暂避锋芒、等待合适的时机再弹劾呢？王义方也想过等到李义府开始失宠，或者他人群起攻之之际再行弹劾，到时候新账旧账一起算，胜算更大。除恶扬善，也要讲究策略不是？转念一想，如果李义府常年占据高位，没有露出可以扳倒他的破绽，难道就要一直蛰伏下去？难道就默视李义府继续为非作歹、祸害良善？这和助纣为虐有何区别？沉默者是作恶者的帮凶。王义方更加坚定了弹劾的决心。

面临势必得罪权臣而来的家庭祸患，孝顺的王义方放心不下的是老母亲要跟着受苦。他问计于母亲，母亲深明大义，给了王义方坚定的支持：

昔王母伏剑，成陵之谊。汝能尽忠，吾愿之，死不恨。

“王母伏剑”典出楚汉相争时王陵的故事。项羽挟持了王陵的母亲，诱逼王陵依附自己。王母伏剑自尽，坚定儿子投靠刘邦的决心。王义方母亲以王母自比，希望儿子尽忠，先顾大家再想小家。有了母亲的支持，王义方毅然上章，弹劾李义府于辇毂之下擅杀六品寺丞。虽然没有谋杀的直接证据，但即便毕正义是自杀的，也是“畏义府之权势，能杀身以灭口”。如此，“生杀之威，上非主出”，权臣暗操生死之权的风气不可长，请重新查核毕正义之死。

奏章递上去了，圣断却杳然。帝国官方文书系统冗杂却不离其宗，那便是皇帝掌握着最终的决定权。皇帝往往将不愿意、不方便、不希望处理的文书摁下。眼看弹劾要石沉大海了，王义方毅然决然地决定在朝堂上当面揭发李义府的恶行。这是大唐制度赋予御史的最后的监察权。

翌日的朝堂上，王义方抖擞精神，出班朗声宣称要弹劾中书侍郎李义府不法。按照大唐律例，官员当堂遭到弹劾，无论是否属实，都要立即俯偻趋出，立于朝堂待罪。遭遇弹劾后，李义府却百般抵赖，强词否认指控。王义方对这种不顾礼法、骄横跋扈之举极为愤怒，激动地脱下身上的獬豸法冠，高声斥责。王义方呵斥一次，李义府反驳一回；王义方再呵斥，李义府又反驳。弹劾变成了对呵，其他朝臣噤若寒蝉。高宗李治端坐龙椅，面无表情。

当王义方第三次呵斥后，李义府不得不悻悻出班待罪。王义方略为整理衣冠，拿出弹文当堂诵读：

> 义府善柔成性，佞媚为姿。昔事马周，分桃见宠；后交

刘洎，割袖承恩。

阐述了李义府的谄媚品行后，王义方列举毕正义之死的疑点，指出李义府有重大谋杀嫌疑，建议严惩。其中，“分桃见宠”典出春秋时期，卫灵公宠爱美少年弥子瑕，两人共食一桃，后多指男宠之事。“割袖承恩”典出西汉末期，汉哀帝与董贤共寝，董贤压住了汉哀帝的袖子，皇帝不忍惊醒他，断袖而起，后多代指男同性恋。王义方以这两个典故来铺陈李义府起初依靠马周、刘洎的暧昧宠信得以崛起，犯了重大的战术错误。且不说他并没有掌握李义府是同性恋的证据，即便李义府真的靠男色起家，那岂不是说前朝重臣马周、刘洎都是贪恋男色之人，而且间接引人遐想：高宗李治如此重用李义府，是否也是贪恋男色之人？

李义府善解人意，尤其在后宫事务上是少数坚定支持皇帝的大臣之一，高宗李治内心根本不想处置李义府。先前，他将王义方的弹劾奏章留中不发，本想给双方留有余地，希望王义方就此罢手。适才，他见王义方在朝堂上三呵李义府，心中老大不满。现在，王义方弹文开头的战术失误，引得他更为不适。因此，李治待王义方读完弹文，直斥其“毁辱大臣”，“言词不逊”，当场下令贬其为莱州司户参军。

王义方犹豫再三、慷慨赴义的正义之举，转瞬之间一败涂地，无可挽回。

退朝后，李义府得意地问王义方：“王御史妄加弹劾，惭愧否？”王义方严肃回答：“孔子担任鲁国司寇，仅七天就诛杀了少正卯。我王义方担任御史已经十六日了，离开前不能诛杀奸臣，确实有愧。”

41岁的王义方携母亲、妻小前往山东莱州任职。第二年，李义府迁中书令、检校御史大夫、太子宾客，封河间郡公，并赐长安豪宅，一时间宠冠朝廷，家中子弟都被任为清要官职。宰相李义府平易近人，待人接物和颜悦色，可是凡稍有触犯他的人，不久都或遭贬斥或遇害。朝野官民私下评价李义府笑中有刀，人送外号“李猫”。[①]

王义方在莱州兢兢业业，处理政务勤勉认真，却多年得不到升迁、调任。几年后，王义方辞官客居昌乐，以教授学生为业。母亲去世后，他干脆隐居不出，于总章二年（公元669年）去世，享年55岁。

王义方是个“极有故事”的人。

他是泗州涟水（今江苏涟水）人，生于隋炀帝大业十二年（公元615年）。父亲早逝，母亲含辛茹苦将他拉扯大，并且供他读书。当时科举已兴，聪颖好学的王义方于唐太宗贞观十一年（公元637年）考中科举，名列明经之榜。此时他年仅22岁，前途一片光明。前往京师的路上，王义方在道旁遇到一位疲惫的步行者，

① 李义府后因过于飞扬跋扈，为唐高宗所忌；又因请术士望气，被人告发“图谋不轨”，贬官边地，于公元666年郁郁而终。武则天称帝后，追授其为扬州大都督。李唐王朝复辟后，撤销李义府的一切封授。

后者自我介绍说："家父在远方为官，遭到革职并且卧病在床，我想去探望，困不能前。"王义方很同情他，当即赠送自己的坐骑，而且不告姓名而去。

来到长安后，王义方不肯拜谒权贵、攀附显宦。在一次聚会上，享有儒学盛名的尚书外郎独孤悊出席，给事中许敬宗等人推崇独孤悊的观点为确论。王义方不以为然，引经据典指出百家异同，连连揭露独孤悊的错误。大家不欢而散。

王义方的才华得到了一代名相魏征、刑部尚书张亮等人的高度赞赏，后者纷纷举荐他。他很快便出任晋王府参军，又入弘文馆兼职。魏征只恨自己没有适合婚配的女儿，就想把夫人的侄女许配给王义方。王义方一介寒儒，初入仕途，撞上这样的机会，理应求之不得。谁料，他坚持不娶，待贞观十七年（公元643年）魏征去世后，又主动上门提亲。他人询问原因，王义方回答："当初不娶，是不想攀附宰相；如今提亲，是感念宰相的知遇之恩。"

也是在贞观十七年，王义方侍奉的晋王李治被立为皇太子。王义方顿时成为太子侍从、潜邸旧人，令人艳羡。不想，王义方于三年后受张亮谋反案牵连，外贬儋州吉安（今海南昌江）任县丞。儋州与中原远隔千山万水，环抱惊涛巨浪，是唐朝人地理认知的世界边缘。贬官儋州与半个死刑无异。

考查王义方受贬缘由，极可能是一桩冤案。重臣张亮言行不检点，听信妖言，蓄养义子，确有其罪，是否谋反却值得商榷。廷议张亮罪行时，群臣顺承皇帝旨意，都说其罪当诛。殿中少监李道裕却认为证据薄弱，罪名不能成立。唐太宗当时正在气头上，不加详查，下令将张亮斩首抄家。岁余，刑部侍郎出缺，唐太宗令执政者推荐人选，宰相们推荐多人都遭驳回。最后唐太宗说："朕得其人也。之前，李道裕议张亮云'反形未具'，此言当矣。我当初没有听从他的意见，至今追悔。"于是授李道裕为刑部侍郎。可见，唐太宗本人对"张亮谋反案"是后悔的、持推翻态度的。那么，王义方因为深受张亮赏识，得到张亮举荐，就被贬官天涯海角，则更加冤枉了。

当日远航儋州，南海的惊涛骇浪常常吞噬生命，舟师都需持酒脯请福。王义方酌水誓曰：

> 思帝乡而北顾，望海浦而南浮。必也行愆诸己，义负前修。长鲸击水，天吴覆舟。因忠获戾，以孝见尤。四维雾廓，千里安流。灵应如响，无作神羞。

时值盛夏，南海涛雾蒸涌，王义方祭奠后，天云开露，舟楫顺利。到了吉安，"食无肉、病无药、居无室"，所谓县城就是草莽之地的简陋居民点而已。王义方不畏艰辛，埋首苦干。吉安蛮夷，梗悍不驯，不教化好百姓其他工作就无从谈起。王义方将主要精力投入到了文教事业中，召集蛮夷首领，耐心开导；挑选生徒，亲自讲解经书；实践礼仪，传授中原礼乐技艺，教导黎族同胞尊卑有序。他尽职尽责，在海南播下了第一颗文教的种子。

史载，王义方是第一个在海南教化黎民之人，被尊为海南“文化先师”。海南昌江的《王氏家谱》还记载：王义方次子王承休后来定居海南，在当地娶妻，开枝散叶，王义方被尊为海南王氏鼻祖。

贞观二十三年（公元649年），王义方改授洹水（今河北魏县）县丞。张亮的侄子张皎从流放地返回中原，投奔王义方，不久去世。张皎临终前将妻子托付给王义方，并拜托其处理自己的归葬事宜。王义方毅然应允，一路上让仆人负柩，将坐骑让给张皎的妻子，自己跟在后面。处理完张皎的葬事，他将其妻送回家，又在张亮墓前告祭后才飘然而去。

起初，魏征爱其才，认为王义方前程不可限量，就是恨其太直，担心命运多舛。果然，王义方终因刚正不容于时。

张弘愈：此生奔波在岭南[①]

一个草长莺飞的春日，大唐诗人白居易送客人远游岭南。彼时的岭南，在中原人的眼中，遥远又神秘，肥沃又潮热，落后又危险，似乎散发着诱人的异域色彩——尽管岭南各州纳入大唐版图已近200年了。白居易为此赋诗一首《送客春游岭南二十韵》，其中有句为：

瘴地难为老，蛮陬不易驯。
土民稀白首，洞主尽黄巾。

唐人对岭南的想象，多少拜隔绝南北的崇山峻岭所赐。横亘

① 本文史实主要依据张效民《张弘愈生平事迹考》（《深圳职业技术学院学报》2018年第4期）和刘志勇《唐代岭南道进士考述》（《河池学院学报》2009年第4期）两文。

在长江流域和珠江流域之间的山岭，唐人不能轻易翻越。出入岭南，秦朝曾开通灵渠运河，沟通了湘江和漓水，人们可以借助短距离的水路，减轻翻山越岭的艰难。但是粤北的大庾岭，仍然是必经之路。大庾岭梅关“人苦峻极”，南方人越过大庾岭，既可以前往衡阳进入湖广，又可以进入赣江流域游历江淮。北方人越过大庾岭，见到一个水土人情迥异的陌生世界，一个山川盘结、湿热郁蒸的半封闭世界，一个蚊虫孳生、毒气结郁的乌烟瘴气的世界，难免心生畏惧。迟至唐后期开成五年（公元 840 年），岭南节度使还奏称岭南“道途遥远，瘴疠交侵”。

自秦朝纳岭南、设郡县后，北方移民以缓慢的速度迁向南海之滨。数百年后，移民数量还是有限，主要聚居在广州、韶州（今广东韶关）等少数占据交通干道的大城市。广州自魏晋起即成为岭南的中心城市，而韶州则扼守大庾岭南下的要道。站在韶州治所曲江城的城头，就能够看到三面环抱着这座城市、连绵不绝的大庾岭。

唐高宗年间，曲江少年张弘愈经常站在城头眺望北方的大庾岭。山的那边有什么？我哪一天也能去山那边看看？这座岭南小城的少年，会有怎样的未来呢？

张弘愈听祖上说，韶州张氏发源于北方长城脚下的范阳，永嘉南渡时迁往江南。张弘愈曾祖张守礼，在隋朝担任涂山（在今安徽凤阳）县丞；祖父张君政，出任韶州别驾，后来落户岭南，家族定居到了曲江；父亲张子虔担任过窦州（今广东信宜）录事参军。岭南无世族，张弘愈家这样出了三代中层官员的家庭已经算是韶州的大家族了。一个不容忽视的事实是，后人难以确定张弘愈的出生年份，只能推断他大约生于唐高宗显庆三年（公元658年）或显庆四年（公元659年）。

长辈告诉张弘愈，要翱翔，先读书。张弘愈接受了家族给予的系统教育。每一个家庭都很庆幸有一个追求上进的子弟，都会尽其所能助其奋进。每一个豪门，都是一代代积累起来的。为家族发展添砖加瓦，是每一代人的责任。唐高宗仪凤二年（公元677年）左右，韶州张氏安排了张弘愈的婚事，迎娶卢氏为妻。张弘愈时年约20岁，卢氏约15岁；第二年，长子诞生。这是唐人正常的婚育年龄。

准备停当，张弘愈要开始走出韶州了。博取官职几乎是传统中国人追求上进、家族追求强健的同义词。祖荫不足以助张弘愈入仕。其他途径有三：一是战功，可惜没有机会；二是科举，或许是旅途千里，充满不测，或许是张弘愈不够自信，没有参加应试；最终他选择了第三条途径——南选。

岭南偏远，实情复杂，中央王朝对岭南的管制，很大程度上依靠本地士人。唐朝每三年或四年一置"南选使"，选拔岭南州县士人就地任职。张弘愈参加了唐高宗调露二年、永隆元年（公元680年）之际的南选，经由韶州官府勘验，声明出身、由历、选数，作簿书预申尚书省。吏部再具勘曹名、考第，造历子[①]，印署，与南选使勘会，最后确定中选名单呈送获批。张弘愈成功入选了本次南选。

朝廷授予张弘愈新州索卢县丞一职。索卢县位于今广东新兴，在唐朝的七级县制中属于最末的下县，有县令一人，从七品下；县丞一人，正九品下。23 岁的张弘愈就此跻身唐朝的基层官员行列。

南选得人，朝廷因地制宜，可以降低治理风险与成本，但却只是权宜之计。加强对地方的控制是发展趋势，是秦以后中央集权政治的内在逻辑。唐朝前期，朝廷对岭南鞭长莫及，且人才匮乏，暂且就地挑选士人为当地官员。即便如此，要隘州县、关键职位还是任用流官。中下等级州县的非要害岗位，才开放给就地挑选的士人。而且，南选入仕的官员仕途堪忧，只能在岭南的中下级官职上兜兜转转。唐前期官员任期为四年，到唐中宗嗣圣元年（公元 684 年），张弘愈索卢县丞任满，没有获得升迁，也没有转任新职位，而是进入守选。

唐朝的中下级官员任满后都要候选新职，称为守选。守选年限从一两年到十二年不等，“凡官罢满以若干选而集，各有差等，卑官多选，高官少选”。品级越低的地方官员守选年限越长，出

① 历子：唐宋记载官员仕宦经历的本子，可作为进退、考核、确定待遇等的凭证。

身越差的官员守选年限越长。长安朝堂之上，科举出身的清要官员，几乎无须守选，平步青云；偏僻小县衙署之内，杂途入仕的小官下僚，转瞬任职期满，等待他的是漫漫无期的守选。张弘愈可惜就是后者，制度并未给他提供充分施展才华的机会，但确确实实限制了他进一步的发展。

二十多岁的张弘愈尚未认识到制度的残酷，便从索卢返回韶州，开始守选。

他没有意识到，自己的仕途生涯已经结束了。

自然，张弘愈还有炙热的进取心。回到韶州，与分别多年的妻子和长子短暂欢聚后，张弘愈又南下广州，计划在这个岭南的政治中心谋个一官半职，寻求新的机会。

此后长达六年，张弘愈基本上都侨寓广州。很快，他就发现制度的残酷，意识到个人在政治大潮中的渺小无力。出身已经决定了自己丧失了仕途向前走的可能，但他还是逗留在广州，用一颗不甘的心支撑着。朝廷力推集权，欲逐步以衣冠士族、科举流官代替本地士人，广州、韶州等较发达州郡的长官全由朝廷遴选干才出任，较落后州郡的长官哪怕用来安排谪贬官员（如韩愈出任潮州刺史，柳宗元出任柳州刺史），也不提拔南选士人。流官中异军突起的当数科举中式士人。张弘愈的兄长张弘雅大约在显庆四年赴京参加科举，幸运及第。这是韶州张氏第一位科举成功者，也是现今广东省明确可查的第一位科举入仕者。[①] 兄长张弘雅中式后，史迹难寻，大抵是宦海沉浮并不顺利，并未升至高位或有突出事迹。即便如此，张弘愈还是羡慕兄长，起码可以在全国的州县流转任职，见识更大的世界，经历更多的风雨。

在科举流官渐成政治潮流的大唐前期，张弘愈不幸逆潮流而上，注定是一个被淘汰的人。

科举已然成为改变家族命运的坦途。张弘愈没有选择回炉参加科举，而是把精力投向培养儿子。长子聪颖好学，六七岁即被誉为神童。为了开阔他的视野，求得时誉，张弘愈曾带其去广州，献书于广州刺史王方庆。王方庆阅读了长子的文章后，大为诧异，称赞其今后必能“致远”。

公元690年年初，张弘愈返回韶州。仕进无望后，他将重心转向了家庭。除了督促长子进学，张弘愈在本年年底有了二子，之后数年又有了三子、四子。

长安元年（公元701年），长子年过二十，被刺史举为当年的韶州贡士，准备去应进士考试。岭南贡士乏人，几乎没有斩获过科举成果，韶州官府对当年贡士应考相当重视，举办了隆重的送行仪式。“长吏以乡饮酒礼，会属僚，设宾主，陈俎豆，备管弦，牲用少牢，歌《鹿鸣》之诗，因与耆艾叙长少焉。”（《新唐书·选

① 整个岭南地区的第一位科举入仕者、第一位进士是李尧臣。李尧臣为唐代藤州（今广西藤县）人，唐太宗贞观七年（公元633年）进士，累官至交州刺史。

举志上》）张弘愈的长子带着韶州土贡竹布、钟乳、石斛等，出发北上。

儿子在张弘愈当年出仕的年纪，翻越张弘愈平生没有跨越的山川天堑，追逐他的前途去了。

张弘愈送走长子后，时常登上曲江城墙，眺望北方。他忧心儿子千里远行，旅途是否顺利，他更在意儿子在科举考试中能否顺利。如果儿子能考中，他就是韶州进士又一人；如果不幸名落孙山，张弘愈也支持儿子留在中原游历。唐代科举既看学识，也看家庭背景，既非士族又无家庭背景的士人，落第后常常游历各地，结交朋友，积蓄声誉，为进士及第做准备。张弘愈不奢望儿子能一鸣惊人，但希望他能超越自己，有更广阔的舞台，有更精彩的人生。

儿子进考场是在长安二年（公元702年）的初春，遗憾的是，张弘愈在当年正月不幸逝世，终年42或43岁。他没能看到长子一考中式，更没能料想到长子能在中国政治史、文学史上留下那么璀璨的光芒。

张弘愈长子名张九龄，日后荣居中书令，是大唐开元盛世的贤相，为“岭南第一宰相”；而“海上生明月，天涯共此时”两句诗，足以奠定张九龄在文学史上的地位。张弘愈次子张九皋，“自尚书郎历唐、徐、宋、襄、广五州刺史”，官至岭南节度使；三子张九章，“历吉、明、曹三州刺史，鸿胪卿”；四子名叫张九宾。自张九龄始，韶州曲江张氏代有进士，子弟宦游四方，发展为岭南望族。

开元二十一年（公元 733 年）秋末，张弘愈遗孀卢氏去世，终年 71 或 72 岁。时年 56 岁的张九龄丁忧去职，天子遣使慰问，赐绢三百匹。张弘愈夫妻都因儿子而显贵，开元二十三年（公元 735 年），朝廷追赠张弘愈太常卿、广州都督，追赠卢氏桂阳郡太夫人。

张弘愈家族墓地现位于广东韶关北郊，因张九龄声名远播，墓地现名“张九龄家族墓地”。

刘祎之：乱法者死于乱法①

首都长安来的刘祎之，在边陲小城嶲州（今四川西昌）迎来了 40 岁生日。

嶲州，地处“尔来四万八千岁，不与秦塞通人烟”的巴蜀，而且是巴蜀盆地的西南边缘。西汉先民越过嶲水筑城而居，拓地“越嶲郡”。刘祎之贬到此地时，千年的光阴并没有在嶲州刻下多少文明的印记，嶲州依然是刀耕火种、猴羊跃地；嶲水依然奔腾不息，时而波光粼粼，时而澎湃轰鸣，一如既往地汇入岷江，东趋长江，奔流入海。

好几回鬼使神差，刘祎之走到了嶲水之畔，看着东流的波涛，想一跳了之。他在嶲州找不到可以言谈之人，同时沦落天涯的中

① 本文史实以毛阳光《洛阳新出土唐〈刘祎之墓志〉及其史料价值》（《史学史研究》2012 年第 3 期）一文为准。

原人，大多早已葬身于此，只有极少数幸运儿才能北返关中。当地土人终日为生计奔波，和刘祎之等汉人之间横着一层说不清道不明的东西，几乎没有交流。刘祎之有时候很同情这些土人，他们不识王化、没有文字，自然谈不上太多思考交流；有时候又很羡慕他们，不识字有不识字的快乐，不思考有不思考的愉悦。人生的痛苦，从学会思考那一刻就如影随形了。刘祎之4岁通《骚》《雅》，6岁能写文，是闻名四方的神童，40岁了还不是被流放到蛮荒之地自生自灭？

刘祎之暗下决心，人生在世，不能如草芥般无声无息。人之所以为人，终究要镌刻痕迹于世间。

在土人部落中，刘祎之唯一属意的是巫人。巫人传承着蛮夷的记忆，主持部落的祭典，深受族人尊敬。巫术在父子之间口耳相传，形成了几个固定的巫人家族，他们是当地真正的有话语权者。刘祎之不禁联想到了自己的家族。刘祎之家族据说是汉光武帝之子广陵王刘荆的后裔，永嘉之乱迁居晋陵（今江苏常州），从此自诩晋陵刘氏。晋陵刘氏自刘祎之曾祖刘保出仕南陈开始，世代为官，虽然名位不显，但自祖父刘兴宗开始兼有文名。祖父刘兴宗在国史中有传，兼有文集；父亲刘子翼是唐初学者，曾任著作郎、昭文馆学士，以文才接近权力核心。刘祎之打小便潜移默化，承接了家族的厚望。他的前半生便是为家族、为自己积极奋进的人生。

刘祎之年甫十五就上京城长安博取功名，幸运地得到了燕公于志宁、河南公褚遂良的表荐得以出任宋州（今河南商丘）参军，逐步升迁为起居舍人，兼崇贤馆直学士。刘祎之的长兄刘懿之，时任给事中。兄弟俩都凭借文才司职文衡，掌管朝廷文书，为皇权所器重，“侍奉之美，朝论称荣”。其间，刘祎之一度因丁忧去职，宫廷看重他的文才，下敕“夺情”[①]。此时的大唐宫廷，帝后共治。唐高宗、武皇后挑选了一批青年才俊随侍左右，以备顾问、草诏。《旧唐书·职官志二》记载：

> 刘懿之刘祎之兄弟、周思茂、元万顷、范履冰，皆以文词召入待诏，常于北门候进止，时号“北门学士”。

以刘祎之为代表的“北门学士”的出现，在时人看来或许是一群在宫廷北门等候征召的才俊文臣，却代表了中国古代政治的重要转折。“北门学士”的要害是“分宰相之权”。相权与皇权的竞争是贯穿古代政治的主要矛盾之一。就总体趋势而论，皇权曲折性强化，保持对相权的优势。汉武帝始设内外朝，提升尚书省实权，来分三公宰相之权；曹魏又强化中书省权势，再分尚书省之权。至隋唐，朝廷设中书、门下、尚书三省，三省长官并为宰相，行集体宰相之制。即便如此，皇权仍担忧风险，再添“北门学士”。皇权分割相权的历史经验表明，谁负责中枢文书，谁

---

① 在古代，官员遭父母丧应弃官居家守制，称“丁忧”。朝廷不等大臣丁忧期满就召其任职，或命其不必弃官去职，素服办公，称“夺情”。

就掌握了发号施令的实权。尚书省、中书省都是如此夺权，“北门学士”也是故技重演。

“北门学士”的意义不光是分权，更在于其分权之法。汉武帝设尚书省、曹魏设中书省、隋唐三省分立，都是另立实官和衙门，分权的结果是一权虽去新威胁又生，有似驱虎吞狼。“北门学士”只是朝野俗称，并非正式职官。“北门学士”的人选，文才只是条件之一，更重要的是皇帝的信任与器重。皇帝对他们召之即来、挥之即去，既能分散三省宰相高官之权，又因为新人不固定且原有官衔偏低（皇帝挑选之人都是位卑资浅的中下级青年官员），不构成对皇权的新威胁。“北门学士”仅仅是唐朝皇帝发明的差遣，年轻文官们暂且搁置分内工作，去从事顾问宫廷、草拟诏书的临时差使。刘祎之就是第一批皇帝差遣的青年才俊之一。

刘祎之的传记记录了“北门学士”产生的关键史实。《旧唐书·刘祎之传》记载：

> 与著作郎元万顷，左史范履冰、苗楚客，右史周思茂、韩楚宾等，皆召入禁中，共撰《列女传》《臣轨》《百僚新诫》《乐书》，凡千余卷。时又密令参决，以分宰相之权，时人谓之“北门学士”。

刘祎之深受唐高宗和武皇后的器重——或许是最受器重的那一位。现存《全唐诗》中署名则天皇后的四十六首诗中，论者就认为有刘祎之的捉刀之作，可见刘祎之之受信任。三十余岁的刘祎之，官居起居舍人，受帝后宠信，又有草诏大权，自然享受众星捧月般的明星待遇。正常发展下去，刘祎之觉得转差遣为实授在预料之中，晋陵刘氏的荣光将在自己这一代辉煌闪耀。

人在飘飘然时容易犯错。刘祎之的姐姐为宫廷女官，入宫后两人难得一见。一次，武皇后派遣刘祎之的姐姐至外戚武家问疾。刘祎之拜托武皇后的外甥贺兰敏之帮忙，到武家私会姐姐。外官结交宫廷女官违法，事发后，刘祎之被罢官，流配嶲州。

本以为深得皇恩厚宠，不料如冰山一般不可依靠。刘祎之终究没有真正进入唐高宗、武皇后的心里。现有的权位荡然无存，更遑论什么家族荣光了。

巨大的起落、荒芜的边陲、无聊的日常，困在流配地的刘祎之想了很多。前途茫茫，他不想客死烟瘴之地，可又深深地感到无力：有时觉得人生就像嶲州山林中的猫猴，不知哪一天就成了猛兽的口中餐；有时觉得人生就像漂在嶲水中的尸体，不知哪一天就以这种戏剧的方式奔赴黄泉。他要做那个把握命运的人。二十余年的政治阅历让刘祎之深知皇权是影响人生的关键要素，而自己能攀附皇权的资本，只有文才。如果上天再给自己一次机会，刘祎之发誓要加倍珍惜，牢牢把握。

上元初年（公元 674 年），嶲州迎来了朝廷使者，他携带着朝廷召回刘祎之的特敕。

刘祎之在回京途中不时默念“皇恩浩荡”，并非人人都有第二次机会的。回到长安，唐高宗李治亲自召见，道出了召还的缘由：“相王朕之爱子，以卿忠孝之门，藉卿师范，所冀蓬生麻中，不扶自直耳。”原来，李治给儿子相王李旦物色师傅，看中了家世优秀、文才出众的刘祎之。刘祎之几乎是感激涕零，跪谢皇恩。皇上以爱子相托付，这是莫大的恩荣！

刘祎之充满干劲，仕途也走上快车道。任相王府司马、悉心教授李旦的同时，刘祎之出任中书舍人，重新从事“北门学士”的老本行。其间，唐高宗、武皇后的许多诏令都出自顺风顺水的刘祎之之手，“皇命才发，紫泥已奉。疾如奔电，势若凌云，天下之人，望风钦属”。正常的中枢政令流程是中书省决策草诏，门下省审核，两省联署后交付尚书省执行。而这一时期，朝中大事往往是帝后二人商议后，刘祎之等几个学士写好诏书，就交付执行了。正式宰相——尚书左仆射、尚书右仆射、中书令、门下侍中遭遇了成系统的、大规模的架空。两份职责，刘祎之干得都不错，经昭文馆学士升迁到了吏部侍郎这一正式职官中的高位。

时间到了公元684年，一个多事之年，无数中国人的命运在这一年动荡起伏。

上一年的十二月，唐高宗李治病逝，新皇帝继位——不是刘祎之的学生李旦，而是皇太子李显。本年正月初一，李显正式改元嗣圣，因想超擢外戚韦氏与皇太后武则天爆发激烈冲突。二月六日，武则天召集百官废李显，立李旦为皇帝。刘祎之是李旦的师傅，自然希望学生登基，所以在废立皇帝一事上“参预其谋”。

李旦继位，刘祎之荣膺“帝师”，且有策立之功，升为中书侍郎、同中书门下三品，封临淮男，邑三百户。此处的“同中书门下三品”也不是正式官职，而是享有“同”中书省、门下省三品长官一样的职权。这个差事，和“北门学士”的权力逻辑一脉相承。皇权偏爱这种逻辑，在实践中推而广之了。

刘祎之的权势至此达到了巅峰，“军国多事，所有诏敕，独出祎之，构思敏速，皆可立待”。不知道为何，飞黄腾达的刘祎之反而时常回忆起十余年前流配嶲州时的落魄迷茫。那段时光告诉刘祎之人生无常、福祸相依、盈亏相随的道理，更提醒刘祎之皇权是他占据高位的核心要素，与掌控实权的皇太后武则天的关系决定着自己的去留福祸。登顶高位的刘祎之时刻小心谨慎，言行力求周到妥帖。一次，司门员外郎房先敏得罪，被贬为卫州（治今河南卫辉）司马。房先敏向诸位宰相申诉。宰相骞味道说：“此乃皇太后处分也。”刘祎之却说：“你因事改官，都是臣下决定，奏请太后定夺的。”武则天知道后，感慨道：“夫为臣之体，在扬君之德，君德发扬，岂非臣下之美事？且君为元首，臣作股肱，情同休戚，义均一体。”骞味道因将过错和矛盾推给君王，被贬为青州刺史。刘祎之则因为君担当，加授太中大夫，并加赏赐。

刘祎之的内敛自守，不单是对嶲州岁月思考的结果，更是时局巨变之下的避祸之举。

李旦登基，并非李唐王朝自我革新，良币驱逐劣币。涌动的暗潮正冲击着李唐天下的根基。李旦贵为天子，却居于别殿，不参与政事，政事皆决于皇太后武则天。后知后觉者这才发现，李显、李旦的废立，更像是独尊的武则天宣示力量的政治演习。忠于李唐者纷纷起兵，最著名的是徐敬业起兵伐武，失败后惨遭屠戮。武则天有条不紊地立武氏七庙，追封其祖为王。此举遭到了中书令裴炎的抵制，结果裴炎被发现“谋反”，遇害于洛阳。紧接着是“官名改易”运动，现有官名都改得具有女性色彩，比如中书省改为凤阁，门下省更名鸾台，秘书省改称麟台。刘祎之的官职变为了凤阁侍郎、同凤阁鸾台三品。女主掌权，天下迅速沾染胭脂气，保不齐江山都要变为武则天的江山？武皇登基，开始成为官民心中的选项之一。

刘祎之在暗潮汹涌的政局中维持着荣华富贵。他继续替武则天出谋划策，“每献嘉谋，必筵厚赐，或申直谏，更锡殊私”。武则天也继续对他赞赏有加，但是刘祎之“每奉恩波，必加忧惧”，屡次上书退让赏赐，武则天都不批准。君臣相遇相知，莫过于此。事实上，刘祎之虽然是大势的推波助澜者，却不是真心拥护者。武则天才略过人，刘祎之是耳闻目睹，但要拥戴一位女性称帝，他是万万做不到的。如同月亮不能现于白昼、江河不能倒流一样，女性怎么能代天牧民，怎么能驱使万千黎民呢？况且，刘祎之对唐王朝和傀儡皇帝李旦都抱有深深的敬意。先帝李治以李旦相托付，刘祎之十余年来悉心教诲，时常相随，对李旦感情颇深。师傅哪有愿意爱徒充当傀儡的？种种因素，都决定了刘祎之不可能真心拥戴武则天。只是，当年流配嶲州的悲惨记忆告诉他，攀附最高权力而不是忤逆它，才能自保平安。人生悲剧莫过于此，袒露了真心就没了荣华富贵，要荣华富贵就要违背真心。

当强烈的进取心也压制不住刘祎之的真心时，悲剧便产生了。

一天，刘祎之私下对平素信任的凤阁舍人贾大隐说："太后既能废昏立明，何用临朝称制？不如返政，以安天下之心。"李旦既已成年，且才德无亏，是刘祎之心中理想的帝王人选。可叹的是，贾大隐转身向武则天密报。武则天大怒，对左右说："刘祎之是我提携重用之人，竟然有背我之心，难道对得起我的恩情吗？"很快，就有人状告刘祎之接受契丹部落首领、归诚州都督孙万荣的黄金贿赂，且私通其他官员的小妾。这便从公私两面否定了刘祎之。武则天指定肃州（今甘肃酒泉）刺史王本立调查此案。王本立来向刘祎之宣"敕"。刘祎之正义凛然地驳道：

不经凤阁鸾台，何名为敕？

凤阁鸾台便是之前的中书省和门下省。正常的政令流程下，中书省起草、门下省审核通过的政令，才是圣旨。如今，王本立口衔皇太后之命来调查宰辅高官，刘祎之自然有道理反驳：我这个中书侍郎都不知道的命令，哪能称敕令呢？王本立哑口无言，悻悻而归。

刘祎之固然有理，却不想自己之前的所作所为早已经破坏了中枢政令的正常流转。从"北门学士"到同中书门下三品，刘祎之替武则天书写的一道道文书，可曾有哪一道经过中书、门下两省？又有哪一道不是冠以敕令圣旨之名，得到了贯彻执行？他本人便是破坏制度之人，如今以白纸黑字的正常制度来抗拒“乱命”，不客气地说，就好似垂死之人赶紧抓住了一根救命稻草。

稻草不可救命。武则天不是王本立，她立即以“拒捍制使”之罪赐死刘祎之。你刘祎之不是“守法”吗，那我就和你“依法办事”。《唐律疏议·职制律》明文有“对捍制使”之罪：“对使拒捍，不依人臣之礼，既不承制命，又出拒捍之言者，合绞。”武则天并没有绞死刘祎之，而是赐死于家。如此，刘祎之可以免去公开行刑的羞辱与疼痛，而且除非特旨规定，赐死对象可以保留生前政治待遇，只罪及己身，不抄没家产，不罪及家族，子孙后代官职照旧、科举依旧。武则天的狠毒之处就在于此，一方面，她残忍剥夺了刘祎之的生命，以有别于正常的刑罚的方式，让抓住表面制度顽抗的刘祎之看到她又一次裹挟着皇权与明法擦肩而过，取人性命；另一方面，因为改公开绞死为在家赐死，刘祎之还要向武则天上表“谢恩”。

垂拱三年（公元 687 年）夏，刘祎之在洛阳崇业里的私宅中自尽，享年 57 岁。

武则天要取刘祎之性命之际，软禁别宫的李旦亲自出面求情。刘祎之的亲友都认为皇帝求情，刘祎之一定能得到宽恕，纷纷向他祝贺。刘祎之却看得很透：

吾必死矣。太后临朝独断，威福任己，皇帝上表，徒使速吾祸也。

果然，赦令未等来，等来的是监督自尽的使者。刘祎之沐浴更衣，神色自若，命儿子刘扬名执笔书写谢表。刘扬名泣不成声，完全不能动笔。刘祎之亲自操管，洋洋洒洒数张大纸，援笔立成。这是一代才子的最后作品，词理恳切，读者无不伤痛。麟台郎郭翰、太子文学周思钧读到谢表后，大赞其文。不久，郭翰被贬为巫州（今湘西黔东）司法，周思钧被贬为播州（今贵州遵义）司仓。四年后，武则天废黜李旦，改唐为周，登基称帝，成为中国历史上唯一的女皇帝。

又过了二十年，李旦第二次登基。昔日的学生，饱经二三十年血雨腥风的洗礼，也已年近半百，开始怀念少年时光，追忆王府旧人。他想起了自尽的刘祎之，追赠老师为中书令，封爵如故，以礼厚葬。

刘祎之生有六子，此时尚有三子在世。长子为润州（今江苏镇江）司法参军刘扬名，次子为通事舍人刘大名，四子为右卫兵曹参军刘审名。兄弟三人于景云二年（公元711年）九月二十五日，将当年草草埋葬的父亲迁葬于洛阳金鄘乡原的一块风水宝地。儿子们在墓志铭中形容父亲“府君天性纯至，日用恭睦”，“词藻精博，独冠当时”，将父亲生前文稿编辑了七十卷之多。

墓志铭详细介绍了刘祎之的家庭细节，却对他的人生起伏多有隐晦。关于死因，墓志铭提到是刘祎之久掌文柄，遭奸人妒恨。当时，唐朝虽然已经光复，李旦重登大宝，但武则天是以“退位”的形式还政于唐，余威尚存。刘扬名兄弟不得不曲笔为之。近年洛阳出土的刘懿之之女、明琰妻刘夫人墓志就提到叔叔刘祎之“属唐祚少艰，周命将革，先为太后之忌，遂被贼臣之构”，明言刘祎之是触犯了武则天的忌讳而死。刘夫人死于开元十一年（公元723年），彼时武家影响式微，官宦人家都不忌惮其势了。

墓志铭也提到了嶲州。刘扬名兄弟说上元初年“今上”上表召还刘祎之。上元初年，李旦才12岁，且与刘祎之并无交集，何来援手？《旧唐书·刘祎之传》明载“历数载，天后表请高宗召还”，武则天才是拯救刘祎之出烟瘴之地的“贵人”。可在刘扬名兄弟看来，武则天不是贵人，而是仇人，这笔家族功劳只能记在有恩于家族的李旦名下。又一曲笔，透露出刘祎之生前的纠结与苍凉。

刘祎之已逝千百年，如今主要作为中国职官制度使职化的证人挺立在史海之中。当年在北门待诏的小小群体，日后发展成了翰林院。后世皇帝发现“差遣”一法实在是专权的法宝。差遣使职成为唐朝之后政治制度的惯常现象，对中国政治产生了深远的影响，这大概是武则天、刘祎之等人始料未及的。

傅游艺：大唐升官“典范”[①]

大唐垂拱四年（公元 688 年）夏，雍州人唐同泰向朝廷献上一块奇石。在这块硕大的白色巨石上，有“圣母临人，永昌帝业”八个大字的篆文阴刻。唐同泰在奏表中讲述了一个传奇故事：一道红光从天而降，直入洛水，激起巨浪。待风平浪静，唐同泰入河，打捞起这块奇石。文武官员对这个传奇故事未置可否，掌权的武则天则大喜，诏令拜受“宝图”，举办了隆重的庆祝仪式，并改洛阳为“神都”，封祭洛水河神，诏令保护洛水，禁止垂钓，宣布第二年改元“永昌”。唐同泰一步登天，受五品果毅军衔。

永昌元年（公元 689 年），僧人法明向朝廷献上《大云经疏》。所谓的《大云经疏》被后世认定为伪经。法明在经疏中伪

① 本文参考文献除新旧《唐书》外，还有赵振华、王治淮《从唐宰相傅游艺墓志看其人生末途》（《碑林集刊》，陕西人民美术出版社，2006 年）一文。

造菩萨转世为净光天女、下凡统治天下的内容，附会武则天就是未来佛——弥勒佛转世的“真命天女”。文武百官对此种荒诞不经的言论照样是未置可否。但是，武则天再一次大喜，赐法明金袈裟，大规模印刷《大云经疏》颁行天下，并令各州营建大云寺，向百姓宣讲此种经义。武则天乃未来佛转世的说法开始在民间流传，法明也摇身一变成为一代“高僧”，主持大寺古刹。

变革即将降临大唐。

当此际，有人进退失据，无所适从；有人忧心忡忡，义愤填膺；有人待价而沽，跃跃欲试。人的命运在于选择。个体在纷纷扰扰之际做出看似偶然的选择，往往决定个人命运，甚至影响历史走向。

年迈的监察御史傅游艺是唐同泰、法明献宝事件的见证者。事件发生之初，傅游艺与众多见多识广的同僚一样，内心斥之为无稽之谈。无奈武则天吃这一套，全盘接受，高调嘉赏。傅游艺错愕之余，敏锐地发现了更深层的含义。宝图也好，经疏也罢，无不表明朝代更迭已至，而武则天自然是新朝之主的不二人选。女人当国犹如牝鸡司晨，傅游艺念及于此，便暗暗摇头。可武则天自高宗朝后期即开始操纵实权，权势日隆，地位稳固。效忠李唐王朝的势力多次发起兵变，丝毫未能撼动武则天的根基，反而死的死、逃亡的逃亡，受株连者流放天涯海角。忠于李唐、忠于内心又如何？在强悍的武氏势力面前，任何反对的行为都是螳臂当车，不自量力。

傅游艺突然佩服起唐同泰、法明和尚来。这两人既对时局有清醒的认识，又敢于冒险，成功抓住武则天的心理，骤得富贵不是没有道理的。反观自己，傅游艺胸闷难平……

傅游艺，字元综，家族发源于北地泥阳（今陕西耀州）。千年后出土的其墓志铭记载，傅游艺曾祖冲，为北齐许州长社（今河南许昌）县令；祖父璀，在隋朝担任过北绛、离石二郡太守；父亲傅交益，应该是没有官爵职位，于隋亡唐兴之乱世迁徙至汲郡（今河南卫辉），生四子：神童、羽客、守节、游艺。在门阀遗风尚存的唐代早期，精英讲求家世、攀亲附贵的风气较盛。傅游艺没有闻名显达的先祖，前三代官职止于太守、县令，家世实在寻常，绝非豪门世族子弟。

普通家世并没有妨碍傅游艺对仕途功名的渴求，他毕生权力欲旺盛。

现有史料未明载傅游艺的官场出身，只知他的首个官职是垣县（今山西垣曲）县尉。县尉是唐代文官释褐初入仕途的常见官，是县令的属官。唐县分赤、畿、望、紧、上、中、下七等，赤县最为重要，下县则是人口稀少、地处偏远的小县。科举出身或者少数有实力者，通常以紧县以上县尉为初任官，累迁辗转，步步升迁。中、下县的县官几乎一辈子沉溺宦游，没有出头之日。而垣县迟至近百年之后的唐德宗贞元三年（公元787年）才升为上县，可见傅游艺在任时尚是中县。傅游艺应该非科举出身，极可能是杂途入仕为官。之后，他历任扶风县尉、始平（今陕西兴平）县尉，再转渭南主簿、河南主簿。渭南县为畿县之首，河南县为掌管大唐东都洛阳东部的赤县。光阴流转，傅游艺在兜兜转转的宦游生涯中从中县县尉升迁到数一数二的赤县主簿，也算是不大不小的成绩。他的政绩应该并不突出，也没有什么大错；机遇没有光临过年轻的傅游艺，但命运也没有过于薄待他。在河南主簿任上的傅游艺适逢母亲猝然去世，不得不去职为母亲守孝。复职后，傅游艺得朝廷眷顾，被授为监察御史。

唐人封演在笔记集《封氏闻见记》中描述了唐代文官的理想升迁路径：

> 自进士而历清贯，有八俊者：一曰进士出身制策不入；二曰校书、正字不入；三曰畿尉不入；四曰监察御史、殿中丞不入；五曰拾遗、补阙不入；六曰员外郎、郎中不入；七曰中书舍人、给事中不入；八曰中书侍郎、中书令不入。言此八者，尤为俊捷，直登宰相，不要历余官也。朋僚迁拜，或以此更相讥弄。

傅游艺虽然踏空了“宰相之路”的前两步，但扎扎实实地走完了第三步，站上了第四步，理论上可以向宰相高位发起冲击。然而，封演的升迁路径中还有一个关键词：“不要历余官”！出将入相之人，切不能在任何一个步骤花费太长时间。30岁的校书郎，40岁的御史，50岁的郎官，60岁的宰相，才是理想的唐代仕途图景。可惜的是，傅游艺在从县尉到主簿的这一步耗费了半生，担任监察御史时已是60岁的花甲老人了。这个年纪已经超过了唐朝上流阶层的平均寿命。[①] 面对冷酷无私的自然法则，傅游艺的时间不多了。

御史品级不高，却是朝廷的常参官，伴君左右。“仕进心绪仍炽”的花甲老人傅游艺任职数月后，成长很快。他发现自己之前几十年宦海沉浮，对宏观大势、皇权好恶把握太少；他发现朝堂上的微妙细节都值得品味，其中写满了福祸进退的奥秘。傅游艺迫切想在暮年将这些发现“学以致用”。

人到暮年，还对权势孜孜以求者，大抵是将自身异化为了权力系统的一部分。经历几十年的平淡仕途后，傅游艺没有学会云淡风轻，也不想颐养天年，权力欲已经融入了他的血液。人生成功与否和官职高低合二为一，官位成了他追求的唯一目标，升迁的早晚快慢成了他喜怒哀乐的唯一来源。他对唐同泰、法明和尚两人既鄙视又羡慕。冷静之后，傅游艺化羡慕为动力，化嫉妒为智慧，开始谋求自身的福利。他判断李唐难以复兴，武氏当权大势所趋，忠良颠沛流离，宵小粉墨登场。既然如此，为什么不干票大的呢？

载初元年（公元690年）初，傅游艺除左补阙。

---

① 有学者统计出土唐代墓志铭，发现上流阶层的平均寿命为59岁。详见蒋爱花：《唐人寿命水平及死亡原因试探》，《中国史研究》2006年第4期。

一天，长安街头突然人声鼎沸。一行人沿着朱雀大街往北，直奔皇宫而去。领头的就是白发苍苍的傅游艺，他身后是九百余名关中百姓，白发老者居前，其后有农林渔樵、贩夫走卒、妇孺小儿、归化胡人。行至皇宫大门前时，傅游艺“扑通”一声双膝跪地，呈上奏表一份，高呼：“武氏符瑞，革姓受命！”九百多人随之跪倒，山呼：“武氏符瑞，革姓受命！武氏符瑞，革姓受命！武氏符瑞，革姓受命！”

变革关头，规模最大、最戏剧性的一幕就此发生了。

傅游艺递上的奏表，盛赞武氏功绩，契合各地的祥瑞，明白无误地恭请武则天称帝。

傅游艺是第一个向武则天劝进的人，同时他又策划了一场轰轰烈烈的表演。

朝野官民的目光齐刷刷地投向武则天，武则天竟然驳回了傅游艺的奏表！难道武则天没有称帝的心意？她会如何处置傅游艺呢？接下来的几日是最受煎熬的时光，福祸不明，就像一把刀时刻悬在头顶一样，傅游艺被折磨得寝食难安。好在宫中很快传来圣旨，擢傅游艺为给事中。傅游艺的冒险，成功了！

于是，大唐王朝涌起了一阵阵劝进的浪潮。皇室宗戚、文武百官、蛮夷酋长、四民百姓乃至沙门道尼，超过六万人上表，都要求武则天如傅游艺所请，“顺应民心”。就连皇帝李旦都上表，自请赐姓武氏。各种祥瑞也非常配合地出现在大江南北，各地凤凰来翔、万雀朝堂、花团锦簇，一片祥和向上之兆。只要武则天不同意称帝，劝进的浪潮就愈加汹涌澎湃。最后，武则天在“万民恳请”之下，不得不从皇帝李旦及群臣之请，宣布称帝，改国号为周，定年号为“天授”。武则天成了中国历史上唯一的女皇帝。

“圣神皇帝”武则天大功告成，于天授元年（公元690年）嘉奖有功人员，擢给事中傅游艺为鸾台侍郎、同凤阁鸾台平章事。鸾台即原门下省，是隋唐三省之一，鸾台侍郎为宰相。“同凤阁鸾台平章事”即“同中书门下平章事”，意思是大臣有资格与中书、门下长官一起决策政事，表明有宰相实权。傅游艺青云直上，位列宰辅。不久，武则天又陆续加傅游艺朝散大夫、银青光禄大夫，赐姓武氏，其他职衔如故。

傅游艺为相，其长兄傅神童为冬官尚书，兄弟并承荣宠，令人称羡不已。

傅游艺感恩戴德，更是确信揣摩武则天的心思、顺着武则天的意愿行事无比重要，收获巨大。荣登宰辅高位后，傅游艺没有发挥积累的经验，实践抱负，而是继续揣摩武则天的心意行事。改朝换代之际的武则天有着强烈的不安。李唐王朝立国近百年，忠于李氏者大有人在。经过历次血洗，激烈反抗者灰飞烟灭，有嫌疑者流放帝国边地，可保不齐还有隐藏的异己分子、阴谋分子，他们和软禁各地的李唐宗室一旦联手，会对新建的武周王朝形成巨大威胁。傅游艺判断武则天希望斩草除根，追求绝对的安全，于是提出了“安边”的建议。在安抚边疆的幌子下，傅游艺建议向剑南、黔中、安南、岭南等六道派出监察御史，镇抚地方。武则天心领神会，安排酷吏充任各道监察御史，去迫害流放边疆的宗室、贵戚及其同情者。酷吏们巧立名目、先斩后奏，对流人大开杀戒。李姓宗室被杀者数以百计，刺史以下官吏无辜牵连遇害者不计其数。史载：

> 游艺请则天发六道使，虽身死之后，竟从其谋，于是万国俊辈恣斩戮矣。[①]

就在酷吏四出的天授二年（公元 691 年）六月，倡议者傅游艺却停知政事，降为太常少卿，原因未见史载。我们大胆猜测一下：倡议大力使用酷吏是一把双刃剑。酷吏的刀可以对准别人，也可以对准始作俑者。傅游艺身居高位，很可能也成为酷吏监视、罗织罪名和告发的对象。在短暂担任半年多宰相后，傅游艺从顶

---

① 有关傅游艺倡议遣人诛杀流人的史实，《资治通鉴》载：或告岭南流人谋反，太后遣司刑评事万国俊摄监察御史就按之。国俊至广州，悉召流人，矫制赐自尽。流人号呼不服，国俊驱就水曲，尽斩之，一朝杀三百余人。然后诈为反状，还奏，因言诸道流人，亦必有怨望谋反者，不可不早诛。太后喜，擢国俊为朝散大夫、行侍御史。更遣右翊卫兵曹参军刘光业、司刑评事王德寿、苑南面监丞鲍思恭、尚辇直长王大贞、右武威卫兵曹参军屈贞筠皆摄监察御史，诣诸道按流人。光业等以国俊多杀蒙赏，争效之，光业杀七百人，德寿杀五百人，自余少者不减百人，其远年杂犯流人亦与之俱毙。太后颇知其滥，制："六道流人未死者并家属皆听还乡里。"国俊等亦相继死，或得罪流窜。

峰滑落了。

九月初，傅游艺夜里梦见自己登上了湛露殿。湛露殿是皇帝专享的圣殿，常人难得一游。他欣喜得很，将梦境告诉了亲近的人。他或许幻想着自己圣眷尚隆，不日将重登顶峰。谁料，酷吏既出，告密风行，亲近的人很快举报傅游艺有“不臣”之心。武则天下令将傅游艺下狱，交酷吏来俊臣审问。来俊臣，武周时期最心狠手辣的酷吏，《告密罗织经》的作者，流氓无赖出身，折磨夷灭了数千户人家。“遭其鞫治，必死无疑”。严刑酷罚就在眼前，荣华富贵早已远去，傅游艺彻底绝望了，于九月六日在狱中自尽，时年 63 岁。跌入鬼门关之前，不知道傅游艺有没有后悔两年前的劝进。

武则天下令以五品礼葬之。

傅游艺在大唐政坛划过一道刺眼的光亮后，飞速湮灭在历史的黑暗之中。

不过，傅游艺的噩运并未结束。李氏皇室复辟后，全面拨乱反正，傅游艺是典型的批判对象。

替武则天论证合法性的《大云经疏》遭到焚毁，各地大云寺或拆毁或改名。充当武则天耳目爪牙的酷吏，罪行遭清算，或身故，或族诛。傅游艺身兼“劝进第一人”和“酷吏倡议者”的双重身份，岂能逃过迟到的审判？

朝野公认傅游艺为大唐罪人！神龙元年（公元 705 年），唐中宗下诏，来俊臣、傅游艺之流“其身已死，并遣除名。自垂拱已来，枉滥杀人，有官者并令削夺”。开元十三年（公元725年），御史大夫程行湛上奏：“周朝酷吏来俊臣等二十三人，情状尤重，子孙请皆禁锢；傅游艺等四人差轻，子孙不听近任。”唐玄宗批准。前者剥夺了傅游艺所有的荣誉与所得，让他永远与耻辱为伴；后者封杀了傅游艺子孙的政治生命。《新唐书·宰相世系表》中没有傅游艺、傅神童兄弟子嗣的记载，其墓志铭也没有列明子孙官职，可见卫州汲县傅姓这一支后代湮没无闻了。后世编修《唐史》，将傅游艺归入酷吏、奸臣之列。

武则天将傅游艺从御史超拔为宰相，随后又推下朝堂逼往鬼门关。傅游艺能够满足武则天某些方面的需求，但对权势的贪欲和眷恋，触动了同样权力欲旺盛的武则天的敏感神经。归根结底，傅游艺是可以利用的棋子，远不是武家的一员。同样，武周时期的酷吏，万国俊也好，来俊臣也罢，跋扈至天怒人怨后，逃脱不了被武则天无情抛弃的下场。武则天将来俊臣千刀万剐，诛灭了全族。安边御史们杀戮流人后，同样有后来者给他们罗织罪名，万国俊等人或相继横死，或流窜亡命至某个阴暗角落。

精明世故如傅游艺者，极可能早就揣摩透了武则天的心思。投机谄媚得来的富贵，犹如赌场上暂时的获益，隐藏着巨大风险。他们依然为之，赌的是概率，相信自己会是那个笑到最后的赢家。可惜，绝大多数投机者都难逃失败的宿命。

短短一年内，傅游艺官位由下位直达三品，所穿官袍颜色由青（八品）变绿（七品），由绿再变绯（五品），由绯再变紫（三品），时人戏称为“四时仕宦”。随后的又一个短短一年，傅游艺由宰相降为太常少卿，再被褫夺官职和赐姓，最终在狱中凄惨自尽。他就像坐了一趟“荣华富贵号”过山车，急起急落，转瞬即逝。

《新唐书·奸臣》讽刺傅游艺：

> 游艺起一岁，赐袍自青及紫，人号“四时仕宦”。然岁中即败，前古少其比云。

杨凝式：做疯子比较轻松

正常人的人生大都千篇一律，疯子的人生却是独一无二的。

这条规律在个人选择逼仄的古代，似乎更加成立。疯子是俗世的隐者，是名利的遁者，甚至还是超凡脱尘的智者。五代十国时期，最著名的疯子当数杨凝式无疑。

杨凝式之所以出名，首要原因是他出身顶级门阀弘农杨氏。杨氏一族显赫了上千年，每一代子孙都生活在万众瞩目之下，平淡生活就是他们的奢望。弘农杨氏肇始于西汉丞相杨敞，扬名于"关西孔子"、东汉太尉杨震，之后四世三公，不绝于朝。延至唐朝，"李武韦杨"四姓联姻，杨氏成为"十一宰相"世家，权势依旧炙热。杨凝式出自隋朝越恭公杨均一脉，曾祖杨收为唐懿宗时宰相，父亲杨涉为唐哀帝时宰相。他本人 20 多岁即考中进士，官拜秘书郎，为清要之职，前途远大。

可是，如此家世煊赫的青年才俊，为官没几年就疯了！

杨凝式的疯，不是他人非议，而是本人大方承认。后唐同光初年，朝廷授杨凝式为比部郎中、知制诰，负责草拟核心政令并参与机要，杨凝式却以“心疾”请求罢官。朝廷看杨凝式平日言行确实反常，加之杨家声望太高，允其所请，改为给事中、史馆修撰、判馆事。别人失去了接近核心权力的差使，得了史馆的闲差，会觉得得不偿失，郁郁寡欢，但杨凝式却疯态顿消，兴高采烈地投身史籍整理编撰工作。其间，他精选通儒，校定三馆图书。唐明宗即位后，要升杨凝式为中书舍人。中书舍人参与政令参谋和书写，又是一个接触权力核心的要职。不料，杨凝式“心疾”又犯了，疯疯癫癫，不能上朝，自然新岗位没法到任。唐明宗也没勉强他，收回成命。说来奇怪，杨凝式的疯病立刻又痊愈了。

一靠近权力核心就发疯，一远离权力核心就恢复正常，这难道是正常人所为吗？

杨凝式的运气着实好，五代十国时期的中枢政令岗位是高危岗位。在杨凝式前后的知制诰、中书舍人，不是因为忤逆圣意被处死，就是政变如吃饭，改朝换代如更衣，胜利者处置旧人也如吃饭、更衣一般寻常。杨凝式两次拒绝入中枢政令岗位，反而躲过了劫难。

外在迫害侥幸躲过，精神的煎熬却在劫难逃。后梁贞明年间，杨凝式的亲友相继故去：科举座师张文蔚暴卒，父亲杨涉在后梁续任宰相三年后郁郁而终，表舅李德体离世。杨凝式失去了亲情和庇护，开始独立面对死亡。恩公张全义一家的遭遇，大大刺激了杨凝式。

张全义爵封魏王，官拜上将军、河南尹，欣赏、提拔过杨凝式。乾化二年（公元 912 年），梁太祖朱温在洛阳养病，住在张全义的宅院中避暑，旬日之间将张全义家的女眷包括张全义的妻子全部奸淫。长子张继祚不胜愤耻，操起利刃要去和朱温拼命。张全义制止道："吾为李罕之兵围河阳，啖木屑以为食，惟有一马，欲杀以饷军，死在朝夕，而梁兵出之，得至今日，此恩不可忘也！"表面上，张全义是报当年朱温救命之恩，实际上，何尝不是实力悬殊，强权之下焉有小家？张全义、张继祚父子不得不忍辱负重——即便他是晚唐宿将，即便他贵为异姓王。张继祚终究咽不下这口气，日后在河阳谋反，被诛杀。张全义的长孙张季澄，官至右威卫大将军，看破红尘，出家为僧，于后唐清泰二年（公元 935 年）七月病逝，年仅 38 岁。张家的悲剧，杨凝式亲眼所见。

而同年登科的好友窦梦征、刘赞之死，切切实实地告诉了杨凝式命运无常、执念无用的道理。

窦、刘二人都是学识出众、正直勤勉之人。贞明二年（公元 916 年），盘踞浙江的吴越王钱镠遣人贡献，朝廷拟加钱镠诸道兵马元帅荣衔。翰林学士窦梦征认为钱镠利于市易，不宜加过高的名器。圣上不听，窦梦征不愿书写诏令，对着空白麻纸哭泣，后被贬为蓬莱尉。窦梦征死后，没有嫡长子，杨凝式与刘赞披麻戴孝为窦梦征设牌位、料理丧事。刘赞还抚恤他的遗孀和幼子。刘赞为官严正守法，"权豪不可干以私"。秦王李从荣握兵而骄，多有过失，朝廷提议置师傅辅助规劝他。大臣畏秦王如虎，不敢裁决，请秦王自行挑选辅官。李从荣选择了刘赞。任前，刘赞对杨凝式哭泣："祸将至矣！"秦王府官属十余人，多是浮薄倾险之徒，一味献媚纵容，只有刘赞从容讽谏，规劝正道。李从荣命令属官作文称赞自己，刘赞认为自己身份既为师傅，耻与群小比伍，虽然勉强操笔，但面露不悦之色。李从荣告诫左右，以后刘赞来了不得通报。刘赞也不再规劝，一个月到秦王府点一次卯，其余时间都闭门不出，谢绝交际。长兴四年（公元933年），李从荣拥兵谋反，兵败被杀。秦王属官按律连坐，后唐大臣认为刘赞正直，为秦王所恶，免死，改为贬官。刘赞听说秦王败亡之初，就白衣驾驴待罪。当别人告诉刘赞夺官而已时，刘赞正色道："岂有天子冢嗣见杀，而宾僚夺官者乎，不死幸矣！"遂长流岚州（今山西岚县），清泰二年诏归故里，因体弱于途中病逝。

窦梦征、刘赞二人，都是胸怀抱负、认真从政的才俊，努力半生，非但做不成名臣，反而落得个凄惨的下场。

刘赞病故的第二年，后唐皇帝李从珂率军北上抗击强藩石敬瑭。杨凝式时任兵部侍郎，随驾出师。唐军抵达河阳，李从珂阅兵扬威。旌旗飘扬、甲胄鲜明，文武大臣簇拥李从珂登台亮相之际，杨凝式突然"疯病"发作，手舞足蹈，不停地大喊大叫，阅兵一度无法继续。李从珂身高七尺有余，久经战阵，自然皱眉生恨，无奈弘农杨氏名望崇高，杨凝式本人也文名远扬，加上朝野一向流传他有疯病，所以没有处罚杨凝式，"请"他回洛阳静养。

这一次，杨凝式为什么发疯呢？

阅兵时，后唐局势危如累卵。石敬瑭勾结北方契丹，引寇自重，已经是半公开的秘密。李从珂率军北上，胜负难料，河阳阅兵有激励斗志之意。前方阅兵，后方京师早已震恐，居民纷纷出城躲藏，守军难以禁止。人心向背已经很明显了。杨凝式不愿将命运捆绑在后唐的战车上，更不愿为某一派势力殉葬。乱世无义战，胜利者往往宣传所谓的正义与天命，而他们何尝不是弱肉强食者中的一员？

后唐很快覆灭，李从珂自焚，石敬瑭建立后晋。杨凝式继续在后晋为官，在礼部尚书职位上致仕，闲居伊洛之间。此后，他再未长期从政，开始疯疯癫癫的闲居生活。

杨凝式自从疯了以后，人生轻松太多了！

洛阳是几朝首都，居住洛阳者多是王公大臣，杨凝式都“傲然不以为礼”，对他们爱搭不理。王公显贵们或不以为意，或敢怒不敢言，谁让杨凝式是疯子呢？杨凝式平日恣意行事，狂逸不羁，说话没有顾忌，遇到不顺遂处面斥人过，对洛阳地方官员的过失更是骂不绝口。旁人也不跟他计较，地方官员又拿他没办法，谁让杨凝式是疯子呢？

杨凝式家世高贵，又是闲居显宦，出行自然有仪仗相随，可是他嫌仪仗行进太慢，且不自由，偏要甩开仪仗策杖前行。杨凝式最喜欢去的地方就是洛阳城中的大小寺庙道观，那里有成片雪白的墙壁可供泼墨。杨家有书法家学，杨凝式本人更是精于此道。

自从疯了以后，杨凝式以天地为书房，以白墙为宣纸，自由挥洒，书法技艺更臻化境。

每次出门，仆人问杨凝式今日去哪座寺庙，他随口回答：“宜东游广爱寺。”

仆人往往推荐自己想去之地：“不如西游石壁寺？”

杨凝式挥挥手：“甚好。去广爱寺。”

仆人纠正说：“我说的是去石壁寺！”

杨凝式：“好，好。那就去石壁寺。”

如此言行，懵懵懂懂，如梦如幻，似乎了无主意。到达寺院后，杨凝式面对一面面白墙，“箕踞顾视，似若发狂，引笔挥洒，且吟且书，笔与神会”。挥毫泼墨时的杨凝式，仿佛换了一个人，直到写满墙壁才肯罢手，毫无倦怠之色。信徒、游客驻足围观，无不叹赏。许多寺观为了得到杨凝式的墨宝，往往将垣壁粉刷一新，静待杨凝式前来。

杨凝式的书法创作，楷书、行书、草书都有，一篇作品中常有多种书法形式并存，布局也不讲究，有的字迹繁密，有的字迹朗阔疏远，仿若疯作。恰是这种疯作，没有外在束缚和特定目的，抵达了书法艺术的本质——书法是写作者内心的映射与精神的宣泄。以传世的《韭花帖》为例：“昼寝乍兴，輖饥正甚。忽蒙简翰，猥赐盘飧。当一叶报秋之初，乃韭花逞味之始。助其肥羜，实谓珍羞。充腹之余，铭肌载切，谨修状陈谢，伏惟鉴察，谨状。”这可能是杨凝式品尝了韭花珍馐后的随手札记，也可能是一封对赠送韭花者的感谢函，用精致自然的行书写成，记录了杨凝式疯疯癫癫的闲居生活，自然随性。

杨凝式主要在墙壁上创作，传世的作品很少——或许，他认为正儿八经的文字是危险品，让作品传世的观念本身就是危险的执念。宋代以后，后人可见的杨凝式作品仅有《卢鸿草堂十志图跋》《韭花帖》《神仙起居法》《夏热帖》等只纸片字。宋代书法家黄庭坚有幸在洛阳看见过杨凝式的书法作品，赞叹其“无一字不造微入妙”，将其和吴道子的画评为“洛阳二绝”。杨凝式在书法史上的地位非常高，不仅是五代书法第一人，更有仅次于王羲之的美誉。

不过，晚年杨凝式最大的困惑应该是闲居生活总是断断续续遭到打扰。他的门第过于煊赫，他本人随着年岁增长声名亦日益远播，勃兴骤亡的后续王朝都想借其力以助己。后汉建立后，杨凝式先后加太子少傅、太子少师衔，后世因此尊称他为“杨少师”。后汉末年，藩镇郭威起兵进入开封，79 岁的杨凝式归顺郭威，不过自陈年事已高，请求致仕。郭威恩准他以右仆射的荣衔居家。郭威死后，周世宗柴荣继位，又下诏升杨凝式为左仆射，加太子太保之衔。杨凝式又一次不得不出山，做了名义上尊贵无比的宰相。后周显德元年（公元 954 年），杨凝式去世，享年 82 岁，后周追赠太子太傅。

从唐朝末年到后周，杨凝式经历了六个朝代，可称“六朝元老”。年纪越大，杨凝式越在疯癫和居宰相之位之间频繁切换。

宋人张世南在《游宦纪闻》中评价杨凝式：

> 世徒知佯狂可笑，而不知其所以狂；徒知墨妙可传，可不言其挺挺风烈如此！

杨凝式的父亲杨涉在晚唐拜相的大喜之日，与家人相对泣下。他对杨凝式说：“吾不能脱此网罗，祸将至矣，必累尔等。”天祐二年（公元905年），垄断朝政的朱温杀死德王李裕、棣王李祤、虔王李禊、沂王李禋、遂王李祎、景王李祕、祁王李祺、雅王李禛、琼王李祥等唐哀帝的九个兄弟，接着又在滑州白马驿将左仆射裴枢、清海军节度使独孤损、右仆射崔远等忠于李唐皇室的三十多名大臣全部杀害，投尸黄河，史称“白马驿之祸”。杨涉没有遇难，因为新王朝需要他捧着唐朝的传国玉玺，恭请朱温登基称帝。

奉玺之日，时任唐朝秘书郎的杨凝式不禁冲着父亲大喊：“大人为宰相，而国家至此，不可谓之无过，而更手持天子印绶以付他人，保富贵，其如千载之后云云何？其宜辞免之……”没等儿子将话说完，杨涉一把捂住杨凝式的嘴巴，大惊失色，痛骂道：“此言若被外人听到，咱杨家定会被满门抄斩……”当时，朱温为监视异己，遍布密探探访群议，官宦缙绅遭祸者众多，人人自危。杨涉贵为宰相，更是朝不保夕。

第二天开始，杨凝式就变得疯疯癫癫了，时人谓之“杨风子”。

韩通：消失的抵抗者[1]

显德七年（公元 960 年）正月初三，清晨，开封府。

后周王朝的早朝一片慌乱。快马刚刚来报：北征诸将士在城北的陈桥驿拥戴殿前都点检赵匡胤黄袍加身，现正簇拥着他回军开封！

这是多么熟悉的场景。十年前，后周的开国皇帝郭威也是将士拥戴，也是回军开封，最后称帝。不过他当年披着的是黄旗，今天赵匡胤穿的是黄袍。“黄袍不是寻常物，谁信军中偶得之？”这分明是蓄谋已久的造反篡位！

7 岁的皇帝柴宗训，尚不谙世事，完全没有意识到祸在眼前，一如既往地无辜地看着空阔的朝堂；28 岁的皇太后符氏，手足无

---

① 本文深受惠冬、张其凡《“失败者”的历史：陈桥兵变新探》[《南昌大学学报》（人文社会科学版）2012 年第 5 期] 和惠冬《韩通死事考》（《商丘师范学院学报》2012 年第 7 期）两文的启发，在此致谢。

措，哭哭啼啼地令大臣们速速应对后，便拉着小皇帝躲到后宫去了。真正是孤儿寡母，寒心酸鼻，岂有人怜？

尚书左仆射范质[①]，深受周室厚恩，位列群臣之首，又是托孤大臣，应对危局自然责无旁贷。听闻赵匡胤兵变，范质悔恨交加，一手抓紧象牙朝笏，一脚恨恨跺地。事发前有多位大臣提醒过范质提防赵匡胤，殿中侍御史郑起公开反对赵匡胤，还曾致信范质，指出赵匡胤掌管禁军，迟早生祸。右拾遗杨徽之则公开扬言："赵匡胤在军中颇有人望，不应再继续掌管禁军了。"范质一概认为是"书生多事"。时逢乱世，不信用武将，难道让读书人去上阵杀敌不成？如今赵匡胤反相已明，范质悔恨莫及！他在迅速散去的朝臣中看到了顺着人流准备开溜的尚书右仆射王溥。范质几个箭步上去，一把抓住王溥的手，千言万语到了嘴边，就是说不出一个字来。

范质能干，宦海沉浮多年，依然个性耿介，直来直去；王溥低调，为人温和，与方方面面皆有不错的关系。二人一左一右，原本是辅政的好搭档。可王溥却没有范质那般忠心，不以一家一姓为念，觉得壮年武将治国总好过黄口小儿，加之先前与赵匡胤多有私交，因此对陈桥兵变抱无所谓的态度。王溥的当务之急是尽快找个安全地方躲起来，免得为乱兵所伤。无奈，范质紧抓住

① 范质，大名宗城（今河北邢台威县）人。后唐长兴四年（公元 933 年）登进士第，官至户部侍郎。后周建立后，历任兵部侍郎、枢密副使、尚书左仆射等职。显德六年（公元 959 年），周世宗病危，托孤于范质，获封萧国公。

王溥不放，几乎把他的手抠出血来，愤恨之态显露无遗。王溥想争辩，同样无言可对。范质、王溥两位当朝宰相，便在大庭广众之下，僵持了些许时刻，“罢罢罢”，同时甩手，各奔东西……

五大三粗的韩通从抓手僵持的两名宰相身边快走而过，心中不禁嗤笑了一声“无用的呆子”。他正匆匆向侍卫司跑去，几名武将紧随其后，他们即将形成迎击赵匡胤乱兵的核心抵抗力量。

韩通，官居检校太尉、同平章事，充侍卫亲军马步军副都指挥使。侍卫亲军是皇帝的禁军，也是朝廷直接掌握的军队主力。由于侍卫亲军都指挥使李重进长期驻外，韩通是朝廷事实上的军事统帅。

韩通是并州太原（今山西太原）人，出生年月无从考证，可见其家境赤贫，完全没有给予任何后天帮助。他弱冠从军，跟随日后创建后周的郭威南征北战，曾因护卫郭威“身被六创”。郭威将韩通与养子郭荣（日后的周世宗）视为左膀右臂。当时，赵匡胤还是低级校尉。韩通抗击契丹、征伐后蜀、收复三州三关，长于冲锋陷阵，也善于后方建设。他疏通水道、抢险筑堤，对河北诸多城池的修建、加固和地方建设有颇多贡献。韩通办事效率极高，都城开封的扩建工程原计划三年，韩通半年就完成了。他做事雷厉风行，着急发火时眼珠子瞪得溜圆，人送绰号“韩瞠眼”。

这样的人，不宜将江山社稷托付给他，但他却是守护江山社稷的忠实人选。周室命韩通典将禁军。韩通在军中威信颇高，影响力要盛于赵匡胤。小皇帝柴宗训“幼弱，通与上（赵匡胤）同掌宿卫，军政多决于通”（《续资治通鉴长编》）。据此可见，韩通在军政决策方面也盖过赵匡胤一头。

正月初一，北方边关告急，北汉勾结契丹人南侵；正月初二，宰相范质批准赵匡胤挂帅，率领殿前军、侍卫亲军主力北上。京城防务由韩通负责。早在先帝郭荣时，韩通就为在京内外都巡检，负责京城建设与卫戍。开封城分为外城、内城、皇城三层，除了护卫皇帝的皇城，其余两层都由韩通为主帅的侍卫司控制。这次兵变发生后，只要韩通指挥得当，坚守开封城数日，待消息散布开来，各地藩镇，尤其是现任侍卫亲军都指挥使李重进、前任殿前都点检张永德、强藩李筠等便会发兵勤王。群雄逐鹿，天下入谁手尚未可知，韩通成了一块可以影响历史车轮走向的路石。

韩通的当务之急，是收拢还能掌控的军队，上城防守！

韩通一路奔向侍卫司，一路陆续收拢官兵。他和范质一样悔恨交加。儿子韩徽之前多次提醒他赵匡胤乃野心家，奉劝他早作预备，韩通始终没放在心上。他虽和赵匡胤不是一路人，毕竟常年协同征战，目睹赵匡胤的战场表现和周室对他的厚恩，内心是肯定这个后起之秀的。就在昨天，赵匡胤出征前登门拜访，与韩通饮酒。韩徽竟然埋伏了刀斧手，要杀了赵匡胤。韩通严厉制止儿子，对赵匡胤叮嘱了几句，宾主尽欢而散。如果昨天不制止韩徽的行刺，那么就没有今天的危局了。

奔回侍卫司，韩通立刻意识到大事不妙。衙门空空如也。揪住留值的小吏询问，方知禁军早已被赵匡胤一党掏空了！

北周禁军原本只有侍卫亲军，又分侍卫马军、侍卫步军，由侍卫司掌管。后来部分精锐被挑出又额外组建了规模较小的殿前亲军，由殿前司掌管。韩通负责侍卫亲军，赵匡胤掌管殿前亲军。去年两部禁军调整，赵匡胤的发小韩令坤担任侍卫司的三号人物——侍卫亲军马步军都虞候，和头号人物李重进一样，驻扎在外；高怀德担任侍卫亲军马军都指挥使，张令铎担任侍卫亲军步军都指挥使，分别控制了马军和步军。昨天他俩跟随赵匡胤北征，现在正簇拥着身穿龙袍的赵匡胤回师开封。殿前司那边，二号人物殿前副都点检慕容延钊是个好好先生，和赵匡胤关系不错，作为北征军的前锋，已提前出发了。剩下的殿前都指挥使石守信、殿前都虞候王审琦，对赵匡胤亦步亦趋，如今牢牢控制着殿前亲军，说不定现在正聚集在开封城的哪个角落，准备响应城外的叛军，他俩是韩通坚守城防最大的敌人。

看来，赵匡胤已在军队暗中耕耘多年。此刻，韩通顿悟去年禁军人事变动的深意，他的抵抗之心出现了裂缝。赵匡胤哪里是受将士拥戴黄袍加身？这分明是有预谋、有准备的叛变篡位啊！

即使胜算渺茫，也要拔剑向敌。韩通在战场上摸爬滚打多年历练出这一信念，也始终不渝地实践着这一点。他召集了几百名将士，披挂齐整，带头向外城跑去，准备加固城防。抵抗力量要和回师的叛军争夺时间，看谁先控制城防。

同样全速奔跑的赵匡胤，最先赶到了开封外城。

日后在北宋历史叙事中闪耀着无尽光芒的陈桥驿，位于开封城北的陈桥、封邱二门之间，离陈桥门较近。赵匡胤率部先跑到了陈桥门下。此时天色已大亮，陈桥门上的守军看清楚了城下袍泽的面孔，也看清楚了黄袍加身的殿前都点检赵匡胤。在王朝十年一换的五代，“天子宁有种乎？唯兵强马壮者为之耳”，守军自然明白眼前是怎么一回事。可是，到底是城外一方还是城内一方兵马更强呢？这些中低级的禁军官兵无从确认。安全起见，陈桥门的守军闭关不纳，任由城外叫门不应。

时间太宝贵了。赵匡胤下令全军向西，奔向开封外城北四门之一的封邱门。封邱门守军选择站在赵匡胤一边，打开了大门。叛军涌入开封外城。

夺取外城后，赵匡胤没有继续向南从北边进入内城，而是转而向东计划从内城东门入城。内城东边城门居北者为望春门，居南者为仁和门。赵匡胤军队到达望春门之际，城门守军也面临外城袍泽一样的艰难抉择。好在赵匡胤根本没有给望春门守军选择的机会，他们舍弃该门南下，向仁和门跑去。

仁和门洞开，殿前都虞候王审琦已率部分殿前亲军在门口接应。赵匡胤军队鱼贯而入，占领了开封内城。上万人马从陈桥驿长途奔袭40里地到达开封城下，由外城东边陈桥门转向西边封邱门入城，又舍弃近在咫尺的内城北三门不入，绕道东边城墙，在东边又置最近的望春门于不顾，舍近求远从内城东南的仁和门进入，足足绕了半个开封城，如同完成了一场马拉松长跑，人困马乏。此时只要再攻克皇城，便大功告成了，历史聚焦到了仁和门内不远处的寺庙——定力院。

赵匡胤北征，不能携带家眷。十年前，郭威发动兵变，成为天子，可是家人惨遭屠戮，使得其日后不得不传位柴氏。赵匡胤是此事的见证者，自然引以为鉴，早在正月初二的夜晚就安排母亲杜氏带着赵家眷属藏进了定力院。王审琦率军夺取仁和门，在此接应，也有此地可以就近兼顾定力院赵家眷属的目的。赵匡胤虽顺利入仁和门，定力院的眷属却已经命悬一线！

韩通正带兵在定力院搜捕赵家眷属！

原来，韩通聚拢武力，决定夺取城防，选择从东边的左掖门出皇城。几百人奔向城门时，突然从城垣女墙背侧闪出许多弓弩手，锋镝射向韩通所部，韩通身边顿时倒下百余人。紧接着喊杀声四起，殿前都指挥使石守信率领殿前亲军从左掖门内外暗处冲出来，杀向韩通。韩通毫不怯弱，挥剑高呼："杀出城门！"双方展开激战。这一战拖延了韩通宝贵的时间，让赵匡胤顺利进入外城、内城。最终，韩通杀出重围，身边只剩一二百挂彩披伤之人。抵抗者和叛乱者的较量，胜负基本大定了。

此时，韩通得知了赵家眷属藏身定力院的情报。身边的残兵败将，守备城防已然吃力，可如果能将赵家眷属掳掠在手，尚且有与之谈判斡旋的筹码。于是，韩通迅速做出判断，折向定力院杀去。

定力院的住持将赵家眷属全部藏在院内一个废弃的阁楼内，从外面将门窗紧闭。韩通入寺大搜捕时，住持骗韩通说："赵家人已经离开，不知去向。”韩通不信，并注意到了那座阁楼。他命人砸开大门，入内只见虫网纵横，灰尘厚积，像是长年累月没有人来过的样子。正在犹豫要不要仔细搜索之时，阁楼外的同伴突然说：“赵匡胤入仁和门了！”仁和门与定力院仅百米之隔，危急之际，士兵无心搜索，便匆忙回报韩通：“内中无人。”韩通狠狠地看了阁楼一眼，挥手率兵退出定力院。

赵匡胤的母亲杜氏已经看到搜捕者明晃晃的佩刀了，想不到幸运地逃过一劫。

赵匡胤赶到定力院后，马上分兵保护定力院，自率主力直驱皇城。他们选择从皇城宣祐门入宫，不想守门官兵非但闭门不纳，还启用防守之弓弩阵。赵匡胤所部一进入射程范围，一阵箭雨便劈头盖脸袭来。长途奔袭后，军队阵形已乱，加之疲惫不堪，此举令他们猝不及防，前军上百人应声倒地，后军纷纷止步。赵匡胤无心恋战，故技重演，转向左掖门而去。石守信之前在左掖门伏击韩通，韩通浴血杀出后，石守信没有追赶，守在左掖门等待赵匡胤，现在正好顺利接应其入皇城。至此，赵匡胤占领了开封全城，分兵把守住各处关门、要地，传语各处“弃刀断弦者不杀”。

刚才在宣祐门指挥放箭拒敌的两位卒长，闻讯自缢而死。

逗留在内城之中的韩通没有弃刀而逃，胜负已定，他最关心的是家人的安危。身边的将士四散而去，韩通带着十余个心腹匆匆奔向家宅。他们一行遭遇了赵匡胤阵营的散员都指挥使王彦昇。王彦昇是陈桥兵变的急先锋，后半生的荣华富贵寄托于此，一见韩通分外眼红，当即指挥手下围杀上去。韩通不敢恋战，且战且退。无奈王彦昇年轻力壮，又人多势众，韩通很快挂彩多处。临近家宅，韩通侧头看了一眼家门口，王彦昇趁他分神，一剑刺中了他的胸膛。韩通踉跄后退，挣扎着转身向家跑去，王彦昇追上去，补了几剑。韩通扑倒在地，鲜血在自家门前流淌开来，浸染了他的身躯……王彦昇等人跨过韩通尸首，杀进韩门，将韩通夫人、长子韩徽、二子、三子一并屠杀。韩通年仅3岁的幼子和四个女儿幸免于难。这是本次朝代更迭中仅有的一桩屠戮无辜事件。

事先，赵匡胤号令三军入城须秋毫无犯，尤其是“公卿大臣，皆我比肩之人”，不得妄杀。韩通满门血案，有违军令。赵匡胤闻讯要惩治王彦昇，众将纷纷求情，说如今正是用人之际，杀之不利于笼络人心。赵匡胤便高举轻放，对王彦昇不加责罪。事后，王彦昇由散员都指挥使升迁为恩州团练使、铁骑左厢都指挥使，迈出了从中级将领向高级将领的关键一步。

城陷之后，宰相范质、王溥和枢密使魏仁浦这三位朝廷军政最高长官被士兵拥着来见赵匡胤。三人一进大堂，赵匡胤便声泪俱下，拉着范质的手说：“丞相，我受世宗皇帝厚恩，却为将士所胁迫，一旦至此，有愧于天地，我该怎么办？”范质幻想事情尚有转圜余地，责备道：“赵点检，先帝待你如子，如今他尸骨未寒，你安敢如此？”（一说范质默不作声。）话音刚落，站在赵匡胤身后的散指挥都虞候罗彦環[①]拔剑而出，指着范质的鼻尖怒吼道："我辈无主，今日必得天子！"

气氛顿时剑拔弩张，赵匡胤喝令罗彦環把剑放下。昔日的心腹罗彦環却对赵匡胤的命令充耳不闻，怒气更甚先前。周边的将士也都怒目射向三人，有人甚至按住了剑柄。

尚书右仆射王溥暗暗叹了一口气，恭身退到阶下，"扑通"一声双膝跪下，朝着赵匡胤伏地就拜。

范质鼻前顶着一把利剑，见王溥此状，明白大势已去，也走到他身边，跪地叩拜。

枢密使魏仁浦是名义上的政府军队最高指挥官，他不像范质、王溥二人是科举出身，起点很低，从刀笔小吏做起，兢兢业业几十年终在后周位列宰辅。与人为善、左右逢源是魏仁浦待人处世的原则。他见两位丞相倒地跪拜，紧随其后跪了下去。

至此，后周的宰辅集体加入了拥戴赵匡胤称帝的行列。赵匡胤在武力夺取京城之后，在形式上获得了朝臣的支持。之后的大戏，五代的官民们已经见怪不怪了：先是后周的小皇帝自认德薄，主动禅让皇位给赵匡胤；赵匡胤推辞不得，勉强接受天下；范质等群臣安排禅让仪式，后周正式成为历史，北宋辉煌开国……

在北宋的官方叙事中，本朝得天下是"天命所归"、万民所向，是历史的选择、黎民的呼唤。开国事件"陈桥兵变"是数万官兵

---

① 不出五个月，罗彦環由中级将领越级提升为高级将领，并任节度使。

自发的、真心的行为，赵匡胤早已经承天顺命、深得人心。整场兵变部署得当、轻而易举、秋毫无犯，周亡宋兴是水到渠成之事。赵匡胤所到之处，官民兵丁无不跪地迎降，山呼万岁。试问古往今来，有哪朝开国如北宋一般平和正义？这样的官方开国史经反复陈说，不仅在当时形成共识，也成为千年之后中国人的认知。

北宋历代皇帝对自身的合法性津津乐道，自诩以“仁义”治国，乃至豪称“本朝不戮一人而得天下”。当时和后来的许多人都认为黄袍加身的平和、善意是赵氏一族统治延续数百年之久的一大原因。

古代官史粉饰本朝，自然是分内之义。但是，对于修饰过的官史，后人切不可当作历史真相；对于颠倒黑白的官史，后人更应该持不齿的态度。具体到北宋，官方的开国史不仅修饰太过，简直是无视事实、抹杀真相。

散落各处的事实可以轻易戳穿官方开国史叙事的虚伪。比如，官方宣称赵氏一族德泽广布，赵匡胤兵变之前便已经功高震主、众望所归。王夫之就曾慨言道：

> 赵氏起家什伍，两世为裨将，与乱世相浮沉，姓字且不闻于人间，况能以惠泽下流系丘民之企慕乎！其事柴氏也，西征河东，北拒契丹，未尝有一矢之勋；滁关之捷，无当安危，酬以节镇而已逾其分。以德之无积也如彼，而功之仅成也如此，微论汉、唐底定之鸿烈，即以曹操之扫黄巾、诛董卓、

出献帝于阽危、夷二袁之僭逆，刘裕之俘姚泓、馘慕容超、诛桓玄、走死卢循以定江介者，百不逮一。（徐松《宋会要辑稿》）

更接近事实的是，赵匡胤是后周王朝掌握禁军实权的武将，远远谈不上万众归心。他在全国的影响力非常有限，就是在朝堂之内也是遍布反对者。韩通等人的抵抗、范质等人的不合作，都在影响着兵变的进程，甚至可能改写历史。即便是赵匡胤接受后周禅位后，朝堂之上依然有反对的声音。如翰林学士王著在入宋之后于宫门大恸，思念周世宗郭荣。当然，我们也不否认北宋统治的合法性，只是赵宋王朝的合法性不在于事先万民拥戴，更不在于所谓的“天命”，而在于北宋篡位后，赵匡胤、赵匡义兄弟俩南北征战，结束割据，统一了全国。不过，这是后话了。

官史和后人都渲染赵匡胤兵权在握，是后周的武力支柱，其兵变成功是顺理成章之事。且不说赵匡胤兵变之前连禁军都没有完全掌控在手，也不说其军队入城之时遭遇了诸多不顺，单说赵匡胤篡位后，强悍的地方藩镇就两次起兵反抗。昭义节度使、检校太傅、同平章事李筠是后周的北方藩篱，率军在山西南部抵御北汉和契丹。一月陈桥兵变，四月李筠即起兵反宋，赵匡胤御驾亲征。六月，李筠兵败，自焚而死。韩通名义上的上司李重进是侍卫马步军都指挥使、检校太尉兼侍中，也是郭威的外甥，官职、资历、军功都在赵匡胤之上。兵变时，李重进外任淮南节度使，主持对南唐的军事行动。九月，李重进起兵反宋，赵匡胤再一次御驾亲征。十一月，李重进举家自焚。“两李”很重要的败因，是没有互通声气、协调行动，如南北同时发难，想必会给赵匡胤致命的打击。北宋开国第一年，赵匡胤一直忙于镇压各地的反抗势力。

北宋开国史最大的噱头和谎言，是号称“不戮一人而得天下”。那么，左掖门伏击战的战死者、宣祐门箭雨下的阵亡者算什么呢？如果把“不戮一人”狭义地理解为没有杀戮一个平民的话，那么韩通几乎惨遭灭门又算什么呢？多么尴尬的事实啊！再严密的粉饰，后人也能从只言片语中窥见真相。统治者和官史作者所做的，就是尽可能修改材料，让真相消失，让事实符合观点。

北宋初年，赵匡胤驾幸开宝寺，见寺墙上绘有韩通、韩徽父子画像，脸色遽变，立刻命人铲去。从大局出发、为时务着想，韩通注定是要消失的人物，是北宋王朝的“禁用词”。官员和史家对他唯恐避讳不及。大文豪欧阳修牵头修撰《新五代史》。一日，参与修史的焦千之造访史学家刘攽，刘攽问焦千之：“《五代史》成邪？”焦千之回答：“即将脱稿。”刘攽又问：“为韩瞠眼（韩通）立传了吗？”焦千之默然无语。刘攽笑道：“如此，亦是第二等文字耳。”

田子茂：北宋小镇青年奋斗史[1]

北宋政和四年（公元 1114 年），河东路隆德府（今山西长治）。

知府周邦彦[2]接见了前来报丧的部下亲属，驻扎隆德的河东路第六将副将田子茂不久前病逝了。田家诸子披麻戴孝，哀形于色。周邦彦致哀、抚慰一番后，田家诸子拿出逝者田子茂的行状，其上详细书写着逝者生前的功业品行，请知府大人书写

---

① 传主史实以冯文海《山西忻县北宋墓清理简报》（《文物》1958 年第 5 期）所附田子茂墓志铭为凭，同时参考游彪《名门后裔：宋代一个普通人的异常生活轨迹》（《中国史研究》2019 年第 3 期）和薛瑞生《周邦彦何以写诗为蔡京祝寿并斥范纯粹为“奸臣”考》（《南阳师范学院学报》2006 年第 2 期）两文。

② 周邦彦（1056—1121），钱塘（今浙江杭州）人，北宋著名词人，作品在婉约派中长期被尊为“正宗”。野史传说周邦彦因为与宋徽宗争抢名妓李师师惨遭打击，宦游府县几十年。

墓志铭。

周邦彦是闻名当世的才子、万众瞩目的文人，不知多少人家想得到他的一纸铭文！

对于田家的请求，周邦彦感到些许意外。文武殊途，即便同城为官之人也交往不多。周邦彦只知田子茂是一位出身保丁、久经戎阵、从卑寒的底层奋斗到将位的军人。重文轻武的社会风尚在周邦彦身上有深深的投影，他对田家诸子求写墓志铭一事颇不以为意。“一个行伍莽夫，有何需要刻石流传千古的事迹？不是虚荣夸耀，就是附庸风雅。”再看看眼前人，田家诸子虽是武将之后，却“衣青衣而入门”，都是儒生打扮，寒暄得知田子茂生前不喜欢儿孙“复以武进”，非常希望他们能够在科举上有所斩获，严格督导子孙业儒应试，周邦彦的态度不禁有所好转。田家诸子一再强调父亲“生平历官，日夕不怠”，“故致劳役其心神，戕贼其天年也”，是兢兢业业积劳成疾而逝。周邦彦心中惋惜，好感又增一分。最后，考虑到田子茂毕竟是辖下军官，自己与他有上下级之情，周邦彦不便推辞，暂且应承了下来。

公暇之余，周邦彦翻阅起田子茂的行状。

宋仁宗嘉祐四年（公元 1059 年）六月二十六日，田子茂出生在忻州秀容县（今山西忻州西北）一个普通农户家庭。这户看似寻常的编户齐民，据说有着不凡的家族血脉，“实唐雁门郡王（田）承嗣之苗裔，其五代祖知本者，五季广运间来任定襄县主簿，因家秀容焉”。田承嗣是唐朝安禄山的部将，参与安史之乱，是安史之乱后期的重要角色。唐朝平定大乱后，田承嗣纳土归降，获拜魏博节度使，爵封雁门郡王。魏博是“河北三镇”中武力最强、最藐视朝廷的藩镇。田氏长期世袭节度使，对唐朝后期的藩镇之乱负有重要责任。田子茂是田承嗣的后嗣，五代祖田知本于北汉末期（广运年间）担任定襄主簿一职，他这一支就在忻州定居了下来。

浏览至此，周邦彦不禁哑然失笑。这是多么老套的贴金戏码！越是没有门阀余荫的人家，越喜欢攀附历史名人，然后书写“没落—奋斗—复兴”的励志故事，真正的名门之后根本无须强调家世，更不屑于炫耀家世。田承嗣以子嗣众多著称，且支脉散布无凭可循，这就给他人冒充田承嗣血脉提供了极大的便利。事实上，田子茂有迹可循的祖先就是曾经出任过主簿一职的元祖田知本。

田知本的主簿是割据晋北一隅的北汉政权委任的。北汉长期动荡不安，田知本尚在主簿任上时就被北宋消灭。田知本未能入北宋为官。到了五世孙田子茂时，田家差不多是家徒四壁，与地里刨食的贩夫走卒并无两样。如果说一定有差别，就是田子茂从小身强体壮，“颖异于群儿”，“稍长则便能武事”，学得了一些武艺。留给他的人生道路，不是安分守己、日夜为生计奔波，就是铤而走险、依靠强健体魄于刀尖夺食。

任何时代，打破社会赋予的固有人生轨迹，都是非常困难的。

北宋的小镇青年，无论少年时代有着多么绚丽的想象，父母寄托了多么美好的愿望，绝大多数人注定重复平庸的一生。没有接受系统教育与科举应试的实力，没有经商暴富或攀龙附凤的机缘，小镇青年的人生选择机会很少，也很无奈。每一代都有无数的少年，仰望小镇的天空，想象远方云彩底下的风景，可又有几个人真正去到远方？还不是重复父辈的轨迹，再把仰望留给子孙。

当然，每个时代都有打破常规的机会，不过机会只留给有准备的幸运儿。

少年田子茂赶上了一个不大不小的机会：王安石变法。变法推行保甲制，招募保丁，寓兵于民。统治阶层对保甲制有种种理想设计，而对于小镇青年而言则多了一种人生的可能。宋神宗元丰年间，20 岁出头的田子茂成了家乡的保丁。出众的身体素质，加上正当其时的年纪，让田子茂开始走上与父辈不同的轨迹。

命运更大的眷顾紧随而来。为了更好地推行保甲制度，北宋朝廷检阅保丁精锐，授予其中武艺超凡者官员身份。元丰六年（公元 1083 年），24 岁的田子茂幸运地“以弓马被荐”，凭借着精湛的骑射技术从河东路数量众多的保丁中脱颖而出，获得了从苦寒的雁北大地前往首都汴梁接受考验的机会。保丁选拔考试虽然不是正途，录取难度却一点不比科举考试小，录取率要低得多。“初，开封府畿、五路保甲及五万人，二年一解发，诣京师阅试命官，开封府畿十人，五路七人。”河东、河北路等五路的保丁仅仅有七个录取为官的名额，而这五路的保丁多达数十万人，得中者可谓人中龙凤。

各地保丁会集汴梁后，要接受试骑、步射考试，以射中远近为等，第一等保明以闻，引见于廷，由天子亲阅试之，量才授官。田子茂再次幸运地名列第一等，并在七月二十七日宋神宗亲自主持的武考中获得了第一名！天降恩赐，田子茂脚踩着软绵绵的大地，于八月五日“补三班差使”，正式成了一名北宋武官。

宋代官制，三班差使是不入流的武官，在最低级的九品官之外。可好歹这是朝廷命官，不仅拥有老百姓可望而不可即的身份，更与部队将校有天壤之别。经历了晚唐和五代军阀割据、武人称雄的混乱年代，北宋王朝过分崇文抑武，将文臣凌驾在武将之上，还人为设计复杂的军事系统以牺牲军队效率来换取安全。崇文抑武的一大表象，就是职业军人地位低下，哪怕是军官也是归入劣班。北宋的军队系统有厢都指挥使、军都指挥使、都虞候、指挥使、都头、军使及诸班直等将校。将校不是朝廷命官，他们职业从军，是军队的柱石，熟悉军事，行伍矫健，但行军打仗时却要听从文臣、兵官、使臣等人的差遣指挥，甚至不能保持平时的建制，任由后者拆分重组。品阶再小的朝廷命官，也能够对将校颐指气使。所谓的将校，在朝廷眼中或许只是一个更勇敢熟练的兵丁而已。北宋与西夏的好水川之战，主将任福战死，时人惜其“不能指麾统制以为己任，乃自率一队前当剧锋……论其才力，止一卒之用”，本质上是朝廷不信任武人，将成熟的将领搁置不用，迫使其无奈充当冲锋陷阵的兵卒。

客观上，北宋军队中确实充斥着大批以募代赈而来的灾民、招安收编的响马等三教九流。朝廷将军队当作吸纳社会不稳定因素的容器，这又反过来加剧了朝廷与社会对军人的轻视。将校系统独立于朝廷百官之外，将校只有在立有大功、皇帝恩赏等少数情况下，才能转为朝廷命官。

田子茂原本极可能成为职业军人的同类，却幸运地抓住了保甲法的机遇，得到天子一命之荣，跻身官员阶层。这是数十万职业军人不敢奢望的身份。田子茂将授官的日期牢牢记在了心中，田家诸子也将这一天郑重地写在了行状里。

周邦彦阅读至此，不禁肃然起敬。有多少人在 24 岁能够获得官员身份，更何况是一介平民？即便是书香门第的秀才，完成科举考试释褐为官也要 30 岁出头了。可以说，锦绣前程正在田子茂面前铺开。

田子茂也是这么认为的。可叹的是，残酷的现实很快挫伤了他的自信心。获得了官员身份后，田子茂的第一个职务是返回河东路在提举保甲司属下担任随员，第二个职务是负责代州繁畤县（今山西繁峙）的保甲事务。这两个职位都处于不入流的基层，都没有离开他的老本行——保甲。保甲原本就处于乡村治理的边缘，改革的春风把田子茂推进了官员阶层，却改变不了他在新阶层中的边缘角色。在这两个职位上，田子茂蹉跎了十年光阴。人生最美好的时光在举目无亲、茫然无措中消耗掉了。

周邦彦又是“于我心有戚戚焉”。他在汴梁太学崭露头角后，满以为前程似锦，结果飘零州县十余年，眼看生命无故消耗，这是所有心怀仕进的人难以忍受的。

不知道是田子茂炽热的进取心隐隐发力，还是正常的官员流动，中年的田子茂调任淮南西路“光州指使”，即光州（今河南光山）知州下属的不入流武官，任职不久又“会仙居阙尉”。仙居县是光州辖下最为偏僻的县份之一，唐天宝元年（公元742年）由乐安县改置。仙居是户数在1000户左右的下县，设有知县、县主簿、县尉三个职位。该县县尉空缺后，淮南西路提点刑狱委派田子茂代理此职。应该说，上天赐予了田子茂第二个良机。

在以“冗官”著称的北宋，人多位少，不知有多少人在候补官职。即便是进士，愿意出任县尉的也大有人在。严格说来，县尉是朝廷从九品命官，人事权操于吏部，并非地方长官能够干预，更不能私下委派。淮南西路提点刑狱支持田子茂违规代理，或许是看重他年富力强且任职多年，又或许是因为仙居县政务繁难，无人愿意上任。根据行状，田子茂到任后雷厉风行、果敢强干，在短时间内审理了大量积案，其中包括一桩“十余年不决”的财产纷争，惠及百余名被关押犯人，“吏民惊喜，一境称治”。

更让田子茂惊喜的是，仙居县的主簿也出缺了，田子茂又兼任了主簿；不久知县也出缺了，他又代理了知县。一时间，田子茂成了仙居县唯一的朝廷命官。他有可能实授官职吗？哪怕最低级的县尉，也毕竟“入流”①。但是，由一个武官主持一县事务并兼任所有官职，毕竟不符合朝廷规章制度。朝廷很快启动了知县

① 在九品之外的官员进入从九品以内，称为“入流”，否则是“流外之官”。

等官职的选任。在裁制武官的制度背景下，田子茂注定要被撤换。按照田家诸子的说法，田子茂在仙居县任职时间长，政绩深得民心，“合土士众，诣郡请留”，不少百姓到光州请求让田子茂留任。然而，民心舆论不敌朝廷规制，田子茂最终没有留任。

田子茂遭遇了仕途的第二次挫折。他的过人之处在于没有就此消沉——贫寒子弟也没有资格在挫折面前消沉，而是迅速跳出光州，调往泾源路。绍圣二年（公元 1095 年），田子茂出任泾源路第四将队将。这依然是基层官职，却是田子茂人生中第一次出任武官实职。

田子茂的这次调动，是因为他遇到了人生中的“大贵人”。时任延安府知府吕惠卿[①]“方为边事，搜究豪杰”。吕惠卿曾任太原府知府，当年田子茂考取保甲第一名正是发生在他任期内的事。此事在当地是轰动性新闻，吕惠卿很自然地记住了田子茂的名字。如今他搜索人才整顿边防，便想起用田子茂。召见田子茂后，吕惠卿认为他“举止闲雅，语论明白”，“置于左右，待极优异”。北宋路、州长官有权自行选择官员，具名上报朝廷后即可任职，

---

①　吕惠卿（1032—1111），泉州晋江（今福建泉州）人，王安石变法的核心人物，深度参与了北宋的变法改革，在王安石罢相后一度为相。初和王安石情同师徒，后因事生恨；后半生卷入新旧党争，仕途波折。关于吕惠卿的历史评价存在极大分歧，当时史书一般认为他背信弃义、祸国殃民，是“奸臣”。吕惠卿曾主持边境战事，历任鄜延路经略使、知太原府等职，推动置将法等军事改革。

类似于唐朝的方镇使府自辟幕职、清朝的长官聘请幕僚。北宋“作官从人奏辟，非但宾主，便有君臣之义，不宜轻也”。吕惠卿奏用田子茂后，田子茂便和吕惠卿有了惯例性的政治依附关系。

田子茂应该相当感激这种依附关系。依附意味着机会，左右着前程。对于无根无靠的田子茂而言，根本没有选择依附谁的资格。谁提携自己，谁就是恩公，就值得自己感恩投靠。

吕惠卿提携田子茂的大背景是宋哲宗亲政后，北宋对西夏的态度从和谈转为强硬。北宋在陕北地区厉兵秣马、整顿边防，西夏也蠢蠢欲动，战事一触即发。

绍圣三年（公元 1096 年）七月，田子茂以第六将准备使唤的身份跟随泾源路兵马钤辖张诚征讨西夏。宋军摧毁了西夏的军寨。西夏尽起精锐兵卒，从东、中、西三个方向展开大规模反击，主攻方向选在了东路，也就是田子茂任职的延安地区。西夏军攻势凌厉，很快攻克了延安以北的要塞金明寨（今陕西安塞南）。宋军以攻为守，保卫延安，田子茂自然也参与其中。十月初二，两军大战于金明寨附近的铁冶，“铁冶之战”爆发。激战从晨至昏，两军厮杀了整整一天，鲜血渗透层层黄土。最终，西夏大军战力占优，北宋军队陷入困境，士兵纷纷倒地，田子茂也“马毙箭绝，肢体被伤”。胜利无望，田子茂毅然组织本部剩余士兵突围，“与残卒数人再战，夺路致捷而出”。此战宋军虽大败，但也遏制住了西夏继续进攻的势头。战后，田子茂因力战之功获得“赐银合香药、茶绢，乃进官一阶、减二年磨勘”的奖赏，并升为泾源路“权

第六将部将”。

吕惠卿的战略是不断兴筑城寨工事，逐渐蚕食西夏领土。田子茂率领所部参与修筑了威戎城。随着吕惠卿出任鄜延路经略使，田子茂被委任为经略司准备差使。元符元年（公元1098年），田子茂再次参战，进攻西夏领土夏州（今陕西横山西北）。短短数年时间，田子茂从不入流的基层小官升迁为从七品武官。这是田子茂一生最危险的时期，刀尖上舔血；也是田子茂一生最顺遂的时期，仕途扶摇直上……

周邦彦看着行状，心生羡慕，但他隐隐感到月盈则亏、盛极则衰，幸运之后紧随的肯定是新的挫折与坎坷。果然，周邦彦很快看到了一个可恶的名字——范纯粹！

元符三年（公元1100年），宋哲宗去世，宋徽宗即位，北宋大政为之一变。西北战场从主战变为主和。范仲淹之子范纯粹[①]来到延安接任知府，大兴“拨乱反正”之风，调查吕惠卿担任鄜延路经略使期间“虚报战功”的行为。客观而言，前线将士“诈冒功赏”是常见现象，主帅往往装聋作哑甚至参与其中，以之为驭下之术。吕惠卿主持军务后沿袭了这股风气，大肆为部下邀功请赏。范纯粹到来后“置狱吓胁战士，出榜谕人，意要虚首”，明确要

---

①　范纯粹（1046—1117），范仲淹第四子，宋哲宗元祐六年（公元1091年）入为户部侍郎，出知延安府。绍圣初年入元祐党籍，此后仕途屡受党禁打压。政和七年（公元1117年）卒，年七十二。时人对范纯粹评价很高，认为他继承了父亲的才干，而且品德高尚。

求将士们自首。少数官兵确实虚报战功，但多数人慑于范纯粹的威吓，委曲求全，“致使立功之人但且脱祸，不敢顾禄，悉皆曲从”。短时间里，鄜延路一带冒出许多真假难辨的虚报事件。

田子茂作为吕惠卿提携栽培的对象，与军官范宏、黄彦等人受到了范纯粹的特别关注。几个人深陷囹圄，遭到威逼恐吓，但都矢口否认邀功请赏。其中，田子茂的表现尤其突出，他对审讯者说：

> 首可舍，冒赏则无，不必某，一路皆然。若本路无功，斩虏数万，辟地千里，不知自何而得也?

田子茂铮铮铁骨，却把话说得太满。斩虏数万、辟地千里的功绩肯定是夸张的，吕惠卿与西夏作战，各有胜负，谈不上是北宋大捷；即便田子茂是清白的，也不能保证“一路皆然”。但是，田子茂却不能不表现得如此刚强。作为吕惠卿主政时期的既得利益者，虑及双方的政治依附关系，他都必须坚守在吕惠卿一边。

最终，鄜延路经略司上报朝廷：“本路自绍圣以来，前后所奏功赏，例多妄冒”，并直指“上件诈冒功赏，并系帅臣保奏不实，致误朝廷推恩”，“其间有冒二资至十一资以上，至有小使臣转皇城使、效用转诸司使副者不少”。吕惠卿要对如此恶劣的虚假行为负责，被撤去职事，落观文殿大学士，涉案其他重要官员降充刺史不等。田子茂因为死扛不认，竟得以无罪释放，被任命为绥德军暖泉寨主。田子茂保住了官品，实职却大为削弱。他拒绝了范纯粹的任命，还耿耿于“虚报战功”的指控，甚至扬言“犹欲诣阙，以雪众冤”，筹划着到京城开封去告御状。尽管最终未能成行，但田子茂赢得了吕惠卿的赞赏，“余曩日厚待此人，诚不误也”，还赢得了知情者的普遍尊重，“故天下之人闻公之风者，识与不识，皆推为大丈夫矣”。当然，这一切都是田家诸子在行状中说的。王朝正史和文人笔记是不会留下一个从七品军官的言论的，何况此事真假如何后人已经无从彻查了。

周邦彦与范纯粹是政敌，加之与田子茂有相似的仕途坎坷经历，他在感情上天然倾向信任田子茂。之后，田子茂担任同管勾黑水堡公事，前往边境的一座军寨降级任职。不久，邻近黑水堡的威戎城发生“蕃官逃背”事件，续任的延州长官陶节夫不去惩处威戎城的官员，反而认为邻近的黑水堡官员有失察责任，田子茂遭到贬官留任处分。背负着处分，田子茂陆续参与了边境军寨城堡的修建。崇宁三年（公元1104年），田子茂的父亲去世，田子茂于苦闷之中离职返回河东路忻州老家奔丧，离开了奋斗十年的陕北，离开了那片收获成功又屡受挫败的土地。

炽热的进取心如同顽强的野草，不会为狂风暴雨所打倒，反而勃发于贫瘠苦寒之地。尽管行状描述了诸多田子茂的孝举，貌似回归家庭，但他胸膛跳动的依然是不甘的心。考虑到老家河东路也有防卫北部边界的需求，服丧中的田子茂“又自服中辟”，来到太原府，但故乡长官给出的银城寨（今陕西神木南）都监的职位没有达到他的预期。田子茂拒绝了好意。人在困境中急于打破困局，容易寻找各种捷径。寻常人称之为“投机取巧”，在政坛上则称为“政治投机”。周邦彦在仕途不顺、求官不成后，将文学才能用于阿谀之词奉承权相蔡京即如此。田子茂仕宦条件更差，唯有更加努力地寻找破局的捷径才行。一度，他回到鄜延路，继续修筑边境军寨，可是没有获得升迁，也没有丝毫的奖赏。宋徽宗大观初年，朝廷有意收复燕云地区，召集有能力者参与燕云战事，“非有能声者不使其任”。田子茂敏锐地意识到这是自己最后的机会，第一个申请调往河北！

田子茂的申请获批了，遗憾的是，朝廷的决心与实际的行动往往脱节。田子茂此次属于平调，且在河北任职期间，朝廷并没有发动对辽国的战争，自然谈不上立功升迁了。

田子茂在河北，先是任同管辖训练河北第十二将军马，率军驻扎磁州（今河北磁县），此地离宋辽边境还很远。外战未起，内乱倒是先来了。群盗李勉作乱，河东、河北骚动。这些盗贼藏匿在山林里，恃险遮阻，加上道路狭隘，征剿的官军不能成列，难以剿匪。李勉进入河北路后，安抚使召集将领会商对策，提出要奏请朝廷调动各路兵马联合剿匪。田子茂认为李勉等人只是“鼠寇”，“只拣择精锐千人，付有心力将以将之，日夕追捕”，迟早会困死他们。如果朝廷调动大军征伐，各路人马纷纭错杂，互不相认，无法统一行动，容易给叛乱者提供浑水摸鱼的机会，最终师老无功，还助长了盗贼的声势。安抚使急于消灭盗贼，没有采纳田子茂的建议。果然，“诸藩兵至，混而不辨，贼亦易衣，亦如天兵伪为捉杀，往来称路分，竟不能获”。但是，大军云集，毕竟给盗贼很大的压力，李勉等人准备向北逃到宋辽边境地区。为了防止盗贼惹来大患，宋徽宗专门下诏：“不管透漏，若贼入北，帅以下并以军法处置。”田子茂对盗贼外逃的计划预判成功，提前率领数百官兵截断了其北逃的道路。最后，李勉等人接受朝廷的招安。他们遇到田子茂时，谈论说：“当时若用此公谋，今日岂有我曹也？”

此事多少改观了田子茂的困境。大观二年（公元 1108 年），田子茂担任同管辖训练河北第十三将军马，先后驻扎洺州（今河北邯郸、邢台一带）、赵州（今河北赵县）。大观四年（公元 1110 年），宋辽边境发生了契丹人的叛乱。他们利用边境宋辽两国都管辖乏力的便利，行劫掠之事，“官吏不敢追捕，幅员千里，民不安堵”。北宋朝廷责令河北路挑选得力将领捉杀匪徒。河北路安抚使梁子美熟悉田子茂之前的出色表现，认为此事“非田仲坚（田子茂字）则不可”，亲自点名由田子茂负责防御。田子茂不负厚望，上任后“贼更无南犯”。之前的赵州知州因为处理李勉之乱不力遭到罢免，赵州没有知州，安抚司委派田子茂“权领郡事，兼接待人使”，既主持赵州行政，还负责接待辽朝使者的工作。虽然还是上司的临时委派，但这是田子茂一生担任过的最高实职。

或许是因为年迈思乡，或许是清楚自己一介武官不可能实任赵州知州，而朝廷北伐又遥遥无期，田子茂在赵州任职不久便回到故乡河东路，担任第六将副将，驻扎隆德府。政和二年（公元1112年）升任第六将将官。可叹的是，此时田子茂的身体垮了下来，两年之后在外出途中染病，回到隆德府不久便去世了，享年56岁。

并非所有的奋斗都有圆满的结果，绝大多数人倒在了奋斗的途中。田子茂30多年的宦海沉浮，极可能没有达到理想的成就，却彻底跳出了秀荣小镇的生命轨迹，实现了社会阶层的跃升。从小镇青年到朝廷将官，田子茂度过了相当充实、丰满的人生。

周邦彦看完行状，决心给田子茂书写墓志铭，给死者一生的遭遇、奋斗、甘苦做一个总结。而他自己，还要继续漂浮在漫漫宦海之上。

田子茂一生娶过三任妻子，彭氏、张氏都先他而逝，第三任为李氏。他有四子一女。四个儿子分别是：田泰宁，父亲逝世时为承节郎，从九品武官；田泰靖，登仕郎，正九品文官；田泰中、田泰孝，父亲逝世时尚未入仕。兄弟四人生平都无考，极可能是田子茂一系后人并没有继续实现阶层跃升，这个小镇家族在田子茂奋力一跃、折腾出水花后，重归平淡了……

1957年8月下旬，山西忻县因为基建工程需要，清理了一座当地人传说是金朝驸马田显的古墓。考古人员进入墓穴，发现墓室内因泥水淤浸，人架杂乱在高低不平的淤泥之中，葬式不明。墓中出土了两个人头骨，证明该墓系合葬墓。

一块墓志安静地躺在墓室东壁附近，经测量，长0.8米、宽1.1

米、厚 0.18 米。墓志铭很长，字迹相当清楚，甚至还有当年用朱砂书写的痕迹。这篇墓志铭就是周邦彦的作品《宋故武功大夫河东第六将管辖训练泽州隆德府武胜军辽州兵马隆德府驻扎田公墓志铭》。

文璧：生活还得继续

至元十六年（公元 1279 年）的春天，南宋王朝覆灭在崖山冰冷的海水中，大元王朝在海平面上喷薄而出。

在这个新旧交替的时刻，有些人注定属于历史，有些人选择拥抱未来。

四月，元军押解着身为俘虏的南宋抵抗核心、丞相文天祥到达广州，转赴京城大都（今北京）。停留期间，文天祥的二弟文璧乔装来到广州，探望兄长。兄弟俩相对而坐，谈的都是家事——江西老家的财产如何保全、过世不满周年的母亲的后事如何料理、星散的姊妹近亲如何找寻……文天祥有二子，在抗元岁月中一死一失踪。之前，文璧主动提出将自己的长子文升过继给文天祥为嗣。在广州监牢，文璧再次提出了此议。隐约中，兄弟俩都相信此去大都，便是赴死成仁之途。

兄弟相别，文天祥坦然北上，于至元十九年十二月初九（公元 1283 年 1 月 9 日）慷慨就义于燕市，后来者对文丞相不吝溢美之词。乾隆皇帝赞誉文天祥“忠诚之心不徒出于一时之激，久而弥励，浩然之气，与日月争光”，现代人则认为文天祥代表了整个中华民族的精神与人格，是我们民族万古不灭的光荣。享有如此盛誉的历史人物，屈指可数。

文璧时任南宋的惠州太守，在送别兄长的当年秋天，携三弟文璋在广东惠州开城降元，入元后历任临江路总管兼府尹、广东宣慰使司事、宣慰使广西分司邕管，病逝于十九年后的大德二年（公元 1298 年）。乾隆皇帝指责文璧无颜面见兄长于地下。历代文天祥的传记中，为亲者讳，几乎绝口不提文璧此人，更毋论伟人之弟降元之事。

遥想当年，文天祥、文璧二人是江西吉州庐陵文家不可分述的骄傲。

兄弟二人年龄仅差一岁，同样聪颖好学、积极上进，分别以家门口的一山一溪取号为文山、文溪。与文天祥的指点江山、践志成贤不同，文璧相对平和。曾经与文天祥、文璧都共过事的赵文描述，文璧和气天真、诚信厚道。最能体现他平和淡泊性情的是宋理宗宝祐四年（公元 1256 年）的科举考试。当年，兄弟俩同时通过礼部考试，成为贡士，只要再通过殿试就能获得进士功名。不幸的是，父亲文仪病危，文璧不计得失，选择回乡服侍父亲，支持文天祥去参加殿试。在这一年，文天祥高中状元，金榜题名，文璧则三年之后才考中进士。

文璧从临安府（今浙江杭州）司户参军起步，官声相当不错，“以贤能称用”。文璧任新昌知县时，“录大狱二十余，皆得其情。正宗室子嬖妾杀妇之罪，决盗牛讼久而不决者，纵牛牛归故牢而盗服，由是新昌讼牒不入郡”，称得上是敢担当、有作为，政绩卓著。宋恭帝德祐元年（公元1275年），元军攻破长江南下，逼近临安，南宋到了生死存亡的关头。大哥文天祥在赣州起兵勤王，奏请以文璧为助手。文璧进入幕府主管书记，草拟抗元报国的文字。因为家庭原因，文璧后来离开了兄长的幕府，辗转出知广东惠州。小朝廷流亡沿海，文璧始终坚守在梅州、惠州一带，听小朝廷指挥，供小朝廷粮饷。宋廷对其予以升迁肯定，累官至权户部尚书。就宋亡之际表现而论，文璧是毫无疑义的忠臣、干吏，胜过当时望风披靡、非降即走的大多数官僚们。

文璧与文天祥的分野，源于文家的又一次变故。就在文天祥前往抗元前线时，祖母刘氏去世。文天祥不能行孝，文璧就替兄长陪护母亲曾氏护柩回庐陵老家。和所有身逢乱世的家庭一样，庐陵文家也在风雨飘摇中岌岌可危，人口星散，家产面临乱兵威胁，迫切需要有人出面主持大局。文天祥兄弟三人，三弟文璋年纪尚小，文璧出面是最现实的选择，文璧也是这么做的。文天祥对二弟舍官顾家，其实是支持的，还向朝廷为文璧奏请了祠禄。于是文璧开始奉祠闲居，退居二线，更多地照顾家庭。赵宋王朝风雨飘摇，文天祥在海滨苦苦支撑危局，母亲又不幸病亡，还是文璧带着弟、妹料理丧事，为母守孝。流亡朝廷多次下诏起复，文璧又一次复出，坚守惠州与各方周旋。

南宋的灭亡像一条分界线，刻在了中国历史的车轮上，也割裂了无数人的人生轨迹。

有的人注定属于逝去的王朝，比如文天祥。作为声名煊赫的前朝状元、亡国宰相和抵抗领袖，文天祥是无数人心目中的英雄与精神领袖，彰显着一个时代的光荣、一种文化的精神。南宋的精气神，汇聚到了文天祥的身上。他不能倒下，更不能屈膝投降，数以百万计的南方人的流血付出和热切期盼，不希望遭到辜负。在文天祥北上途中，有人就贴出了《生祭文丞相文》。其实，即便没有隐形的外界压力，文天祥也不会投降，在元军押送他前往崖山“观战”的舟中，他就留下了“人生自古谁无死，留取丹心照汗青”的名句。

每个人的际遇不同，身份地位各异，无法画一笔横线去框定行为。

文天祥只有一个，像文璧这般的士大夫却难以尽数。作为南宋士大夫的领袖，文天祥有义务也有意愿在猎猎风中高举精神旗帜，燃烧自己抗拒严寒。而绝大多数士大夫不承担这样的重责，可以做出更多的选择。不同的选择，决定了不同的后半生。有人牺牲，有人退隐，更有人担起士大夫阶层的责任，发挥士大夫群体的功能走进新的朝代。我们铭记牺牲者，不能让他们的事迹蒙尘，同样也要肯定负重前行的人。王朝更迭之际，要求所有士大夫都为前朝殉葬是不切实际的，那样做会对中国社会的稳定和传承造成灾难性的影响。多数士大夫选择负重前行，在新旧之间权衡，在自我和解中适应。真正需要指摘的是主动卑躬屈膝、助纣为虐、谋取私利之辈，他们才是鼠辈、败类，是士大夫的耻辱。

文璧孤守惠州，陆续得知兄长被俘、朝廷覆灭、江山易色的消息，他已然失去了效忠的对象。他面临的不是尽忠报国的问题，而是无国可报的尴尬。崖山之战后，大陆上只有零星城池还在原宋朝官吏手里。元军兵临城下，有人选择抵抗，携城与新朝玉石俱焚，令人敬佩。惠州之前在宋元之间有过易手，自然多有杀戮。如今天下已定，文璧不愿再有伤亡，或许此时的抵抗亦是无谓的，不如开城投降。对于绝大多数惠州百姓来说，旧时光已成记忆，新生活还得延续，生活就是一天天的柴米油盐，元朝是必须接受的客观存在。

自然，文璧的降元遭到了不少反对，即使是托庇于惠州的亲人也反对文璧投降。堂弟文天瑞和堂侄（一说是过继的亲子）文应麟阻止不得，深以为耻，与文璧分道扬镳。其中文应麟痛哭而去，隐居于惠州的东渚，终生不仕不出，甘为宋遗民，后来成为宝安文氏始祖，如今享受东莞、深圳、香港一带文氏后人的旺盛香火。这是后话了。

文璧则返回庐陵富川老家，集中精力重整家门，修复战乱的创伤——长辈的丧事尚需料理、中断的产业亟待恢复、失散的亲属需要恢复通联。他发挥着事实上的族长角色，力保家族不坠。其间，元朝多次向文璧授官，明确希望他出仕新朝。文璧之前已与元朝妥协，此时也不想隐居终老，不能采取消极抵抗的姿态。至元十七年（公元1280年），元廷征召文璧去大都觐见皇帝忽必烈，文璧清楚元朝统治者确实出于真心，便于当年五月奉诏来到了大都。

彼时，文天祥正羁押在大都。作为南宋最后的象征和元朝增强合法性的闪烁明珠，各路说客反复劝降文天祥。文璧此时入京，想必兄弟二人都心情复杂且尴尬。

文璧的心情没有在史料中留下痕迹，后人无从得知。文天祥的心理则随着诗文的流传让我们得以窥见。听说最亲爱的弟弟降元入京，文天祥于狱中写下《闻季万至》一诗（收入《吟啸集》），季万即文璧。

去年别我旋出岭，今年汝来亦至燕。
兄弟一囚一乘马，同父同母不同天。
可怜骨肉相聚散，人间不满五十年。
三人生死各有意，悠悠白日横苍烟。

文天祥对兄弟三人的现状颇有微词，没有直斥的原因或许一是兄弟情分在，一是对弟弟选择的理解。这种理解在另一首狱中诗《哭母大祥》（收入《指南后录》卷3）中也有所体现：

二郎已作门户谋，江南葬母麦满舟。

不知何日归兄骨？狐死犹应正首丘。

文天祥起兵报国，对家族门户疏于尽责。“狐死犹应正首丘”，传说狐狸将死时，头必朝向出生的山丘。禽兽尚且如此恋家恋故土，人又会怎样？文天祥对文璧的选择是非常理解的，而且预估自己的丧事也将由二弟料理。

监牢中的文天祥，闲时用文字整理思绪，忙时接见不同的劝降者。对于昔日的同僚，文天祥往往闭目养神不为所动，对于喋喋不休的相劝者则指斥痛骂；元朝丞相劝降，文天祥坚持以南北方宰相相见之礼互待；元廷派出降元的南宋恭帝劝降，文天祥跪地痛哭，反劝恭帝：“圣驾请回。”有人说，文璧也曾劝降，兄弟相知，对坐无言，极具戏剧效果。可是没有明确史料记载兄弟两人相见之事，如果确有其事，正衬托文天祥的光辉形象，文天祥狱中诗文都能流传至今，没有理由会遗漏此事，所以虚构的可能性极大。

文璧的大都之行，历时一年有余，载无明文。但能够明确的是，至元十八年（公元 1281 年）春，文璧获得了元朝临江路（今江西新余等地）总管兼府尹的任职，于当年夏天离开大都赴任。

南归前，文璧给文天祥送去元钞四百贯。文天祥写信向文璧交代了五件事：一是安排后事，自己的骸骨要归葬故土，如尸骨不归，可招魂封之。二是明确以文升为嗣子。早在之前的春节，他已经给文升写过一封“遗书”：“吾备位将相，义不得不殉国；汝生父与汝叔姑全身以全宗祀。惟忠惟孝，各行其志矣。”（《狱中家书·信国公批付男升子》）。三是大妹文懿孙一家流落大都，要文璧竭力救回老家。四是邀请好友邓光荐为自己撰写墓志铭，如墓志铭一时不能公开，藏之以待将来。五是希望在家乡文山建祠祭祀自己。

文天祥给三弟文璋也写信一封，勉励他不在元朝任职，隐居读书："我以忠死，仲以孝仕，季也其隐。隐当若何？山中读书可矣；其它日，为管宁、陶潜。使千载之下，以是称吾三人。"文家兄弟三人，文天祥忠，文璧孝，文璋隐，在文天祥看来是理想的、可以千载扬名的结局。当时文璋已获任为同知南恩路总管府事，他听从大哥教导弃官而去，"杜门却扫，十年如一日"。

除了两封书信，文天祥将平时剪下的须发、指甲和脱落的牙齿包裹后寄给文璧，文璧送来的四百贯元钞也如数退还。文天祥说："此逆物，我不受。"兄弟俩各行其志，各走各道。

兄弟一别，竟成永诀。文天祥迎来了终极说客——忽必烈。忽必烈拿出了最昂贵的诱惑，也是最崇高的敬意：

> 汝以事宋者事我，即以汝为中书宰相。

文天祥摆手拒绝，于至元十九年一个阴冷的冬日中午，向刽子手问明方向后，面朝南方，从容赴死，享年 47 岁。他赢得了不同阵营的褒扬，化身为历史星空中最闪亮的星辰之一。嗣子文升不远万里到京接回文天祥的妻子欧阳夫人，奉养她终老于家乡。

关于文璧的后半生，史料依然不足，他后来的仕宦生涯不明，只有一些招揽流民、安顿地方的简略描述。相比较，文璧操心家族事务的记载要丰富得多。他供养文天祥的家属，打理弟弟文璋的家事，成功收复了家族在朝代更迭时期丧失的田地。文璧还供养夫亡家破的二妹文淑孙终生。最值得说明的是，文璧参与整理、印制了文天祥的集子，对文天祥的精神永存有奠基之功，还在文山创建祠堂纪念文天祥，选聘僧人负责日常管理。

大德二年，文璧病逝于故乡，享年 70 岁。

文天祥、文璧兄弟以家门口的山、溪为号，“可惜溪山异南北，不成孤竹两商臣”，他们没有像商末孤竹君之子伯夷、叔齐那样一起为国尽忠。知晓文璧情况的后人无不惋惜，更用文人特有的方式谴责其不忠：

> 江南见说好溪山，兄也难时弟也难。
> 可惜梅花异南北，一枝向暖一枝寒。

一边倒的负面评价之外，少数人对文璧有不同的看法。元人赵彬说：“文溪出守，当国已亡……使必须从其兄俱死，固可；国家无可为者，屈身以全宗祀，亦可。此最近人情之论。”（《宣慰文溪先生诔辞》）人情，自古有别于天理国法，是中国人人生的另一大评价体系。当一个人不具备在国法体系中应尽义务的身份时，他顺从人情，也是可以理解的。还有今人从客观结果上评价："文璧的降元，对宋朝来说确是不忠，但其情可悯，我们也不必加以深责。……元朝统一中国后，时代进入了另一个阶段，历史任务也有所改变，评价一个人物的标准已不再是忠于宋朝，而是要看他能否对推动元代社会的进步作出贡献。"文璧在出任元朝地方官后，为保护南宋遗民、恢复战争创伤和安顿文氏族人尽了全力，对元初社会发展有所贡献，他仍是个值得肯定的人。①

文璧未能如兄长一般坚强忠贞，未能满足许多人的期望，未能为南宋坚守孤城，后人甚至可以指责他只顾家庭小事、不顾天下大义。诚然，文璧没有做到尽善尽美，但他做得比大多数人要好。复杂的现实永远胜过道德的指责，后人置身历史情境之外，不明当时实情，贸然评价是不公的。

"责任"是"身份"的战友，二者共同追逐名为"荣誉"的战利品。有人承担了身份之外的责任，额外付出，令人肃然起敬。有人没有如此作为，后人也不应苛求。

---

① 俞兆鹏：《试论文璧降元问题》，《南昌大学学报》（人文社会科学版）2007年第2期。文璧生平以该文记载为准。

陆仲亨：打天下的故事

淮北的阳光像这片土地一般贫瘠乏力，艰难挣脱乌云的纠缠，裹挟着烟尘和绝望，坠落在黄土之上。

小陆仰卧在濠州凤阳县（今安徽凤阳）某条道旁的一簇草丛上，任由污浊的阳光洒在脸上。偶尔有黑影缓慢移过少年惨白的脸颊，那是毫无生机、茫然经过的路人。他们从无法生活的起点出发，寻找生机渺茫的去处。小陆开始还羡慕这些麻木无助的路人，起码他们还有力气行走，后来饥饿和劳累彻底剥夺了他的思考能力。他的脑海一片空白，人间万象逐渐模糊起来，居住的破败不堪的小房子、几天前饿死的父母、死在土匪刀下的哥哥、不知所终的弟弟……一切都变得踪迹渺然，连同生命，无声无息、一丝一丝地离开自己的躯体。小陆的身体如同坚硬的石块，正在慢慢回归大地。

突然，年轻的身躯感觉到了一个沉甸甸的布袋子的存在，那里装着小陆的父母兄弟拼上生命留给他的一升小麦。一粒粒的小麦似乎在粗布中跳跃，呼唤着小陆的躯体恢复运动。可是，除了空洞涣散的双眼，小陆已经没有可以残留生机的地方了……

一个长长的黑影猛然盖上了小陆的身躯，小陆的双眼逃离了阳光，慢慢看到了一张硕长、额骨前倾的面庞和他脸上隐隐约约的麻子——那是乡土、年轻的标志。黑影伸出右手，呼唤了一句土话："来！"冥冥之中，那股唤作命运的力量驱动小陆迅速拉住了那只有力的大手，离开了继续坠落的轨道。

这是至正十三年（公元 1353 年）的夏天，小陆 17 岁。那个黑影是他的老乡，唤作朱重八，当年 25 岁，小陆叫他朱大哥。

跟了朱大哥以后，小陆才知道自己加入了濠州的红巾军。朱大哥也是刚参军不久，奉命回乡下募兵。濠州城里情况不是太妙，各位大帅明争暗斗，害得士卒小兵都不能日日饱餐。可小陆还是愿意留在红巾军，他喜欢有组织的感觉，更喜欢每天精力充沛的朱大哥。朱大哥就是个大兵哥，穷得一无所有，但队里发粮总是让弟兄们先吃，每次出城都是他冲在前面。

在濠州待了没几个月，朱大哥招呼小陆一起到南边去闯荡。小陆舍不得离开，外面赤地千里，随时有官兵围剿的危险。可看到朱大哥挺拔、坚毅的样子，小陆狠狠地点了点头。

第二年的正月初一，朱重八一行顶风冒雪，出濠州南门而去。朱大哥大步流星地走在最前面，小陆背着小麦袋改的小包裹，夹着一杆钝枪跟在后头。同伴大多数夹着刀枪，个别伙计操根大木棍，最末是两匹瘦弱的老马压阵。小陆留心一数，一共有 24 个 20 岁左右的老乡跟着朱大哥。他们是徐达、汤和、吴良、吴祯、花云、陈德、顾时、费聚、耿再成、耿君用、唐胜宗、陆仲亨、华云龙、郑遇春、郑遇霖、郭兴、郭英、胡海、张龙、陈桓、谢成、李新、张赫、周德兴。

陆仲亨就是小陆，就像朱大哥后来改名“朱元璋”一样，24 位同伴日后都取了正式名字，替换了之前的七九、初四、土狗。父亲生前告诉陆仲亨，他们世世代代都是黄土上的蝼蚁，有个使唤的名号就行，不用取名字，也不会取名字。可是朱元璋反问大家：“我们为什么不能有名字？”一股莫名的力量顿时让小陆挺直了腰板，从此成了“陆仲亨”。

若干年后，朱大哥把这次衣衫褴褛、饥寒交迫的游荡描述为“驭马控缰，出游南土”，“率二十四锐者南游定远”。陆仲亨大不以为然，向汤和感叹“朱大哥真能吹啊”，汤和白了他一眼，不接话——汤和就是这臭脾气，说话办事老暧昧不清。至于陆仲亨一辈子看不上的穷酸秀才吹捧大家是“淮西二十四将”，他倒有点喜欢这个称号。一想起这个称号，尽管大家有的已生死两隔，生者也天各一方，陆仲亨依旧能感觉到老乡们从未分开的美好，进入 18 岁那年第一天的记忆。

南下发展出奇顺利，一年之内连占滁州、和州（今安徽和县）。很快“苍蝇”飞了过来，先是濠州的元帅们，接着是红巾军。朱大哥不与他们一般见识，招呼兄弟们收拾行装，准备打过长江去！

陆仲亨想到辽阔汹涌的江面，老大不愿意，但还是咬咬牙，继续跟着南下。经过一场恶战，至正十五年（公元1355年），朱元璋率军渡过长江。喘息未定，朱大哥突然下令烧掉所有渡船！陆仲亨内心又是拒绝的。烧了船，回不去了，怎么办？江北毕竟还有城池，还有屯粮。但是朱大哥的命令肯定有道理。陆仲亨发狠，将渡船付之一炬。全军背水一战，很快攻占集庆（今江苏南京）和周边的膏腴之地。陆仲亨等兄弟们招兵买马，好不痛快，还把烦人的红巾军隔在了江北，好不解气！实践一再证明，朱大哥深谋远虑，跟着他无往不胜。陆仲亨佩服得五体投地，从此朱大哥指向哪儿他便冲向哪儿，毫不眨眼，决不含糊！

命运在陆仲亨最美好的年华，赐予了他丰腴的馈赠。其中有从失败走向胜利的欢呼，有穿越刀枪剑戟安然无恙的幸运，有招降纳叛壮大兵马的喜悦，也有兄弟们星散四方依旧鸿雁传书的温情。一次行军途中，陆仲亨突然停下，回望身后绵延不绝的部属队伍，顿时感到一切都那么不真实。陆仲亨狠狠捏了一下大腿，尽管一阵疼痛袭来，他还是觉得虚幻。从将军、元帅到指挥使、大都督，陆仲亨的名号迅速更换。他随着兄弟们拥戴朱大哥称吴王，接着混同一大群秀才劝大哥称帝，再欢呼徐达带着一大帮同乡北上千里推翻了元朝，虚幻感日渐消失了，剩下的只有傻笑了，有时候睡着都能笑醒。

命运的馈赠在洪武三年（公元1370年）的十一月达到了顶峰！

鲜衣怒马，鼓乐喧天，穿着龙袍的朱元璋封赏功臣，封了六公、二十八侯、二伯[①]。

六公依次为李善长、徐达、常茂（已故常遇春之子）、李文忠、冯胜、邓愈。李善长本是定远的穷秀才，投奔朱元璋的时间仅晚于陆仲亨等24人，是大家公认的军师；徐达是“淮西二十四将”的领头羊，主持北伐，推翻暴元，统一全国，居功第一；李文忠是朱元璋的亲外甥，朱元璋倍加期许与栽培，他本人也驰骋疆场，建功立业不少；常遇春、冯胜、邓愈则是在滁州、和州期间带枪投奔而来的豪强，此后南征北战。尤其是常遇春，多次担任副帅冲锋陷阵，且在历次政治斗争中抢先旗帜鲜明地拥戴朱元璋，虽然在洪武二年（公元1369年）卒于军中，其子仍受父荫为公爵。

二十八侯依次为汤和、唐胜宗、陆仲亨、周德兴、华云龙、顾时、耿炳文、陈德、郭兴、王志、郑遇春、费聚、吴良、吴祯、赵庸、廖永忠、俞通源、华高、杨璟、康铎（已故康茂才之子）、朱亮祖、傅友德、胡美、韩政、黄彬、曹良臣、梅思祖、陆聚。

封赏公爵基本是酬功，兼顾现任职务，比如排首的李善长、徐达便时任左、右丞相。二十八侯的封赏则不论官职高低，更不根据功劳排序。若以功勋而论，廖永忠不仅率数万水军投奔朱元璋，对全军渡江发挥了关键作用，而且是之后水军头号战将，对明朝

---

① “二伯”分别是刘基、汪广洋两位文臣，两人都是朱元璋渡江后归附的书生。

全占长江、支援北伐居功甚伟；康茂才原是元朝的淮南参知政事，不仅献出了南京城，还带领数十万兵丁及其眷属投降朱元璋，奠定了明朝江南基地的根基；朱亮祖也是率部投降的元军将领，所部战力强悍；胡美原是陈友谅的大将，不仅率军投降，还献上了几乎江西全省土地；傅友德更是勇冠三军、出生入死的悍将，可惜出身河南红巾军，又陆续投靠明玉珍、陈友谅，最后才投奔朱元璋。他们虽然声名显赫、功勋卓越，却一律排名靠后。相反，从第1名汤和至第14名吴祯，朱元璋最早的追随者兼老乡们占据了侯爵的半壁江山。14人中绝大多数的功业都无法与后半者相比，只因他们在朱元璋还是朱重八的时候，在时局混沌不清、个人前途未卜之时，便忠心追随，历经饥寒、战火、阴谋、杀戮都矢志不渝。没有共同经历过的人，是难以理解这种真情的。所以，侯爵封赏的标准是与朱元璋私人关系的亲疏远近。

封赏之时，陆仲亨泪眼婆娑，在场的几位老伙伴甚至忍不住抽泣起来，就连日趋严肃且深受精神衰弱困扰的朱元璋在高高的龙椅上也端坐得不如往日那般板正笔直了。

当年的24人，有两位阵亡在大功告成之前：一位是耿再成，其子耿炳文受封长兴侯；一位是花云，其子尚幼，没有受封。其余22人都亲自品尝到了胜利的果实。

他们构成了大明王朝开国之时最核心、掌握最强的军政实权、和朱元璋关系最亲密的勋贵集团。陆仲亨在盛大的封赏之日受封为开国辅运推诚宣力武臣、吉安侯、荣禄大夫、柱国、同知大都督府事，食禄一千五百石。朱元璋恩准吉安侯爵位可以世袭，并赐陆仲亨文绮及帛四十匹。开疆封侯，陆仲亨摘取了人世间最大的功业。

这一年，陆仲亨34岁。

任何创业故事终将从高歌猛进的上半场，不可避免地进入下半场。

明初的南京城是淮西人的天下。时人有言："马上短衣多楚客，城中高髻半淮人。"随处可见的淮西打扮和不绝于耳的淮西方言，不仅是金銮殿上的淮西皇帝主导的，更是满城的勋贵家族带来的。陆仲亨虽然在秦淮岸边安置了府邸，却依然保持着背手走路、拉人蹲墙根儿聊天的老家风俗。有时，他和人聊得兴起，拉着对方袖子就往墙根儿蹲。老伙伴们的做派大抵如此。公侯大臣们如此，其他官民不仅不敢有微词，还有样学样，风俗为之一变。至于淮西饮食，陆仲亨不仅在老家置办田地专供物资，千里传驿直送府邸，还招了家乡厨子专做老家菜——尽管他在凤阳老家的少年儿童时期并没有吃过什么正经的饭菜。

明初的南京城更是濠州人的天下。当今皇上老家在凤阳县广德乡东湖里，12岁时搬到了太平乡孤庄村。中山侯汤和、巩昌侯郭兴、武定侯郭英和永平侯谢成都是广德乡东湖里人，是皇上的同村发小；延安侯唐胜宗是广德乡毛城村人，是真正的同乡。陆仲亨是太平乡义城村人，他和太平乡孟家庄的江夏侯周德兴、燕山侯孙兴祖、临江侯陈德，涂山村的济宁侯顾时，焦山村的凤翔侯张龙、航海侯张赫是皇上搬家后的同乡。这几个小村庄组成的弹丸之地，真可谓富贵之乡。共同的地缘、经历和情感，将濠州人凝聚成亲密团体，又进一步通过联姻、交往升华为牢固的利益共同体。

陆仲亨还很年轻，突如其来的安逸、豪奢的生活对于年轻的侯爵来说，不是来到世外桃源的喜悦，不是人生阅尽千帆后的从容，而是策马扬鞭驰向欲望草原的豪迈与急迫。和陆仲亨前后受封的勋贵们兼并小民土地、走私违禁商品、包揽地方词讼乃至强抢良家妇女等都史有明载，他们不幸变成了自己浴血厮杀推翻的敌人的样子。

陆仲亨觉得自己和蒙古权贵们是不同的。蒙古人坐享其成，是祖宗家业的败家子。现如今，江山是朱大哥带着兄弟们打下来的，大家享用的一钱一文都是昔日血汗的回报。但是，皇上颁布了诸多严苛律法，雷厉风行，杀伐决断，毫不手软。一股不以为然的情绪在十多年之后再次在陆仲亨的心底泛起，他隐约觉得朱元璋穿上龙袍以后，就不再是他所熟悉的朱大哥了。也许皇上自有想法，但打天下已经成功，为什么还延续战争岁月的严苛和杀戮惯性呢？不过，一想到朱元璋那张威严凶戾的脸，陆仲亨不禁缩了缩脖子：皇上执法严苛，但没有严苛到自己的头上，我为什么要谏言呢？我自馔玉炊珠，管他大政得失。

不幸的是，严苛律法很快落到了陆仲亨头上。战场上纵马驰骋的陆仲亨，封侯后依然驾车乘马，出行四方，横冲直撞。几个月后，他和老伙伴唐胜宗因“擅乘驿车”遭削爵，降职为指挥使。陆、唐二人愤愤不平，但在战争年代养成的对朱元璋的敬畏之心，使得他俩敢怒不敢言。洪武四年（公元 1371 年），朱元璋令陆仲亨出守代县雁门关，很快就以抓捕寇贼有功，复其吉安侯爵位。唐胜宗也因为在西北立功，一同恢复了爵位。

陆仲亨和唐胜宗虚惊一场，这不就是以前军营里打一棍子给个馒头的伎俩吗？陆仲亨嘟囔了好几天，不过他也知道朱元璋为什么打自己棍子，行为收敛了好多，起码不再擅动官物了。

之后几年，陆续有公侯显贵因种种不法遭到惩处，其中就有“淮西二十四将”的核心元勋。

洪武七年（公元 1374 年），镇守北平的淮安侯华云龙霸占故元丞相脱脱的宅第，公然擅用元朝皇帝遗物，“凡元宫龙榻凤褶及金玉宝器非人臣可僭用者，皆用之弗疑”，后来又嫌脱脱宅第欠佳，无偿征用驻军及百姓翻盖，新宅僭越且奢靡。华云龙因“在镇不法”且大不敬，被召还京师。华云龙或许从未想到自己会因生活待遇问题遭罢职召回，不清楚会因此受何惩罚，思虑过多，死在了回京的途中。他是和平年代第一个去世的元勋老臣，年仅 42 岁。

“老周”周德兴是“淮西二十四将”中的老大哥，年齿最长，不幸在华云龙之后成了第二个遭到惩处的核心元勋。老周自恃资格老、功劳大，官邸僭越规格。刑部罗列其罪状，奏请惩处。这简直是“书生多事”！陆仲亨致信老周，给他撑腰。最后，皇上朱元璋下发了明诏，高举轻放，在明确周德兴罪状属实之余，宽宥过往。老周安然无恙。“皇上还是念旧的。”陆仲亨判断。

真正震动陆仲亨的是朱元璋已经对其他人举起了大刀。首次杀戮功臣事件发生在洪武八年（公元1375年），死者是德庆侯廖永忠，罪名是“僭用龙凤不法”。廖永忠也算是陆仲亨的老熟人了。渡江前，廖永忠率领巢湖水军来投，解决了朱元璋的渡江难题，奠定了大明水军的基础。此后，廖永忠血战两湖、平定两广、西进巴蜀，功勋不在“淮西二十四将”之下。陆仲亨曾和廖永忠一道进军广东，共过事，对他衣食住行僭越的事情是相信的。可是，华云龙、老周不都僭越不法吗？所以，廖永忠的死因不在于此。那么，他因何而死呢？

陆仲亨很清楚，廖永忠折在了擅杀韩林儿[①]一事上。

朱元璋对参加红巾军的历史讳莫如深，就像他拒不承认当过和尚、做过乞丐一样，凡是听到僧、秃、寇、丐等发音，他都会龙颜大怒。可是当皇上还是朱大哥的时候，陆仲亨记得他多次亲口提及早年在豫东、皖北的州县流浪的经历。大明的军队脱胎于红巾军，这也是毋庸置疑的事实。虽然陆仲亨对红巾军并没有什么好感，但自己参军的时候确实是红巾军的小兵，朱大哥是小队长。后来，朱元璋独立发展壮大，江北的红巾军主力却越来越弱。

---

① 元朝末年，韩山童组织群众起义，创立红巾军。韩山童牺牲后，红巾军于至正十五年春迎其子韩林儿至亳州，立为皇帝，称小明王，国号大宋，年号龙凤。韩林儿是中原、南方各派红巾军名义上的领袖。

当时的“皇上”韩林儿要渡江移驾南京时，朱元璋派去迎驾的人就是廖永忠。

廖永忠几日后回报：“皇上”御驾龙舟行至瓜洲时沉没，韩林儿遇难！报告送达之时，陆仲亨恰好在朱元璋身边，清清楚楚地看到朱元璋读到韩林儿遇难的消息之时，不能自已，号啕大哭，涕泪交加！陆仲亨见状，立刻跟着干号起来——尽管他心里乐开了花：来抢地盘的人死了，太好了！朱元璋下令全军给韩林儿发丧，操办葬礼，并痛责了廖永忠的“失职”。

陆仲亨和唐胜宗、费聚等私下琢磨：水军出身的老廖，怎么连艘船都没看好，怎么能看着人溺死呢？大家的结论是：老廖这回替朱元璋干了一把“脏活”。那么，这活儿是廖永忠的“私活”还是朱元璋授意的“任务”呢？陆仲亨等人就不敢妄议了，只能埋在心底。

想不到，朱元璋的第一刀落在了给他干“脏活”的廖永忠身上。陆仲亨打探到的小道消息是，朱元璋起初并不想杀廖永忠，召他回京质问：“汝知罪乎？”廖永忠服软：“臣已知罪。”朱元璋再问：“汝知何罪？”廖永忠的倔脾气犯了，答道：“天下已定，臣岂无罪乎？”[①]这一句话彻底激怒了已经神经衰弱的朱元璋，公开“赐死”廖永忠。

“天下已定，臣岂无罪乎？”一股深深的寒意刺入陆仲亨的

---

① 〔明〕俞本：《明兴野记》卷下，洪武七年。

骨髓。陆仲亨的人生完全和朱元璋捆绑在了一起，他根本无法想象没有朱元璋的世界会是什么样的景象。可是，天下是共同打下来的天下，江山却是朱家一姓的江山。从朱大哥成为皇上的那一天始，大家便是君臣。行军打仗，陆仲亨学会了；恪守君臣之道，陆仲亨不知道从何学起，向谁去学。

茫然无措的陆仲亨，完全跟不上朱元璋的雷霆步伐。先是洪武十一年（公元 1378 年），陆仲亨和梅思祖受朱元璋征召没有按期到达，被没收公田；洪武十二年（公元 1379 年），陆仲亨在临清练兵，突然被抓捕到南京，又无由头地予以释放。这已经不是打一棍子给个馒头的把戏了，陆仲亨确信朱元璋是动真格的。他愤怒、委屈，想质问朱元璋为什么如此相待，可看到皇上日益阴沉僵硬的脸，气焰就消减了大半，再一接触到朱元璋冷酷肃杀的眼神，双腿就不争气地微微颤抖。磕头回府后，陆仲亨自责，继而泄气，最终消沉，如此循环往复。

洪武十二年，皇上陵寝在南京钟山落成，陆仲亨有幸瞻仰。天子也逃不过上天的安排，终有回归黄土的那一天。昔日叱咤风云的朱元璋，正在走向人生的终点。陆仲亨感伤之余，夹杂些许庆幸。朱元璋本就比陆仲亨年长 8 岁，加上开国后夙夜操劳、精神疲惫，加速衰老，不出意外会驾崩在元老勋贵们前面。而太子朱标是陆仲亨看着长大的，是个死读书的小胖子。陆仲亨面对太子没有丝毫颤抖，总是像叔叔看侄子一样慈爱、坚定。一旦皇上驾崩，陆仲亨自信日子会舒坦得多。

对于朱元璋而言，陵墓就像一颗定时炸弹，催他加速推进未尽的计划。而计划的目的，便是留一个清清爽爽的江山给温和羸弱的太子。在钟山陵墓建成的第二年，洪武十三年（公元1380年），宰相胡惟庸谋反，“胡惟庸案”爆发。

案发之日，陆仲亨惊得目瞪口呆，继而六神无主、坐立不安。他和胡惟庸实在太熟了！胡惟庸本是濠州的穷书生，在和州期间投奔而来。他敢说话、会办事，不畏艰难、不避锋芒，深得朱元璋的喜爱和李善长的提携，迅速后来居上，在洪武六年（公元1373年）成为左丞相，一人之下万人之上。陆仲亨起初与胡惟庸多是政务往来，很快发现这个小老乡为人豪爽，常帮元老勋贵们说话、遮盖，便越走越近。陆仲亨觉得胡惟庸生杀黜陟、大刀阔斧的劲头，很有朱元璋早年的神韵，加上自己历次获罪都得到过他的关照，遂与其无话不谈。同样的情况还发生在唐胜宗、费聚、赵庸等老兄弟身上。几个人多次聚在宰相府中，发泄对朱元璋的不满，胡惟庸多有应和、宽慰之语。谁能想到，胡惟庸竟然密谋造反！这不是把老哥几个给害了吗？追究下来说不定还要掉脑袋！

果不其然，诸法司奏请查处的名单中就有陆仲亨、费聚等人。数月间，陆仲亨的心一直提在嗓子眼儿，寝食俱废。最终，胡惟庸被诛灭九族，御史大夫陈宁、御史中丞涂节、都督毛骧等被杀。对于陆仲亨、费聚等人，念是开国元勋、立功有年，朱元璋明令不予追究。陆仲亨花费前所未有的心力分析各种信息，尤其是结合案发后朱元璋废除了延续千百年的宰相制度这一举措，得出了一个结论：皇上处置“胡惟庸案”的目的，在铲除相权、强化集权，而不是杀具体哪个人。可是，既以谋反案为壳，就得杀人，胡惟庸便成了倒霉的“最后一个宰相”，还拉了当时朝堂上的几位军政长官陪葬。陆仲亨发现这些陪葬者无一不是近年来飙升的新贵，更加坚定认为皇上并非要打击元老旧臣，自己只是意外的牵涉者。又是一场虚惊！

话虽如此，经此一变，陆仲亨张扬之情、奢侈之心荡然无存。圣旨命令如何，他完全照办；衙门政务完结，他躲进府邸，绝少外出，任凭门外上演一幕幕悲喜剧。

“胡惟庸案”当年，朱亮祖因“在镇不法”，连同其子被朱元璋鞭死；洪武十七年（公元 1384 年），胡美因“乱宫”之罪被满门抄斩。这两位都是在朱元璋发展早期带枪投奔的降将。

继华云龙之后，济宁侯顾时、临江侯陈德、靖海侯吴祯、江阴侯吴良、巩昌侯郭兴陆续因病辞世。洪武十八年（公元 1385 年），“淮西二十四将”的领头人物、魏国公徐达因为背疽加重，不幸辞世。朱元璋御驾亲临徐达葬礼，和陆仲亨等发家兄弟们一起送他最后一程。朱元璋赞誉徐达为“开国第一功臣”，追封中山王。在葬礼上，陆仲亨泣不成声，几次被人扶走，又几番固执重返。这一年，陆仲亨虚岁正好 50 岁。

事后，余下的老伙伴们暗传：徐达背疽发作，不能吃发物，宫中却赐以蒸鹅，徐达含泪食后，中毒而死。陆仲亨心中一阵莫名的惊悚。不过，三年前，陆仲亨之子陆贤迎娶了朱元璋第五女汝宁公主，吉安侯府和皇室攀了儿女亲家。当年，朱元璋为儿子们分别迎娶了冯胜、徐达等人的女儿，又把公主下嫁给了傅友德、胡海、张龙等人的儿子。陆仲亨安慰自己：皇家姻亲名单上的这些老伙伴，应该是平安的。毕竟，大家都是坐五望六之人，不复当年之勇了，皇上也毋庸猜疑，各自安享晚年即可。

徐达死后的次年，明州卫指挥林贤通倭，受审供出是多年前受胡惟庸指使。陆仲亨敏感预料，一场大风暴正在形成，不知道会毁掉哪些家族。

洪武二十三年（公元1390年），明军在蒙古高原抓获叛逃军官封绩，封绩供出又是多年前受胡惟庸指使，勾结蒙古人南下谋反。接着，李善长的家奴自首，告发早已告老还乡的李善长和胡惟庸往来，纵容谋反。李善长以“大逆不道”之罪，全家七十余人被满门抄斩。李善长是大明王朝创业的二号人物，抄斩时已77岁高龄。

朱元璋始终没有忘记沉寂多年的老臣陆仲亨，安排他在李善长之后第二位“登场”。陆仲亨的家奴封贴木自首，揭发陆仲亨、平凉侯费聚、延安侯唐胜宗、南雄侯赵庸都与胡惟庸共谋造反。朱元璋下令将陆仲亨、费聚四人赐死，并废四家世袭爵位，株连满门。

在朱元璋所颁布的《昭示奸党录》中，陆仲亨、费聚是胡惟庸造反集团的核心，且是最早的成员。洪武六年某月，胡惟庸请二人在宰相府喝酒，酒到微醺，支开左右，单刀直入：“我们种种不法行为，一旦泄露，怎么办？”三人一致决定造反，结成了造反集团的雏形。陆仲亨在集团中的任务是“收集军马”。

陆仲亨记得，洪武六年前后自己和费聚屡受斥责，心情不顺之时多次造访胡惟庸。三人喝酒时，胡言乱语肯定是有的。是否酒后胡言了些大逆不道的话，陆仲亨完全记不起来了。但他确信，自己肯定没有暗中招兵买马图谋不轨。时隔近二十年，酒后之言竟成了满门抄斩的“铁证”。

岁月真是可怖，将人雕刻得面目全非，将许多事情改写得天翻地覆。早年，朱元璋曾赞誉陆仲亨“此我初起时腹心股肱也”。陆仲亨度过了悲惨的少年、血战的青年、跋扈的中年、低调的壮年，当年过半百进入晚年时还自诩褪去了早年的冲动刚硬，恬淡自守，保有富贵。谁料，朱元璋认为他“居贵位而无雍和之色，默默然各带忧容”，是心怀不满、图谋不轨的表象。陆仲亨欲辩无言。

跪在行刑台上，家人哭成一片，陆仲亨却处之泰然，甚至有意挺直了腰板。他依稀记得有个老伙伴很多年前说过：出没锋镝之间，气势最为要紧！当时陆仲亨就觉得是至理名言，战场如此，人生亦如此。何况自己并无罪过，为何要做那哭天抢地、蜷缩畏弱之状？

监刑官宣读了朱元璋的处决诏书：

> ……吉安侯自十七岁被乱兵所掠，衣食不给，潜于草莽，父母兄弟俱无，手持帕一幅裹窖藏臭麦仅一升。朕曰：“来！从行乎？”曰：“从！”自从至今，三十九年……

这一刻，泪水止不住地倾泻到了陆仲亨的脸颊上！

泪眼婆娑中，陆仲亨朦朦胧胧又看到了那只年轻、有力的手。当年的自己，鬼使神差地接住了这只手……

当年的胡惟庸造反集团成员名单中，在世的有李善长、陆仲亨、唐胜宗、费聚、赵庸、郑遇春、黄彬、陆聚、金朝兴、叶升、李伯升、邓镇（邓愈之子），已故的有顾时、杨璟、吴祯、薛显、郭兴、陈德、王志、俞通源、梅思祖、朱亮祖、华云龙。“淮西二十四将”遭清洗大半，在世者斩首，去世者撤掉哀荣，全都家产被抄没、爵位被剥夺、子孙遭覆灭。[1]

《昭示奸党录》记载遭族诛的胡惟庸党羽有三万余人，骇人听闻。三年后的“蓝玉案”编成的《逆臣录》记载蓝玉党羽遭族诛的有一万五千余人，其中多数又是开国元勋。“淮西二十四将”中的普定侯陈桓、永平侯谢成都列名蓝玉党羽。

“淮西二十四将”中的其他人命运如下：

年纪最长的江夏侯周德兴，因其子在宫中淫乱，族诛，夺爵。

李新，因受贿伏法，夺爵。

张赫，远离朝堂，长期整顿海防，漂泊海上，后病死。

胡海，告老还乡，“蓝玉案”爆发当年病死。

汤和，朱元璋无话不说的发小、参加红巾军的引路人，有封公资格却因多次犯错而屈居侯爵（一说他主动犯错，韬光养晦），

① 李新峰：《明初勋贵派系与胡蓝党案》，《中国史研究》2011 年第 4 期。

洪武二十八年（公元1395年）病死。临终前，汤和深深庆幸自己得以善终。

张龙，告老还乡，洪武三十年（公元1397年）病死。

到建文帝时，朱元璋封授的上百名元勋，保有爵位的只有徐达、李文忠、汤和、耿炳文、吴良、沐英、吴复、郭英等八人。其中，“淮西二十四将”只剩徐达、汤和、吴良、郭英四人，而尚在人世的只有郭英一人而已。

郭英与哥哥郭兴二人并列侯爵，弟弟郭德成也早早从军，性嗜酒，名位止于骁骑舍人。朱元璋娶郭家妹妹为宁妃，宠爱有加，有意栽培郭德成。郭德成顿首推辞：“臣性耽曲蘖，庸暗不能事事。位高禄重，必任职司，事不治，上殆杀我。人生贵适意，但多得钱、饮醇酒足矣，余非所望。”好一个“人生贵适意”，朱元璋大为称许，赐美酒及金币，厚待有加。一次，郭德成侍宴大醉失态，朱元璋见他披头散发，笑道：“醉风汉，头发乱成这样。”郭德成昂头说：“臣也讨厌头发，剃光了当和尚才爽快。”朱元璋立刻阴沉了脸，不发一言。郭德成酒醒后，知道犯了大忌，立刻剃发、穿僧衣，真正堕入空门。朱元璋对宁妃说：“我以为你三哥是戏言，想不到他真出家了。”郭德成这才得以善终。

数年后，燕王朱棣发起靖难之役，建文帝可用之将只有郭英、耿炳文及李文忠之子李景隆三人而已。此三人的脑海中时刻萦绕着历年杀戮的残酷画面，即便手握兵权，也不敢作为……

刘保：帝国的弃子

嘉靖十九年（公元1540年）三月，塞外的冬寒尚未彻底退去，辽东大地上冰雪开始融化。一个薄雾朦胧的早晨，广宁卫（治今辽宁北镇）新冻河台下，一个少年提着水桶去河边取水。

少年叫刘保，是山西大同人，隶属大同天城卫右所军籍[①]。其父刘彪抽调戍守遥远的辽东，携带儿子刘保随住新冻河台。刘保取水途中，预先埋伏的歹人一拥而上，将刘保绑去，卖给了女真人和喇岱济当使唤奴隶。在明朝东北防线之外的广袤森林中，散居着尚处于蒙昧状态的女真部落。女真人将奴隶视为私人财产，和喇岱济将刘保改名阿都齐，驱使他放牧牛羊。

刘保一懵懂少年，从未经历过游牧的生活，戏剧性地来到一

① 明朝在各地设置卫所，军民分籍，官兵编入军籍，世袭从军，以军人为职业。官兵家庭也称军户，每户派一人为正丁至卫所当兵。

个完全陌生的世界，莫名其妙地沦落为任人宰割的奴隶，劳作的艰辛可想而知。奴隶偶有过失，女真主子就施以残酷的肉刑。一旦牛羊走失，和喇岱济就要残忍地割去刘保的器官。刘保付出了两只耳朵和一个鼻子的代价，终于学会了放牧，从此，女真部落多了一个身躯残缺的怪物——阿都齐。他低着一张丑陋的面孔，在寒冷的冻土大地上挨过一个又一个春秋，从少年变为青年，再进入中年。他学会了女真语言，从装扮到举止都渐渐变为女真人。其间，主人和喇岱济病故，阿都齐作为遗产由其次子楮布额继承。楮布额以游牧采集为生，也时常抢劫汉族地区。阿都齐跟随楮布额侵入明朝领土，抢掠辽阳两次，抢掠广宁一次。一次，主人从掳掠来的汉人女子中，挑选了王氏配给阿都齐为妻。阿都齐悲凉的奴隶生涯多少有了一丝暖色。不过，奴隶主给奴隶指婚的目的是繁育下一代奴隶。阿都齐夫妇生育了一女，取名阿喇陈，自出生之日便是奴隶。即便如此，阿都齐仍将女儿视作掌上明珠，尽可能给她最好的衣食。

隆庆元年（公元1567年）十二月，阿都齐放牧羊群时遭遇了狼群的攻击，虽然竭尽全力驱赶，狼群还是咬死、叼走了十多只羊。他顿时陷入了绝望，少年时期割去耳鼻的惨痛记忆让他毛骨悚然。他怕楮布额索取自己的性命，急中生智，决定拼死一搏：逃回关内，回故乡去！

下定决心后，阿都齐，这个平日部落里毫不起眼、木讷寡言的老奴隶，迸发出了惊人的能量。他成功拐走了一匹马，骑马向关内奔去。中途，阿都齐撞到了黄毛部落。黄毛部落将马夺走，把阿都齐捆绑起来，要送回原主人处。他当夜寻机脱逃，拼尽全力向西南方向跑去。当月十七日，阿都齐跑到了广宁卫边境的镇安堡边台下，他用已然不熟练却中气十足的汉语向台上守兵喊道："我是来乡人口！"

守兵核实基本情况后，把阿都齐引进堡垒。守堡千户审明，确信阿都齐就是沦陷蛮夷的汉人，两日后差人解赴抚镇衙门。不论原因为何，明朝将从朝廷辖境沦落到藩属国家、蛮荒之地的汉人，一律称为逃人。在冷兵器时代，人口是政治体之间竞争最重要的因素。尤其是掌握相对较先进文化、科技的汉人，如果为藩属、蛮夷所用，不仅容易为虎作伥，助长敌对势力，而且关系王朝的脸面。因此，朝廷始终大力招徕逃人，给予适当优待。回归汉地的逃人，无论妇孺老弱还是青壮男子，都可得到官布、酒肉、鞋靴等奖赏，并由官府护送回原籍安置。阿都齐在抚镇衙门便获赏了毡帽，他默默地将女真皮帽摘下，换回汉族衣冠，重新拥有了他的名字——刘保。

当时，辽东负责安置工作的军官王永祜，在凑集了一批逃人后就差人解送回原籍。隆庆二年（公元 1568 年）正月二十二日，52 岁的广宁中卫中所百户栗恺，会同在官舍人周辅，押解着刘保，以及从各处逃回的山海卫（今河北秦皇岛山海关区）王氏，抚宁卫施氏、赵氏，昌黎县李氏，昌平县（今北京昌平区）傅氏等六人，返回关内，赶赴各人的原籍。原籍官府接收逃人后，要在收管凭证上签字画押，差官拿凭证复命。这套流程称为“逃人宁家”。

受掳为奴二十八载后，刘保终于走在了故国的大地上。

一行六名逃人，除刘保外的五人，故乡都在山海关至北京城沿线，陆续抵乡接收，最后只剩下原籍地最远的刘保一人。离开昌平后，栗恺、周辅押着刘保赶往数百里之外的大同天城卫而去。按照制度，官民三人沿途可以从驿站得到免费食宿和交通工具。可彼时的驿站系统积弊丛生，不堪重负，无法满足实际需求。各地驿站都折给栗恺、周辅铜钱，要求差官自行解决食宿。给付的标准，竟然几百年不变，还是明朝开国时的物价水平，栗恺、周辅尚且“不足吃用”，更不用说刘保的吃穿和交通往来了。栗恺、周辅两人得此苦差，自认倒霉，不顾逃人死活，将铜钱买饭自己享用，逼刘保沿路乞讨。好在刘保常年为奴、日夜吃苦，木然接受所有不公，一路无话。

二月二十七日巳时，官民三人抵达京郊通州驿，该驿站只给了铜钱二十四文。栗恺、周辅骂骂咧咧地逼刘保乞讨。当夜，三人在高密店住宿一晚。二十八日卯时离店，午时到达北京张掖门外。在街边无名小店买饭吃后，栗恺、周辅雇了两头驴行路，让刘保步行随后，当时说明：“你快走来，我们到前途等你。”

双脚难敌四腿，更何况已饥寒交迫多日。刘保渐渐和栗恺、周辅两人拉开了距离，直至完全看不见两人的踪影。夜幕降临，刘保来到了甜水井，找不到差官，就在路旁露宿了一宿。当晚，栗恺、周辅不见刘保到来，也在甜水井一无名小店歇脚一夜。第二日，栗恺、周辅两人没有原地等待、找寻刘保，反而继续赶路，抵达北京西南郊的卢沟桥，等到正午还不见刘保。此时，两人有些慌了，担心刘保从岔路走过去了，赶路到前方的良乡县，还是没见到刘保。周辅茫然无措，栗恺乘机怂恿说："我们解了许多人，都有了收管，只剩下刘保一人。这到大同还有好些日子，不如趁刘保不在，将他丢弃，假写个白头收管回家，也了得此事。"周辅当场依允，随即往回赶，返回到山海西关一无名人家歇脚，伪造了大同卫收管文书，汇入其他五份真实的文书中，回报王永祜交差。王永祜没有认真查验，就缴存销案。

可怜那一边，老实的刘保还在甜水井一带寻找差官。他沿着官道乞食游走，焦急地打探栗恺和周辅的踪迹，第三日走到了卢沟桥。卢沟桥是京西重要关隘，遍布厂、卫兵丁。刘保耳鼻全无，东张西望，又操着一口不算流利的汉语，很快引起了东厂旗校的注意。小校见他语言异常、面目可疑，当即扭送镇守的司礼监冯太监处审问。

东厂审问，简单粗暴，一上来就严刑拷打。刘保畏刑妄招，断断续续供认自己是名为"阿都齐"的女真密探：半月前，女真头目楮布额派遣他与和尔齐两人潜入关内打探虚实。两人领命后离了营帐，到广宁卫双台地区贿赂了一个无名的守军，给了他两块银子，换了两顶毡帽戴上，穿越了边界。入关后，和尔齐往东边刺探情报，阿都齐伪装成乞丐往西游走，一路打探到卢沟桥，被东厂旗校捉获。

京畿重地，竟然出现了女真细作！锦衣卫掌卫事朱都督接到报功后，高度重视，转给镇抚司细细审问。刘保这次翻供了，他说自己系大同天城卫人，先前被女真人抢去，隆庆元年十二月逃回；广宁卫差官遣送回家途中，“他两个解子把我丢下去了，我等不来，就在城南一带讨吃，行至卢沟桥地方，因语言不同，被东厂旗校捉去”。锦衣卫难辨真假，将刘保前后供词都题报隆庆皇帝，皇帝又转给蓟辽总督谭纶复审。

刘保一介草民，得以在帝国最高文书中留名传世。

蓟辽地区的总督、巡抚、道员等不敢怠慢，忙调集文书案卷，传唤栗恺等差官，严究审问。栗恺、周辅二人久在衙门，深得避重就轻、蒙混过关之道。他俩将雇驴先行、与刘保互相找寻不见、乘机丢弃等实情隐下不说，只承认疏于防范，致使刘保走失及捏造收管文书、回缴欺骗等情况。而刘保出身底层士卒家族，少年时没受过教育，成年后又做了二十多年奴隶，麻木愚昧，不会言语。复审过程在他看来就是辗转一个个衙门，面见的官员高至巡抚、总督，审问尚未开始，他已双股战栗、口舌涩连，交谈都成问题，更遑论辩白冤情了。承审官问一句，刘保挤出几个字，并未供出栗恺、周辅抛弃在先、自己找寻不见等实情。谭纶等人审问了当日接纳刘保的镇安堡边台官兵，得知刘保是独自到台，并无和尔齐其人，也无贿赂守军之事；换皮、赏毡、穿汉服都是官府行为。第一次复审之后，谭纶等人认为刘保“辞涉含糊难以定拟”，况且事关奸细，又系厂卫题请覆勘重犯，不宜潦草，再次严审栗恺等人，详细核实沿途歇脚店、买饭处、等候时日等细节，务求勾勒刘保行踪，查实刘保到底是走失还是栗恺等人丢弃。

亏得复审如此严密，栗恺、周辅最终招供出实情，承认将刘保遗弃在卢沟桥一带讨饭。刘保畏刑妄供也得到确认。栗恺、周辅欺诈官府，伪造文书，各杖八十，徒二年，发配冲要之地的驿站服刑。广宁右卫指挥佥事王永祐差遣非人、觉察无方、含糊呈报，免职议处。主审的总督谭纶，是文武全才的一代名臣、与戚继光齐名的能臣干将，刘保幸运地落到了他的手中，得以恢复清白之身。如果落入昏庸惰怠官员之手，刘保极可能就成了东厂报表上的一个细作、广宁卫自行脱逃的一个奸民。可怜的刘保，洗刷冤情之后还是遭杖责六十，再由广宁卫差人解送原籍宁家——他遭官府抛弃、没能正常宁家的经历浪费了官府钱粮，耗费了行政能量。贤明如谭纶者，维护的也是帝国机器的高效、有序运转，没时间也无心去关心刘保之流的委屈、痛苦、无助……

刘保，故国土地上的隐形人，多他不多、少他不少，就如满地的蝼蚁一般。外人不会留意他的悲喜，官府不会在意他的死活，只有刘保的老父亲日夜惦念失踪的儿子，还有关外的女儿会在余生思念逃亡的父亲。在父母妻女那里，蝼蚁一般的刘保，是他们世界的绝对主角。悲哀的是，我们不知道离散的骨肉是否重逢，甚至不知道老父亲刘彪是否活着见到归来的刘保。除了在谭纶的奏议中，没有任何记载刘保的文字传世。

“有明一代，逃人群体日渐扩大，乃前代所未见。……北部边疆局势日蹙，被掳边地军民日多。大量被掳边地军民，或为其放牧耕种、料理家务，或教其作战攻城、导引入侵，或充作间谍，往返边地哨探消息、煽动边民入彼等，无疑是潜在的边疆隐患。基于人口管理和边疆防御的职能，明朝自景泰年间起，开始由点及面大力招徕逃人，嘉靖时达到高峰。'隆庆和议'后，在俺答与三娘子管辖下的蒙古地区停止招徕逃人，其余地区照旧。万历时，日益强大的女真不断进犯辽东，使该地成为招徕逃人的重点地区。景泰至明末，招徕而回的逃人占大多数。同时，逃人送还伴随明朝始终。"[1]

---

[1] 吴倩：《帝国的"面子"：逃人与明代北部边疆》，《中国边疆史地研究》2019年第1期。

魏藻德：通向无耻之路

崇祯十三年（公元 1640 年）某日，皇帝朱由检照例度过了繁忙的一天。

寅时，朱由检正襟危坐，开始批阅奏章。中原农民军游荡不定，东北建奴咄咄逼人，州县钱粮上解匮乏，朱由检的眉头越锁越紧。简单地用过早膳，他摆驾外朝，举行早朝。朱由检并没有在早朝得到有价值的信息，他始终惦念着刚才挑出的几份可疑的奏章。早朝后是朱由检坚持的经筵日讲，内阁、六部、翰林院等百官云集，侍讲学士开讲经义。朱由检强迫自己暂时脱离烦心的俗事，进入孔孟程朱构建的政治天堂。天堂之中，君待臣以礼，臣事君以忠，君臣同心，政敬礼和，万民安乐。可惜，理想似乎遥不可及。接下来的整个下午，朱由检不得不召集内阁、六部大臣商议严峻的军事局势。大臣们对京畿防务忧心忡忡。朱由检试图引导大家关注天下大局，协调各方兵壮，可惜臣下两三句又回到了京畿百里之地。几个时辰下来，朱由检头昏脑涨，君臣会商无果而终。朱由检草草吃过晚膳，又迎来一个案牍劳神的夜晚。

月亮缓缓爬上紫禁城的东墙，踱向西苑，注视着这个百年未见的勤勉皇帝。

崇祯皇帝朱由检，立志恢复大明盛世。他好学勤政，旰食宵衣，“内无声色狗马之好，外无神仙土木之营”，唯一的爱好似乎就是应付日益喷涌的万千难题，后世有人赞誉其为“千古之君”。

在夜以继日的批阅过程中，朱由检深感天下之政在于用人。当今朝臣不是庸碌无为，就是明哲保身，独缺刚正担当、锐意进取之才。他决定于当年开设科举特科，破例选拔英才。本次特科选人宁缺毋滥，会试只取中了四十八人。殿试一改传统的例行公事，朱由检莅临文华殿，当面问策：“今日内外交讧，何以报仇雪耻？”

四十八份试卷，朱由检一一御览。绝大多数是陈词滥调，只有一篇的主题让他眼前一亮：“知耻！”知耻而后勇，知耻而奋进。作者自叙自己在两年前自发守卫通州，抵抗夺关而入的清军。崇祯皇帝赞赏有加，擢为第一。此文作者是直隶通州的普通秀才，名叫魏藻德，时年35岁。魏藻德年轻、有才，背景干净，又勇于任事，正是朱由检渴望的人才。他高中状元后，例授翰林院修撰。

时任内阁首辅是四川人陈演。陈演为人刻薄，才能平庸。当时，国势危如累卵，朝野都知道他领衔的内阁支撑不了危局。陈演无所筹划，反而一味纳贿自肥，完全不以家国天下为念。魏藻德入仕之初，不顾当朝风气，大胆上疏兵事，自抒己见。崇祯十六年（公元 1643 年）三月，朱由检召见魏藻德问政，魏藻德应对称旨，于五月再次被破格擢为礼部右侍郎兼东阁大学士，入阁辅政，跻身群相之列。

魏藻德年仅 38 岁，且刚中进士三年，年轻资浅，力辞礼部侍郎官衔，改任少詹事。其实早在正统末年，状元彭时在中式的第二年进入内阁，荣升相位，魏藻德三年入阁，并非孤例。但当时是明英宗于土木堡之变中被俘、京城军事危殆的特殊时期，且彭时的本官依然是翰林院修撰，不如魏藻德这般荣耀。魏藻德是超拜大学士的第一人。

魏藻德擢升之时，正是国事恶化无救之际。

李自成消灭中原明军主力，占据西北，立大顺朝于西安。大顺军精锐尽出，直逼京城而来。

崇祯十七年（公元 1644 年）春，最后的时刻到来了。

廷议撤关外吴三桂所部入守山海关，策应京师。朱由检意亦如此，陈演却坚持不可。将吴三桂撤入关内，意味着放弃关外领土。轻弃祖宗土地的恶名，陈演作为首辅不敢承担，而摆出一副坚决反对的姿态，可给自己镀上刚硬、主战的金粉。朱由检同样不愿承担抛弃土地的骂名，何况这还是他祖先传下的江山。因此，吴三桂所部入关一事，搁置不议。然而，搁置帝国最后的生力军不用，朝廷又无力坚守京城。月余，朱由检决计行之。等吴三桂开始携带辽东军民入关，大顺军已攻陷宣府（今河北张家口）、大同，京城危在旦夕。陈演恐惧不安，以疾病为由自求罢相，朱由检很快准许。陈演入宫辞行，自称“佐理无状”，罪当万死。朱由检毫不留情地痛骂：“汝一死不足蔽辜！”

朱由检主政时期，内阁人选更换频繁。陈演罢相后，其他同事皆新入内阁，魏藻德替补为首辅大学士，于崇祯十七年二月以兵部尚书兼工部尚书为文渊阁大学士。弥留之际的大明王朝迎来了一位39岁的首辅。

四年仕宦生涯不长，却足以改变一个青年。魏藻德不到四旬，已然暮气深重。晚明官僚的敷衍推诿、庸碌无为，很快占据了他的身心。“藻德居位，一无建白，但倡议令百官捐助而已。”他这个首辅，应对危局的唯一政见，就是倡议百官捐助。这其实不是魏藻德的首倡，崇祯皇帝早有此意，但魏藻德本人只拿出了区区五百两银子，与事后暴露的家产相比就是九牛一毛。

魏藻德登顶首辅时，局势在加速恶化。大顺军在鲸吞明朝的领土，明军非溃即降，北京城一日数惊。人心惶惶、朝臣四散之际，依然有部分忠诚、任事之人主动报效朝廷，出谋划策。一日，古稀之年的左都御史李邦华冲到内阁，就局势多有建言。魏藻德漫不经心地虚应了事：“姑待之。”李邦华见执政大臣都不热心，叹息而出。

三月十五日，大顺军攻入长城。生死存亡关头，李邦华再次冲到内阁，请内阁奏请崇祯皇帝拨发皇室内帑，召集朝野缙绅和殷实居民，不问大小老弱，动员官民守城。他不顾老迈，愿意亲冒矢石，固守城池。面对如此慷慨请死的老人，魏藻德依然没有丝毫情绪波动，不回应李邦华的建议，更没有奏请皇帝或发动官民的举动，只“作退食夔龙态”（《明季北略》）。“夔龙”代指朝廷公卿，“退食夔龙”则是尸位素餐的公卿，凡事与个人名利无关便高高挂起。魏藻德和李邦华见了片刻，最后说了一句：“事未必至此，老先生且姑待。”李邦华声色俱厉、痛哭流涕，忧国之心溢于言表，可叹一点儿都没有感动魏藻德。以魏藻德为首的内阁，一无建言，一败再败，消极挨打而已。

三月十六日，大顺军攻陷昌平，火烧十三陵。

三月十七日，朝野都清楚，北京城陷落在即。

朱由检召集文武大臣，商议图存之策。生性骄傲、自尊心强的朱由检当众流下了泪水，这是极为罕见的。年轻的皇帝，不顾九五之尊，对着朝堂衮衮诸公，涕泣询问对策。群臣亦相向而泣，束手无策，朝堂上除了此起彼伏的抽泣呜咽，没有一句对策。晚明士大夫，临事怯于担当，尽言政治正确，却无一句实策；事后却慷慨激昂，指摘臧否，唯恐落于人后。眼前形势危如累卵，满嘴仁义道德显然无济于事，群臣只能低头以哭泣相对。朱由检任凭泪水流淌在年轻的脸庞上，不自觉地提笔在御案上写道：

文武个个可杀！

朱由检决定寻找最后的希望。散朝后，他留下了首辅大臣魏藻德。

硕大的朝堂空空荡荡，寂静无声，万物虚化，只剩下朱由检、魏藻德两个主角。

朱由检热切的目光直射魏藻德，后者得到前者一再破例擢升，当年知耻后勇的青年如今拥有帝国官员最高的权位，在此生死存亡关头，他于情于理都应该有所建言。他们君臣二人都是聪明人，又比其他人掌握更丰富的信息，对局势的危殆了然于胸。大顺军兵临城下，李自成向崇祯提出议和，条件是割据西北数省裂土封王。坦率地讲，崇祯小朝廷的筹码所剩无几，妥协罢兵或许是现实中的最佳结局。但是后果也是血淋淋的，不仅朝廷要丧失西北领土，而且李自成与朱由检天有二日、国现二主，大明王朝权威丧尽。谁答应了议和，谁就是朝廷的罪臣；谁拒绝了议和，谁就要为朝廷的覆灭担责。这个抉择太难了！

其实，魏藻德还可以有其他的选择。大顺军尚未对京城形成铁壁合围，崇祯君臣完全可以率精锐突围南下。几日之前，部分大臣也提议朱由检迁往南京，或者起码派遣太子南下。可是有大臣跳出来说，大明君臣怎能弃京城不战而逃？怎能抛弃列祖列宗的陵寝？此言一出，朝野愕然，无人再敢提南下，朱由检也不得不宣布“君王死社稷”。如今李自成的议和条件更恶于南迁的提议，魏藻德不敢献替，甚至不敢触碰这个话题。

朱由检的目光越热切，魏藻德越低伏在地上，不发一言。

士大夫不应该是这样的。文以载道，士大夫不仅传承文化，更传承一个民族的精神品质，是天下的精神脊梁。穷则独善其身，士大夫在野秉持公义、宣化道德，做社会的中流砥柱；达则兼济天下，士大夫在朝扶正匡乱、忠君爱民，推动国家朝理想治世发展。食君之禄，为国尽忠，不仅是职责所系，更是士大夫施展抱负、实现价值的应有之义。大顺军兵临城下，正是魏藻德建功立业、报效国家之时，他为什么跪地不言呢？

也就一百多年前，明朝士大夫还秉承为天地立心、为生民立命、为往圣继绝学、为万世开太平的使命，激浊扬清，革故鼎新，不顾安危祸福，或勇于任事，或冒死直谏，或慷慨赴义。无奈，士大夫的满腔激情，在冷冰冰、硬邦邦的皇权面前一文不值，徒增祸害。在老祖宗设计的规章制度里，皇帝牢牢占据核心，一切以皇权的巩固与扩张为准绳。废宰相、置厂卫，朝臣丧失了牵制皇权的制度力量；大兴廷杖，士大夫更是尊严扫地，只能跪着进言。皇帝需要的不是忠臣诤上，而是顺臣。明朝中期的大礼议之争[①]，清楚表明忤逆圣意后果严重，而依附皇权能得到荣华富贵。在历经正德的荒唐、万历的懈怠、宦官的专权后，士大夫的锐气、志气乃至骨气都惨遭碾压、消失殆尽。正气书生凋零，猥琐之辈

---

① 嘉靖皇帝朱厚熜以藩王身份继皇帝位。从明正德十六年（公元 1521 年）到嘉靖三年（公元 1524 年），以杨廷和为首的旧阁臣集团同张璁等新晋士大夫之间围绕着“继统”与“继嗣”的礼仪形式进行了激烈的大礼议之争。从表面上看，这场争论是礼与情的争辩，实际上是新皇权与旧阁权的冲突。该事件是明朝中后期君臣关系恶化的开端，嘉靖皇帝取得完胜，反对官员悉数遭削职、致仕。内阁首辅杨廷和被罢官，后又削职为民。在左顺门跪谏哭谏的反对官员遭到集体廷杖，死 17 人，伤 100 多人。

渐如过江之鲫，充斥朝堂之上。明朝士大夫，前后判若两批人。

明朝皇帝亲自参与扼杀士大夫的精神。开国太祖朱元璋设计的一整套健康运行的制度，建立在子孙后代皇帝的超常勤勉和超高素养这两点理论假设之上。崇祯皇帝朱由检做到了前者，却不具备后者。相反，朱由检的个性缺陷，经由帝王体制的放大，进一步打压了士大夫，加速葬送了祖宗的江山社稷。

朱由检自视极高，一心想光大祖宗基业，又急躁冒进，幻想一日革除弊政、三日建成盛世。皇帝独裁专制体制为他提供了涂抹幻想的机会，他在治国理政上频出想法，又不容反驳；在选贤用能上不拘一格，又猜忌多疑。明朝末期的施政，突出两大特征：一是急，二是变。皇帝有许多不稳妥、不成功的言行与事例持续流传朝野，凸显朱由检的个性缺陷，就连远在浙江山阴的年轻书生张岱都知道今上“焦于求治，刻于理财；渴于用人，骤于行法”。

朱由检身边的显宦、大僚是皇帝做派最直接的承受者。遗憾的是，有所作为的臣僚无一例外都成了牺牲者。最能体现这一时期君臣关系的事件是潼关之战。崇祯十五、十六年间，朱由检迫切想抽调中原明军主力北上抵御辽东清军的威胁，令关中督帅孙传庭东进，寻找李自成决战。有朝臣“进言孙传庭所有皆天下精兵良将，皇上只有此一付家当，不可轻动”。崇祯帝不从。孙传庭最熟悉实情，也认为此举冒险，不如按兵休养。无奈圣旨频繁飞来，措辞日益严厉。孙传庭不得不于崇祯十六年八月率明军最后的十万精锐人马东出潼关，仓促决战，于十月全军覆没，将帅阵亡。《明史》承认："孙传庭死，关以内无坚城矣。"战后，朱由检非但没有检讨，反而认为孙传庭"诈死潜逃"，竟然不予赠荫。

就内阁大学士群体论，朱由检在位 17 年，竟然委任大学士 50 名，人数之多史上仅有。这 50 名大学士任期在 2 年以下的有 31 人，约占总数的 2/3。短暂任职，阁臣完全无法真正有所作为；朱由检对宰辅任免，不拘一格的同时也随心所欲，导致内阁极不稳定。① 早期内阁大学士刘鸿训锐意任事，曾对朱由检的作为私下委婉评价："主上毕竟是冲主。"朱由检得知后，怀恨在心，竟欲置其于死地，后来揪住内阁颁发某道人事敕令的失误，将刘鸿训罢官充军。崇祯七年（公元 1634 年）五月，刘鸿训死于戍所。

崇祯朝财政亏空严重，最先提议向亲贵募款的是大学士薛国观，朱由检大力支持。外戚、武清侯李国瑞因捐资不足，夺爵惊悸而死。后来皇五子病，外戚们交通宦官宫妾，散布这是老祖宗在责难崇祯薄待外戚，皇子都要夭折。不久，皇五子果然夭折。朱由检大怒，不仅归还了李家金银，还追恨薛国观，于崇祯十四年（公元 1641 年）将其赐死。

最让臣工心寒的，当数兵部尚书陈新甲之死。崇祯十五年（公元 1642 年）后，关外局势失控，清军咄咄进逼。与清军媾和，争

---

① 统计数据见牛纪荣：《崇祯时期的阁臣群体》，西北师范大学 2009 年硕士论文。

取收拾残局、积蓄实力的时间，不失为明朝的务实选择。但与昨日的仇敌尤其是蕞尔蛮夷握手言和，冲击了朝野的自尊和文化自信，反对与批判声势必风起云涌。于是，陈新甲就在朱由检同意并且有数封御笔往来信件的前提下，秘密与清议和。八月，陈新甲家人无意泄露议和机密，朝野舆论大哗，言官大肆抨击。朱由检情急之下，竟将责任推给陈新甲，将其下狱问斩。和谈大门就此关闭，明、清除了兵戎相见别无他途。

血淋淋的先例远远甚于儒家说教，既然皇帝需要的只是顺臣，大臣们便无不揣摩圣意行事，彻底抛弃了治国平天下的抱负，埋首钻营自家的荣华富贵。大学士程国祥“委蛇其间，自守而已”，“召对无一言”；孔贞运在位“不敢有所建白”；蔡国用“居位清谨，与同列张四知，皆庸才碌碌无所见”。内阁大学士们一个个不是小心翼翼、唯唯诺诺，就是无意政事、一心营私。作为最后的内阁首辅，魏藻德继承了内阁传统，并非“变异”的庸碌之辈。

然而，魏藻德面临的局面毕竟不同。这是生死存亡的关头，上百年积弊而成的明哲保身、几代人坚守的自私自利是否应该让位于拯救社稷的宏大目标呢？同意李自成的议和条件，可以破危局。魏藻德的脑海中肯定闪过这个念头，不过也就一闪而过。陈新甲、薛国观、孙传庭等人留下的阴影实在太大了。他做出了最安全的选择——伏地不语。

朱由检表现出了难得的宽容与耐心，泛泛问他有什么对策。

魏藻德纹丝不动，依然没有声响。朱由检沉不住气了，站起身来，扶着龙椅问道："先生说出一个办法来，朕马上下旨照办。"

魏藻德微调了一下跪姿，还是一声不吭。

"哐当"，清脆的巨响，瞬间击碎了殿堂的宁静。朱由检愤怒地用尽力气冲着魏藻德大吼："滚！"

魏藻德飞一般地逃离皇宫。或许，他庆幸躲过了官宦生涯中最大的一场"考验"。考验结果虽不尽如人意，却是魏藻德觉得的最佳结果。

三月十八日，大顺军的攻势越来越猛，太常少卿吴麟征跑向紫禁城，想对皇上有所倡议。在午门，吴少卿遇到了魏藻德。魏藻德拉着吴麟征的手说："国家如天之福，必无他虞。旦夕兵饷集，公何遽为？"他不顾吴麟征情愿与否，将他拉离了紫禁城。

第二天，北京城陷。

魏藻德没有悲哀，没有彷徨，而是迅速探听到了李自成的行踪。大顺皇帝李自成成为紫禁城的新主人，早有明朝文武官员奉表入贺。而魏藻德以前朝内阁首辅之尊，列名入朝表贺的官员之首！

大学士魏藻德、成国公朱纯臣率文武百官入贺，皆素服坐殿前，李自成据御座受朝贺。魏藻德第一个向李自成叩头，口称："罪臣魏藻德参谒大顺皇帝。"

几天前，魏藻德还在同一个地点跪拜过朱由检；几年前，魏藻德还是在同一个地点，写出了主题为"知耻"的策文。现如今，他脱胎换骨，不过39岁而已，自信凭借先前的履历和上佳的政务能力，转变为新王朝的达官显贵，易如反掌。前途依然是光明的，黑暗却渗透进了骨髓。

只是魏藻德高调的归顺，引发了大顺军将领情不自禁的嬉笑，就连新皇帝李自成都问他："你为何不去殉死？"

魏藻德恭敬地回答："方求效用，哪敢死？"

李自成有着朴素的好恶，直觉就不喜欢魏藻德。他对城破后主动归降的明臣普遍没有好感，加之入城伊始，百废待举，便没有明示录用与否，抽身而去。宫中的大顺军将士们争相戏弄这些白衣大褂的官老爷，或推背脱帽，或举足加颈，玩笑取乐。可悲可叹的魏藻德等人，吓得伏在地上不敢动，进退两难。太监王德化之前开德胜门投降，入宫看到这般丑态，大骂魏藻德等人："误国贼，天子何在？汝辈来此何干！"他冲进这群无耻的人中间，看见一个就挥拳殴打一个。围观的大顺军将士们都抚掌称快。幸亏王德化把众臣打得散出宫去，无形中化解了魏藻德等人的窘迫。

三月二十一日，朱由检的尸体被发现了，悬挂在景山树上已有两日。朱由检用自缢掩盖了个性的缺陷，超越了历史上绝大多数的亡国之君。大顺军将朱由检与周皇后的尸棺移出宫禁，在东华门示众，"诸臣哭拜者三十人，拜而不哭者六十人，余皆睥睨过之"。

几日后，大将刘宗敏接管处理明朝降臣的事务，拘禁群臣勒索钱财。

刘宗敏指责魏藻德身为首辅而误国。魏藻德回答：

臣本书生，不谙政事，又兼先帝无道，遂至于此。

刘宗敏大怒：“汝以书生擢状元，不三年为宰相，崇祯有何负汝，诋为无道。”说罢，命人将魏藻德掌嘴数十下。

刘宗敏主持定下前明官员捐纳钱财的标准：“内阁十万金，京卿、锦衣七万，或五三万，给事、御史、吏部、翰林五万至一万有差，部曹数千，勋戚无定数。”至此，魏藻德出仕新朝梦碎，反而陷入刑狱之灾。魏藻德的前任陈演罢相后，因为资产丰厚，没法迅速离京，如今也沦陷在京师，与魏藻德等人一起被捕，系在刘宗敏营中。陈演识时务，立刻献出白银四万两。刘宗敏很高兴，非但没有用刑，还在四月八日将陈演释放回家。魏藻德却不如陈演这般爽快。或许，政治上的庸庸碌碌节省下的精力，都花在了聚敛家资上，魏藻德养成了吝啬的习性。大顺军士兵用夹棍夹断了魏藻德的十指，他才交出了白银数万两。然而，刘宗敏绝不相信现任内阁首辅仅有几万两白银，继续用刑。之后几日，狱中响起魏藻德日夜连续的惨叫呼喊声！

经历五天五夜酷刑后，魏藻德脑浆崩裂，暴毙狱中。

刘宗敏抓来魏藻德的儿子，继续追逼银两。其子尚是少年，哭诉：“家已罄尽。父在，犹可丐诸门生故旧。今已死，复何所贷？”承差兵丁见状，手起刀落，砍死了魏藻德之子。

四月十二日，李自成东征吴三桂，担心降臣们留在京城生患，将陈演等人尽行杀戮。

李香君：谁解桃花意

南京秦淮河畔有一座两层高的砖木结构河房，名叫媚香楼，是明朝末年“秦淮八艳”之一李香君的故居。

夹道朱楼一径斜，王孙初御富平车。
清溪尽是辛夷树，不及东风桃李花。

后人可以遥想当年媚香楼的盛景，门庭若市，王孙争睹李香君芳容。时载李香君“身躯短小，肤理玉色，慧俊宛转，调笑无双”。她歌喉圆润，但不轻易歌唱；丝竹诗词无一不通，却不轻易示人。虽然名列教坊司[①]，年轻的李香君和同龄少女一样怀揣

① 明朝的礼部教坊司负责通俗娱乐，其中一项重要职能就是管理官妓。明清官妓不再局限于服务官员和官府，而是面向社会提供服务。其中既有罪官抄家女眷入妓，也有自小培养为妓的，登记为乐籍，不再享有人身自由。

着相夫教子的朴素梦想。她在等待一个人，一个可以走进她心底的人。

崇祯十二年（公元1639年），李香君16岁的时候，这个人出现了。

一日，旁人告知李香君，南京国子监的监生侯方域看中了她往日的一幅画作，大为赞赏，请她出来一见。李香君对这位痴情书画的书生颇为好奇，答应相会。这是一场一见钟情的相会，在明媚阳光的衬托下，双方在对方的眼中都笼罩着迷人的光晕。两个年轻人谈起了李香君的画作《寒江晓泛图》：冬雪弥漫的清江之上，一叶孤舟漂荡在天水苍茫之中。侯方域以为是名家作品，当面畅谈观感，诉说倾慕之情；李香君则心有戚戚焉。两人因画生情。

侯方域来自河南归德府（今河南商丘）的官宦世家，父亲侯恂出将入相，曾任户部尚书。侯公子勤奋向学，写得一手好文章，也是公认的前程无量。不论从精神层面，还是从世俗角度来看，侯方域都是出色的婚配对象。身处贱籍之人，时常向往普通女子的三从四德、父母媒妁。不过在寻找意中人方面，她们往往胜于普通女子，有相当的独立自主的权利，不仅可以事先遴选对象，还可以屏蔽那些厌恶的人选。当时的李香君有没有一丝庆幸自己有自由的选择权，后人不得而知；但可以确定的是，她认定侯方域是能够托付终身之人。

侯方域也钟情于才貌俱佳、内外兼修的李香君，决心不顾家世、身份的巨大差距和她在一起。这一对情侣注定将是一双苦命鸳鸯，命运多舛。可叹的是，传世文献喜爱关注帝王将相，习惯宏大叙事，却不屑于记录男欢女爱和市井人生。侯方域、李香君的坎坷婚恋过程只散落在史籍、笔记、诗文的点点滴滴中，需要后人拼凑。

侯方域当年是来南京参加乡试的，可惜名落孙山，只得返回归德老家。后因局势动荡，家事拖累，侯方域与李香君聚少离多。人们更熟悉的情节是：像李香君这样的秦淮头牌，侯方域需要付出重金才能一睹芳容，可惜他没有这个财力。友人杨龙友慷慨资助，完成了李香君的梳拢[①]仪式，两人开始生活在一起。遗憾的是，美妙的姻缘不会无缘无故地从天而降，问题就出在梳拢重金上。当时隐居南京的阉宦余党阮大铖为士林所不容，得知侯李之情后，特悉托杨龙友拿出重金帮助侯方域，以为笼络之计。侯方域因李香君陷入了重金和气节两难的尴尬境地。李香君看破端倪，气节凛然，立场远比侯方域坚定，她变卖了首饰，四下借贷，凑钱退回了重金。阮大铖因此怀恨在心。

侯方域与阮大铖交恶，历史上确有其事。阮大铖擅长政治投机，素无品行，在南京交结后辈侯方域，侯方域不赴，遭到他的忌恨。崇祯自缢后，弘光朝在南京建立，阮大铖等人粉墨登场。长江中游军阀左良玉不服从弘光小朝廷，挥兵东下。侯方域致信左良玉，

---

① 妓院中处女只梳辫，接客后梳髻，称“梳拢”。

意在规劝，阮大铖却诬陷其与左良玉里应外合。侯方域遂写《与阮光禄书》，驳斥阮氏的诬陷，暗讽昔日阉党干儿义孙若得志，必作恶害人。阮大铖对侯方域的忌恨上升为了杀意。侯方域不得不避祸扬州，投奔督师史可法，投身于抗清前线。

侯方域和李香君，这对乱世中的浮萍，他们的爱情平添了王朝更迭大浪的考验。

媚香楼外风云起伏，李香君还在坚守自己的幸福。侯方域长期不在身边，李香君坚持不畏权贵、不受金钱诱惑、不理亲友劝阻，坚信侯方域是那个对的人，坚信两人能够战胜一切艰难险阻。爱一个人很难，需要付出与坚持，而秦淮河边的姐妹们若要收获美满爱情，则需要更多的牺牲与坚守。

史料没有记载的地方，就是文学创作的舞台。之后流行的小说版本是：恋人去后，李香君洗尽铅华，闭门谢客，等待侯公子归来。阮大铖继而怂恿弘光朝大红人田仰纳李香君为妾。李香君坚决不从，田仰苦苦相逼，她一头撞在栏杆上，血溅在侯方域相赠的扇子上。杨龙友大为感动，将扇中的血迹画成一树桃花，从此桃花扇成了李香君爱情的标志。阮大铖是不会放过李香君的，待李香君伤愈后他又打着圣谕的幌子，征其入宫充当歌姬。李香君无法抗拒，又日夜思念侯公子。可前方战事正酣，音讯断绝，李香君只能怀揣鲜血画成的桃花扇遗憾入宫。如此荒唐的南明朝廷，岂能团结南方半壁对抗清军？很快清军攻下扬州，侯方域踪迹杳然；弘光皇帝闻风而逃，南京城不攻自破。城破之时，李香君随着乱民四处逃窜，躲避烧杀抢掠。其实，侯方域在扬州兵败后，也在当天夜里赶到南京寻找李香君。两人一度都在秦淮河边遥望熊熊烈焰中的媚香楼，无奈苍天弄人，偏偏没让两人相遇。

入清之后，侯方域、李香君的结局有多种说法。流传最广的版本是：顺治二年（公元 1645 年），侯方域找到李香君，返回归德老家。李香君隐瞒了青楼身份，在侯府生活了八年。这八年应该是侯方域、李香君两人最幸福的时光。可惜侯恂知道李香君的身世后，完全接受不了这个儿媳妇。因出身低贱，李香君被迫迁到郊区庄园居住，抑郁病亡，年仅 30 岁。另一个文学化的版本是：侯方域在栖霞山道庵中找到李香君，在道士点醒下两人双双出家。

可以肯定的是，李香君并没有过上梦想的得遇良人、相夫教子的生活。推她走向悲剧的，除了乱世风云和隐藏其间的奸人，更重要的原因是她所遇并非良人。作为明末著名文人，侯方域留下了诸多记录。入清后，侯方域耐不住寂寞，参加了顺治八年（公元 1651 年）的乡试。时人讥讽他："两朝应举侯公子，忍对桃花说李香。"顺治二年，侯方域回老家积极为清军镇压农民军出谋划策，献计清军扒开黄河大堤，将直隶、山东、河南许多地区化为无人区，成功镇压了号称百万之众的农民军。事后，朝廷对扒开黄河杀害无辜一事讳莫如深，并未给予侯方域任何嘉奖。侯方域已到壮年，回顾前生，气节有亏，充满悔恨，建壮悔堂绝意仕途。顺治十一年（公元 1654 年），侯方域染病身亡。

李香君与董小宛、陈圆圆、柳如是等并称“秦淮八艳”。在“秦淮八艳”中，不论是样貌还是才气，李香君都排不上首位，但是她高居“秦淮八艳”榜首，战胜了盛名鼎鼎的董小宛、陈圆圆、柳如是等人。个中缘由，在于李香君的气节秉性。李香君虽是秦淮头牌，但在官府传世公文中没有点滴记载，我们无法判断各个版本的真伪。

李香君为追求幸福奋斗过、坚持过、受伤过，最终郁郁而终。

文人士大夫们在李香君过世后不久，就挖掘了她身上的气节操守，歌咏她、描绘她，留下了诸多作品。其中清朝大戏剧家孔尚任以李香君为主角创作了名剧《桃花扇》，几乎塑造了之后人们对李香君的认知。士大夫们从天下兴亡到家国社稷，不断扩展、延伸李香君生平的内涵。

传统文人与青楼妓女有扯不清的联系，他们频繁光顾青楼欢场更主要是出于精神需求，他们在青楼名妓身上寄托了对世界的美好想象，灌注了本群体的价值标准。同样，古代名妓绝非搔首弄姿之辈，多是文雅内秀之人。从苏小小、绿珠到李师师，无不是才胜于貌、精神气节令人肃然起敬的女中豪杰。

每个青楼女子都有值得同情的遭遇，我们无权苛求她们担当天下大义，无权用士大夫阶层的标准来衡量她们。然而世间却常见这样的场景，青楼女子用毕生光阴来坚持道德大义，士大夫则常常懦弱退缩，逃避责任者有之，改换门庭者有之，“仗义每多屠狗辈，负心多是读书人”。士大夫喜欢创作以气节凛然的名妓为主人公的书画和诗文，既是对自己的期许和自励，对本阶层败类的谴责与掩饰，也是通过歌颂名妓来重申读书人的气节操守。

这类作品中，创作者往往对主人公多有修饰。比如，李香君本姓吴，其父原是朝廷命官，因系东林党成员遭阉党迫害后家道败落，漂泊落难至青楼。原来李香君是忠良之后，她的气节操守植根于士大夫的基因。又比如，李香君的养母李贞丽仗义豪爽，所以青楼客人大多是文人雅士和忠直之臣，李香君浸染在忠直之气中才有了日后的作为。总之，士大夫千方百计想验证，李香君的诞生是士大夫精神的杰作。

不论这些文饰是不是事实，士大夫深深敬佩李香君的气节操守是毋庸置疑的，而这恰恰是他们不具备的。

李香君完全当得起诸多赞誉，但她的人生理想仅仅是简单的得遇良人、相夫教子。士大夫们忽视了李香君首先是一个女子，而不是他们笔下的一个偶像、一个象征。

孙承泽：贰臣乙编 50 号[①]

顺治十年（公元 1653 年），自称“江左遗民”的史学家谈迁北上京师。谈迁终生不仕，立志撰述一部明朝史书《国榷》，此行是为搜集明朝逸闻，并实地考察遗迹。

谈迁探访的主要人群是曾在明朝任职、如今在清朝为官的汉族官员们。

清朝以承继明朝正朔自居，入关后公告在京明朝各衙门官员“照常任职”，原有品级乃至职位一概承认，于是一个身跨两朝的官员集团形成。社会舆论对这群人一开始大加鞭挞，极少数人

① 本文相关人物生平、著作及引文以阎崇年《清代史坛大家孙承泽》（《故宫博物院院刊》1983 年第 1 期）为准，并参考《贰臣传》和范秀君《清初北方贰臣文人京师业余生活及其文化内涵》（《文艺评论》2014 年第 10 期）、白一瑾《清初在京贰臣文人社集唱酬活动探微》[《上海大学学报》（社会科学版）2011 年第 2 期] 两文。

中性地称呼他们为“陷北诸臣”，绝大多数人则斥责他们为“降臣”“汉奸”“卖国贼”等。清廷在中国的统治日渐巩固，舆论对他们的批判日渐严厉。

这些降臣也颇有自知之明，自觉不容于舆论，自动夹起尾巴做人。有的人过着“衙门—府邸—衙门”的单调生活，公事之余闭门不出，不论著、不见客，独自对抗严酷的余生；有的人醉心诗会和戏台，在延续明末文人舒适生活之余，从诗词戏剧中重温“故国衣冠”；有的人流连于古迹和寺庙，以显示自己没有政治野心，在幽寂之中寻求心灵的解脱；更有甚者，如降清的“江左三大家”之一的龚鼎孳，崇佛向善，洗心忏悔，持诵佛经，公开祈求早日登岸……降臣们在小集团内部保持有限的交往，慢慢形成了一个低调、封闭的圈子。

笔者无法考证以明朝遗民高调自居的谈迁，是如何在十多年后打入降臣圈子的。也许，谈迁发愿为故去的明朝写一部史书，勾起了旧臣们心底隐藏着的一丝表达欲望。不少降臣接待了谈迁，提供了各自掌握的明朝史料，或者做了“口述历史”般的记录。

一天，谈迁拜访曾任太仆寺少卿的曹溶。曹溶是崇祯十年（公元1637年）进士，明末御史。他郑重地向谈迁展示了科场前辈孙承泽[崇祯四年（公元1631年）进士]写的《崇祯事迹》一书，告诉谈迁孙前辈辑录《崇祯事迹》若干卷，“不轻示人”。这套书自然不可能送给谈迁，但是谈迁记下了“孙承泽”这个名字。

巧的是，在“江左三大家”之一的秘书院侍讲吴伟业那里，谈迁又遇到了“孙承泽”。这一天，吴伟业留谈迁在家吃饭，席间说到自己的同年、吏部侍郎孙承泽撰写了《四朝人物传》。那是一套卷帙浩繁的史籍，孙承泽秘不示人。吴伟业恳求了一年多，才借了若干内容一睹为快。孙承泽一再叮嘱吴伟业“戒勿泄”。吴伟业展示给谈迁看，告知：“君第录之，愿勿著其姓氏于人也。”你可以引用这本书，但是不能暴露原作者的信息。可见，当时孙承泽是在秘密整理、撰写明末的历史，即便是吴伟业这样的同年好友兼降臣圈内人，他也秘而不宣。

那么，孙承泽是什么人？他又为什么埋头著史呢？

孙承泽祖籍山东，出生在北京，是一个“阔官”。现在北京城核心区还有“前孙公园胡同”“后孙公园胡同”，并非此地有“公园”，而是这两条胡同所在地原来是孙承泽家的“孙公园”，可见孙承泽生长在一户家境殷实的人家。他从小接受系统的儒家教育，从青年时代起就喜好读书、藏书，其书房云皃阁以藏书过万而享誉学界。

崇祯四年，孙承泽中进士，时年 38 岁。之后发河南，先后任陈留、祥符两县知县，因为政绩卓异在崇祯十年入京任给事中，官至刑科都给事中。给事中和翰林、御史一样，是清流显要职位，非进士中第佼佼者不授。其中，给事中属于谏官，理论上负责监督皇帝的言行与施政，有“封驳敕令”的大权，同时监督官府行政，又是清流职位中实权最大者。六七年的给事中经历，使得孙承泽既有机会接触到最高层的所有政文，又能近距离地观察明末政治核心的决策，留意其中的祸福得失。这非常合孙承泽的脾气秉性，真可谓是人职相宜。

一片光明的前途，被李自成的大顺军击碎了。甲申年起义军攻陷北京城，崇祯自缢！

孙承泽顿时面临着生死抉择！

孙承泽的第一选择是“自经”。他在书房中试图悬梁自尽，仆人很快发现并救他下来；孙承泽继而服“片脑”自杀，强烈的恶心把毒药呕吐了出来；孙承泽又跳入庭院中的观赏井自杀，再一次被仆人救出来。孙承泽在这三招都失败后，放弃了自尽的念头。有人批评孙承泽自尽是“假惺惺做戏”：你有本事别在家里自尽啊，找个没人的地方上吊，看谁来救你？

很快，大顺军抓住了孙承泽。他只求速死，表示要为明朝殉难。但是抓住孙承泽的大顺军将领是个河南人，感念他在河南任职期间做过好事，不仅没有为难他，还好吃好喝招待着，“温言慰藉”，劝说孙承泽投降大顺军。当时，大顺朝如日中天，大有取代明朝的架势。孙承泽考虑再三，最终投降了大顺，出任大顺朝的四川防御使。

这是孙承泽的第一次投降。南明建立后，惩治投降李自成的大臣，兴起“从贼案”，孙承泽名列其中。他这个四川防御使，就职后还没来得及赴任，李自成就兵败山海关，大顺朝眼看着呼啦啦倒塌了。孙承泽无心与大顺朝同生死共命运，而是弃官潜逃，隐藏在北京城里。八旗铁骑很快进占北京城，公告招降明朝官员，孙承泽在顺治元年（公元 1644 年）五月降清。

孙承泽第二次投降，背上了“三姓家奴”的骂名。

异常激荡的局势，在短暂的时间内，裹挟着人群，冲击着观念，撕裂了河山。等尘埃稍稍落定，人们惊讶地发现自己和他人都面目全非，甚至狰狞可怕。孙承泽就是其中的一个例子。有人为孙承泽等降臣辩护，认为没有必要要求官员为一个腐败没落的王朝陪葬；相反，良禽择木而栖，他们可以在新朝里发挥才干，建立功勋，实现个人价值和社会价值的双赢：这是现实主义的辩护，很多降臣投降清朝后也的确做了不少好事。但是，政治和道德并不绝缘，道德一定要约束政治，失去道德约束的政治会野蛮生长，成长为自私冷酷的“巨无霸”。万难之处，就是其中的限度如何把握，孰轻孰重，孰进孰退？好在当时几乎所有人都达成一致：无论降臣群体取得了多大的功勋，他们在道德上已经破产了。上自洪承畴，下至孙承泽等人，他们都默认自己道德破产，羞于谈论纲常伦理、忠孝节操等话题。

客观地说，孙承泽在清朝算得上平步青云。他在降清当年就任吏科都给事中，升任太常寺少卿；顺治二年（公元 1645 年）升为通政使司左通政，太常寺卿；顺治四年（公元 1647 年）任大理寺卿；顺治五年（公元 1648 年）升兵部右侍郎；顺治八年（公元 1651 年）转吏部右侍郎，第二年升吏部左侍郎兼都察院右都御史。其中多次超常提拔，短短几年就成为位高权重的核心官僚之一。如果明朝尚在，孙承泽很有可能拥有不了如此辉煌的仕途。

然而，仕途越顺利、地位越显要，降臣们的心理压力可能就越大。他们的内心充满矛盾：一方面越来越在意现有的身份地位，力图保全荣华富贵；另一方面又对故国旧朝不能彻底忘怀，有时在镇压明朝余孽的时候难保“政治正确”的原则。狠狠心，他们既要对仕途苦心经营，揣摩满族权贵的心思冷酷决策，又常常因为“非我族类”的尴尬和读书人的坚持而遭到贬斥，甚至羞辱。走出紫禁城、离开衙门口，他们猛然发现社会舆论的鞭挞开始升级，自己已经“荣升”“卖国头目”“汉奸魁首”了，无法衣锦还乡，只能忍气吞声。

降臣们封闭在府邸中自嘲：“不是昔日貌，白须难认吾……官休休未得，忸怩说仙都。”夜深人静难以入眠时，“欲寐不成寐，如有深彷徨”，只能“耿耿天为曙，缄泪拥衣裳”。这是一种无法向外人道的羞愧、苦闷。随着年齿渐长，同类人逐渐星散，新入仕的汉族官员又非同类，他们无法言说的心理矛盾越来越重。

好在清朝给予的荣华富贵多少能够提供些许安慰，但清朝并非真心重用这些降臣，只是利用而已。满族高层从心底里鄙视这些人，摄政的多尔衮就公开评论龚鼎孳“此等人只宜缩颈静坐，何得侈口论人”。你们夹着尾巴做人就是了，还要什么表达、要什么认同呢？孙承泽等人既失去了社会舆论的认可，也没有获得效忠的新朝的肯定，两头受气。

顺治十年二月，吏部尚书出缺。孙承泽作为首居其次的吏部左侍郎，就新尚书人选上奏发表意见：“吏部尚书权衡所寄，得人为难。伏见大学士陈名夏在吏部时，颇能持正，请以名夏分理部事，必能仰副澄清之治。”他明确希望同为降臣如今已经是大学士的陈名夏分管吏部。

顺治皇帝阅读奏章后，对阁臣们说：“朕见承泽此疏，洞其隐微，代为含愧。彼意允其所请而用名夏，则于彼有利；否则，又将使朕猜疑名夏也！”顺治皇帝的态度很明确，他认为这是孙承泽在耍小聪明。这暴露出顺治皇帝根本就不信任孙承泽，也不愿意让陈名夏去掌管吏部。顺治皇帝以“侍郎推举阁臣，有乖大体”为由，责令孙承泽回奏明白。

事实上，高官出缺，朝廷大臣相互举荐，自古有之。皇帝有时也让臣工们推荐人选，名为“廷推”。孙承泽推荐陈名夏，不算唐突。此外，大臣就负责领域发表意见，有没有越界，完全由皇帝认定。孙承泽此举，如果君臣相得，一点儿问题都没有，但顺治皇帝龙颜大怒，正反映出孙承泽在皇帝心中毫无分量。

孙承泽两颊流汗、双腿战栗，颤抖着听完转述的圣谕。辛辛苦苦十年，自以为是身居显要的高官，突然发现自己还是一个不能发表意见的小人物，他的委屈、失落可想而知。还解释什么呢？还留下来干什么呢？孙承泽抛开之前的奏章不论，直接以“两耳重听”为由，乞求皇帝恩准其退休。顺治皇帝也不挽留，同年三月，孙承泽“病免”，时年 61 岁。

第二年，孙承泽推荐过的大学士陈名夏因为妄议朝政、党附多尔衮被绞死。以此为由，朝堂上一批与陈名夏有关的降臣和汉族官员都遭到清洗。孙承泽幸运地因为提前退休而免于株连，也可算是因祸得福。

孙承泽退休后，对世事是失望的，对自己的一生也是不满意的。他本质上是一个书生，人生在世要立德立言，希望留下一些精神遗产。可是自己早已道德破产，立德无望，只得转而专心立言。这是一批降臣的现实选择。比如，降臣王铎就认为："天下后世读而怜其志者，只此数卷诗文耳……倘吾兄弟他日得以诗文书法传，是以不愧前人。"

于是，孙承泽离开闹市中的孙公园，来到位于北京西山卧佛寺西边的樱桃沟，营筑退谷，自号"退谷逸叟"。孙承泽在退谷中闭户著书，日不释卷，寻求个人的价值和内心的解脱。

《四库全书总目提要》中记载的孙承泽的作品，有撰述二十三种、四百余卷，其中既有《孔易传义合阐》《尚书集解》《禹贡考》等经义之书，又有《水利考》《典制纪略》《治河纪》等经济之书；既有《春明梦余录》《天府广记》《人物志》等地方志书，又有元明《典故编年考》《典制纪略》《寰宇纪略》等制度典籍……这是一项庞大的工作，考虑到他当时年过花甲，这项工作的难度更大。

因为孙承泽在明末担任给事中，明亡后他又有意识地搜集散失的大内史料，所以他所编著的《山书》《思陵勤政记》《思陵典礼记》等历史图书中保存了丰富而珍贵的资料；他所撰述的元、明两朝典章制度类图书征引翔实，分条细目，是重要的制度类工具书。孙承泽在退谷中建有藏书楼，名为“万卷楼”。我们可以想见，在西山脚下人迹罕至的山谷中，一个老人几十年如一日，埋首史料典籍，奋笔疾书。他不是简单地整理、编辑历史，而是以史为鉴，总结前人的兴亡，用历史观照未来，蕴藏着一个明朝旧臣的苦心。

历朝历代都重修史。清廷以天下正朔自居，延续修前朝正史的做法，在顺治二年五月开馆纂修明史。无奈明代典籍散失严重，修史缺乏史料，尤其是天启、崇祯年间的史料。于是，清廷下诏购求遗书。但是，民间疑虑重重，献书者寥寥无几。孙承泽可能是当时北京地区保存明代史料最多的人，尤其是他收藏了大量明末奏疏，这些都是宝贵的第一手资料；但他的内心也充满疑虑，对清朝忌讳多多，遂将史料隐瞒不报。直到康熙七年（公元 1668 年），朝廷再次下诏求书，允诺“虽有忌讳之语，亦不治罪”，孙承泽这才在当年九月上奏“时职养山中，因检旧日抄存，辑成十八卷，装成七本，呈送前来”。他献上的这十八卷史书，就是《山书》。

孙承泽晚年的另一大贡献，是收藏了大批书画，并作鉴赏。他在退谷中潜心赏画、跋画，研究书画。孙承泽的鉴赏，除了注意书画真伪和价值，还从史学家的角度，把书画作为历史证物，来补充史料记载之漏，纠正历史记载之误。他把书画鉴赏的心得，写成《庚子销夏记》一书。两三百年来，孙承泽以一名书画鉴藏家留名于世，在书画界的名声远胜于在政治、历史或理学领域的名声。不知道孙承泽地下有知，做何感想。

孙承泽退休后也教子孙读书，但子孙有想参加乡试或者应仕当官的，他都加以拦阻，并要求家人“衣食粗足，当知止足”。孙承泽背负汉奸之名于宦海沉浮多年，深知政治险恶，不让子孙参与其中。

孙承泽死于公元1676年。死前一日，他沐浴更衣，坦然赋诗云：“进退死生两大事，孤心留取照幽墟。”

整整一百年后，乾隆四十一年（公元1776年）年底，国史馆修编《明季贰臣传》。时代变了，当年打天下的人变成了守天下的人，要借“崇奖忠贞”“风励臣节”的大旗来巩固统治。于是，当年祖先辛辛苦苦争取来的功狗们、搜罗利用来定鼎江山的降臣们，需要再一次出来为大清王朝效劳——作为批判的对象！

无论是谁，哪怕是为大清立下赫赫功勋的洪承畴、祖大寿、冯铨等人，都是背叛旧主、屈膝投降的奸臣、小人。大清王朝不需要奸臣和小人，如今要大力褒奖、宣传当年拼死与清朝为敌、为明朝殉节的史可法、黄道周、张煌言等人。当年拒绝清朝招降越坚决、骂清朝骂得越凶、坚持抗清越久的人，越是忠贞不屈的典范，越要大力宣传！

乾隆的诏书明明白白写道：

朕思此等大节有亏之人（指投降清朝的人），不能念其建有勋绩，谅于生前；亦不能因其尚有后人，原于既死。今为准情酌理，自应于国史内另立《贰臣传》一门，将诸臣仕明及仕本朝名事迹，据实直书，使不能纤微隐饰，即所谓虽孝子慈孙百世不能改者……此实乃朕大中至正之心，为万世臣子植纲常！

投降清朝的洪承畴等人，被异常高调地钉在了耻辱柱上。《明季贰臣传》一共列名 124 个出仕明、清两朝的官员，其中又分甲、乙两编。乾隆认为洪承畴、祖大寿等人客观上为清朝做出了贡献，列名甲编；而陈名夏、龚鼎孳等人既不忠于明朝，又在清朝无所作为甚至非法乱政，列入乙编。

孙承泽因为是“三姓家奴”，落入《明季贰臣传》乙编 50 号，其所著《山书》遭到查禁，不得刊行。

柳同春：向朝廷要个说法[①]

顺治五年（公元 1648 年）正月二十七日，阴天冷雨笼罩之下的南昌城里响起一声声凄厉的杀声。江西总兵金声桓、副将王得仁宣布“反清复明”，擒杀了巡按、布政使、湖东道等人。江西巡抚章于天正出巡瑞州，王得仁派人追杀。章于天贪生怕死，愿为金、王效劳，叛清降明。绝大多数清朝文武官员如章于天一般，纷纷摘下顶戴换上冠裳，易帜反正。极少数不愿反清的官员惨遭杀戮。那一声声凄厉的叫喊，是这场突发政变转瞬即逝的注脚。

全城戒严，四门紧闭，却有一个身影缒城而出，踉跄向北逃去。

江西都司柳同春，没有随波逐流反清复明——尽管他本人是

① 本文主要参考彭勇《清初降臣柳同春的旌赏之路》（《纪念王钟翰先生百年诞辰学术文集》，中央民族大学出版社，2013 年）一文。

降清的明朝军官，也没有惨遭金声桓等人的毒手，而是见势不妙抛弃妻儿逃亡了。金、王传令各处缉拿，并派出追兵追杀柳同春。后方是催命的追兵，前方是前途未卜的将来，柳同春奔跑在江东初春泥泞的土地上，飞溅的泥水污浊了衣裳，甚至甩到了脸颊上。狂奔一百多里后，柳同春在江西吴城，在月静和尚的帮助下剃度，乔装打扮为僧人，再逃往九江，经彭泽县，买舟顺江而下，奔往清朝在南方的统治核心——江宁（今江苏南京）。

柳同春出身河南太康的贫苦人家。在明朝末期赋役沉重、民不聊生之时，人高马大的柳同春做了一个最务实的选择：当兵。加入明军后，他继续发挥身体优势和务实本性，稳步升迁，历任千总、守备。其间，李自成军攻破太康后屠城，柳同春父亲殉难，柳同春手刃数名起义军，突围而去。崇祯十六年（公元 1643 年）冬，李自成在陕西建制大顺，拥兵数十万，取道山西进攻北京。柳同春时任游击，驻守在平阳府（今山西临汾），防御李自成军。转年二月初，山西巡抚派柳同春率所部兵马“探贼”。彼时，大顺军已渡过黄河天险，明军主力溃败，胜负已见分晓。柳同春所部士气低落，行进途中一哄而散。二月初八，太原守军献城投降。柳同春聚拢残兵败将，也投降了大顺。大顺军就地授官，命柳同春率部驻守忻州，兼辖定襄。之后，大顺政权勃兴骤败，四、五月间纷纷回撤山西，清军紧随而来。柳同春听闻清军攻占代州（今山西代县）等邑，弃城南逃。清朝肇建，对明朝、大顺官员敞开怀抱，重赏招纳，一体叙录，应给封诰照例颁给，按已有官职授职任官。

于是，顺治元年（公元1644年）七月，柳同春带领陈节、祝有德等二十七名军官、三千余名兵丁在潞安（今山西长治）降清，柳同春被授予参将一职。这件事于十一月初汇报到朝廷，《清世宗实录》中认可的柳同春所部兵马仅为五百人。这是他第一次也是唯一一次被记载在正史之中。

柳同春的后半生时常困惑，为什么短短两年间自己叛降不定。后来他觉得自己想通了：我就是个扛枪吃饷的，天底下扛枪卖命的都是小人物——大人物是不会冲锋陷阵的。卖命的小人物自有一套价值体系和行为规则，其中最朴素的一条就是：活下去！柳同春参军是为了填饱肚子，投降大顺军是因为胜负已定，投降清朝是看到大势所趋，都是为了活下去。小人物不懂道德文章，也不喊慷慨激昂的口号，活下去就是向善，就是真实。编入清军后，柳同春切身感受到清朝的高效、生机和战斗力，相信新王朝能够带来统一和稳定，能让最多的人活下去、活长久。柳同春朴素的价值观和清朝的大利益若合符节，他参与了统一山西的战斗，于顺治三年（公元1646年）四月来到江西任操捕都司，这是一个负责操练和缉捕的中级军职。

在江西，柳同春认识了金声桓、王得仁，并视两人为同类。大家都出身贫寒，于饥寒交迫之中扛枪卖命，金声桓和柳同春参加的是明军，王得仁参加的是李自成的起义军。柳同春起初还感叹个人际遇不同导致权位高低差异，金、王二人竟然成了自己的上司。政变发生之后，柳同春才发现大家存在价值观的严重差异：

柳同春满足于活下去，希望天下太平；金声桓、王得仁则遭到常年厮杀和叛降不定的异化，把权位、金银看得重于生命，把枪杆子当成权力的帮凶和讨价还价的筹码。

于是，出身与经历相同的三个人陷入了杀戮的深渊。金声桓、王得仁追杀柳同春未果，迁怒家属，将其留在南昌的妻子、儿女及家人三十二口当众杀害于城门之上！

柳同春在一天一夜后赶到了江宁，两江总督这才知晓朝廷失去了江西全省。江西事变引发了连锁反应，进军湖南的清军不敢孤军深入，迅速北撤，广东的李成栋不久也宣布反清复明。清朝南进攻势严重受挫，明朝闪现了复兴的曙光。

清廷迅速调集大军南下，由大将谭泰统率，全力扑灭江西叛变。柳同春自告奋勇为向导，并提供了平叛地图。经过一年的争夺，顺治六年（公元 1649 年）二月，南昌陷入清军重围，弹尽粮绝，杀人而食，叛军士卒争相出逃。金声桓眼见城池将破，杀妻子、焚房舍，城破时身中二箭，投帅府荷花池而死。之前，金声桓担心城内与清军里应外合，杀了前巡抚章于天。王得仁突围不得，砍倒数十清军后受伤被擒。

柳同春质问王得仁为何杀他的家属，王得仁回答："你去向清军告变，该杀！"

王得仁被判处凌迟之刑。行刑前，官员问他可曾后悔，王得仁怒道："杀且杀尔，何须多言！"接下来，清军将南昌屠城，进而据有江西全境。其间，柳同春随军征战，招降纳叛，夺取州县。

天下局势经过短暂波折，又朝着有利于清朝的一边发展。

六月，清廷论功行赏。平叛的清军将领纷纷举荐柳同春劳苦功高，送兵部任用。到了北京后，多名大臣预测柳同春即将飞黄腾达。大臣明阿达里调侃他："你这大功，该给你什么官好？"尚书刘余佑告诉他："你的功劳，在明朝论的话，可以封侯，至低也是个伯爵。"柳同春自然悲喜交加，怀有期待。不久，兵部赏罚结果出炉：

> 柳同春既系命官，不能殚力图贼，乃装僧脱逃，革职。
>
> ……

三年后，浙江巡按御史杜果几次接待了本省的一个上访官员。

都司柳同春向杜果提出，江西事变自己功勋卓著，代价惨烈，却被兵部认定为临阵脱逃，非但没有封赏，还遭到革职处分。其实，早在赏罚结果公布之初，柳同春就提出申诉，兵部官员"念其虽系逃官，未经从贼，且妻子家口尽死于贼，情亦可矜"，不久恢复都司原职，并于顺治七年（公元1650年）调任浙江。柳同春委屈、愤懑，完全不认同朝廷的处分。看到昔日同侪，甚至原本远不如自己的官员不断升迁，再看自己孑然一身、宦游无着，柳同春满腹积郁，需要倾诉。

杜果颇为同情柳同春的遭遇，于六月代奏了柳同春要求旌表家人、封赏自己的奏章。

柳同春的奏章首先搬出了“太祖配天恩诏”，这是顺治五年朝廷入关后第一次隆重祭天、祭祖后颁布的加官晋爵令，其中明确要求，对顺治元年五月以来归顺的文武官员，功劳未经叙录的“察明叙升”，并且“给与世袭诏敕”。这之后，大批官员得到了升赏。就在杜果上奏的顺治九年（公元 1652 年）六月，近百名降清投诚官员得到了封赏。柳同春自认为符合恩诏封赏标准，尤其是“阖门死难独职最惨”，更应该旌赏。接着，柳同春自陈顺治元年以来的功劳，特别是江西事变中的贡献和代价。

顺治皇帝批复：“着兵部确察虚实具奏。”

兵部坚持柳同春是“逃官”，“未有逃官家口被叛兵杀害，议加赠恤之理”，柳同春借此“妄求恤典，于理不合”。对于柳同春强调“不肯从贼、妻子死难”的惨状，兵部认为当初已经给予了适当的考虑，撤销他的革职处分、官复原职，如今“无庸更议”。

柳同春自然接受不了这个结论。与常人不同的是，面对两次朝廷明确下结论，其中还含一次皇帝的干涉都无果后，一般人会知难而退，在心底埋下委屈与愤懑。但柳同春却愈战愈勇，锲而不舍地开始第二次上奏请赏。

顺治十年（公元 1653 年）八月，柳同春绕开上司，直接呈递自陈疏，向顺治皇帝陈述冤情，请求追加旌赏。他坚决否认临阵脱逃，而应该是冒险报警，并指责兵部一开始便处置失当，错误将自己革职，之后又“不肯认错”。兵部官僚的失误与顽固，抹尽了柳同春的忠忱，湮没了柳同春的功绩。

柳同春亲手绘制了《御览异惨图》，图文并茂地陈述了江西事变引发的危险、三十二口家人陈尸城门的惨烈、一路狂奔报警的惊险。得到柳同春告变后，清廷始知警变，一边调遣安徽驻军防御，一边从北京发兵援救。大将谭泰统兵进剿江西时，柳同春又“献里图，首先乡导。因得从湖口、九江抵至，南昌克复”。柳同春反问：“设令臣出奔稍后，被贼羁縻，势日张大，谁实请援以保东南半壁？乃枢部误疑脱逃，竟行革职，曾不思逃于何处？见何人隔省请兵？埋何名而隐何姓？”没有他冒险告变，清廷就丧失了应变的黄金时间，平叛也不会那般顺利。

江西事变是明清易代之际的重要事件，金、王二人叛变事发突然，迅速控制了周边府县，塘报业已断绝，叛军在暗处清廷在明处。况且，长江流域残存反清势力，江西又盘踞江宁上游，如果金声桓等人集合反清力量顺流而下，足以改变明清相持的格局。还有，广东李成栋不久反正，投向南明，明朝一度有望恢复南方半壁。良机转瞬而逝，南明势力最终没有把握住，主因是内部分裂、党同伐异；清朝转危为安，柳同春的星夜报警是重要的偶然原因。柳同春在自陈疏中称“请援以保东南半壁”，并非夸大其词。

柳同春的功绩尚不止于此。之后他又招降了总兵邓云龙等人，收服宁、武、奉、静、新、高六个州县，擒获南明监国瑞昌二位藩王和胡总督等七名官员，缴获南明玺印等。柳同春本人讲，南昌平定之时，传言朝廷会安排柳同春出任巡抚，后来吏部推举了另外人选；又传言柳同春将出任左布政使，柳同春力辞。让柳同春不满的是，自己当年招降的人，或者参加江西事变后又投降的人，反而官运亨通。邓云龙现在是清军总兵，蒋显捷升任了道台，薛柱为江西瑞州府（今江西高安）推官。柳同春毫不客气地指出："已经贼用，直待筑城挖壕之后，方出投降，如蒋显捷等百余人反而升擢三四级不等；即臣招降之邓云龙等，亦受旗下甲喇章京。独臣孤忠未白，初时反行革职，今虽复职而血战恢复全家死难之功，竟置不录，顾与众逆之人较若天渊矣。"

柳同春将自己四年间的不公正待遇归咎为"其时墨勒根王（多尔衮）号令不一，惟凭枢部抑功而扬罪"。主持清朝入关之初政务的多尔衮逝世于顺治七年，第二年顺治皇帝即否定多尔衮，发起清算活动。柳同春将不公的根源指向多尔衮，可谓深谋远虑，顺应了当时清算多尔衮的大环境。

白陈疏的效果好于第一次，顺治皇帝御览图文并茂的奏疏，颇为感动，批复"深为可念"，再次让兵部核查。但是，兵部坚持维持原判。

两次告御状失利后，柳同春屋漏偏逢连阴雨，顺治十一年（公元1654年）因"汛地失防"遭到兵部降二级的处分，后因缉贼有功，官复原职。想必知晓情况的同僚、朋友也劝过柳同春，路已走尽，安心向前看，过好余生吧，但柳同春就是不听别人的劝，是非曲直一定要有结论，不然万事混沌、黑白不分，谈何优劣、进退？底层出身赋予的倔强基因和南征北战塑造的刚硬性格，促使柳同春继续申诉、上访。

顺治十二年（公元 1655 年）二月，顺治皇帝第三次看到了柳同春的诉状。

柳同春新的自陈疏，指责兵部“含糊议覆”，认为兵部事实认定不清楚，起因是兵部的官僚们根本不了解前线情况，只看文书做出决策。而江西事变的文书，几乎都是前线简略的塘报，对柳同春这样的个体经历和惨痛牺牲不会详述。（这极可能是造成柳同春委屈的客观根源。）柳同春要求查验当日的印信执照，并询问征讨江西的满族大臣，确认自己的功绩。

当然，柳同春再次自陈自己的卓越贡献：“当逆贼彼猖之日，江西文武尽降，满地皆贼，两广邻封，无非贼踞，设使贼从上游飞渡，江南半壁何以支撑？非臣越城请兵，何以知虚实之情形，为战守之胜算？且贼困赣州，城民自皆残食，若非援兵早至，赣岂能全？而广东李成栋数万劲贼直犯江西，又岂能一朝歼灭？”他也详细开列了一批在江西事变中“降贼而后归”反而得到升赏、重用的官员名单，反问“不降贼而请兵诛贼者反不得相同”？

柳同春请求旌赏，已经不是为了追求个人政治前途，而是想给死去的家人一个交代。他自陈“此臣所以仰天泣血痛心疾首者也”，恳乞朝廷再查，并发誓“一字涉虚，罪甘寸磔”。

柳同春的对天发誓、动之以情晓之以理的讲述，以及一而再、再而三的请旌求赏，顺治皇帝认为“情同甚切”，第三次把奏章发给兵部，要求认真核查柳同春的功绩。

皇帝虽然没有直接下结论，但倾向性相当明显。兵部官员也就不再固执，逐一询问了当年参与江西平乱的满族大臣。各个当事人都作证，柳同春扮僧请兵、妻子为贼所戮及招降总兵邓云龙等人都是事实。兵部据此推翻了柳同春“脱逃”的结论。既然“脱逃”不存在，柳同春不仅无罪，反而有功，应获得相应的表彰、升赏，最后建议：柳同春的功绩“不系破敌之功，世袭自难允从”，先提升为参将、暂管副将事，遇到有副将空缺优先推补。

顺治皇帝批准了。

七年的曲折，最终迎来了迟到的肯定。公义虽然没有缺席，但柳同春最年富力强的岁月、最佳的政治发展期已经错过了，公义的迟到给他带来的伤害是无法弥补的。

这年八月，柳同春升职为密云副将。

次年十一月，柳同春妻子安氏获得旌表。朝廷给银、建坊。

顺治十八年（公元 1661 年）闰七月，柳同春升任江北狼山等处地方总兵。他上疏请求面见顺治皇帝，遭到拒绝。八月，到任狼山。

康熙元年（公元 1662 年），柳同春为其弟柳生春奏请，获补御前三等侍卫，升二等拜他喇布勒哈番。柳同春之子柳毓芳也获得“世荫”。虽然兵部在结论中特别提到“世袭自难允从”，但柳同春的弟弟、儿子还是通过特别奏请等其他途径得到了相应的旌赏。

康熙六年（公元 1667 年），柳同春年迈辞职，回到阔别几十年的太康故乡，死后入乡贤祠。

柳同春晚年回顾一生，不庆幸在征伐厮杀中幸存，不自豪最终升迁到了总兵的高位，而是将自己申诉求赏的材料集结成书。他对顺治皇帝感恩戴德，取皇上“深为可念”之批复，定书名为《天念录》。

田甘霖：风雨土司城 ①

崇祯十五年（公元 1642 年）秋闱，田甘霖着琵琶襟上衣、缠青丝头帕，拎着食盒和文具，和湖北的秀才们一起挤进武昌考场。秀才们对田甘霖"非我族类"的装扮，难免交头接耳议论一番。

田甘霖是来自鄂西南深山密林的土人子弟、汉书所谓"武陵蛮"的一员。武陵蛮聚居在湘鄂川黔交界的广袤山区，长期为化外之民，明朝弘治年间文教推行，陆续有出山参加科举之人。田甘霖是土人中的佼佼者，从小读书应试，弱冠时考中秀才，人生轨迹几乎与汉家子弟无异。遗憾的是他举业未精，在当年的湖北

---

① 本文主要参考祝注先《明末清初土家族诗人田甘霖散论》[《鄂西大学学报》（社会科学版）1989 年第 1 期]、黄佳熙《明末清初容美土司"自保"策略研究》（吉首大学 2016 年硕士学位论文）、吴柏森《容美田氏世系事迹述略》（《湖北三峡学院学报》1999 年第 1 期）等文。田甘霖的生年，以恩施地区官方网站为凭，定为 1612 年。

乡试中名落孙山。

考场失利并未打击田甘霖多少，他溯江而上，返回大山里的故乡容美（今恩施鹤峰一带）。其间，田甘霖仿效前人创作了《忠溪春日遣怀效李长吉〈南园〉》一诗：

书生原不止雕虫，摩笔空中看玉弓。
珍重好天休放去，攒眉信是使君风。

田甘霖当年正好30岁，对未来充满信心，相信自己还能在科举道路上有所斩获。他出身容美田氏，家族掌管容美地区的历史可以上溯到唐朝，正式世袭容美土司将近400年。田甘霖没有生计之忧，相反朝廷热衷向土司阶层推广文教，命令土官子弟不入学读书，不准承袭官爵。各地土司在明代纷纷兴办学校，学习“四书”“五经”，容美土司概莫能外。由于容美没有官学，没有科举名额，田甘霖等人为了取得功名，往往到附近州县附读。田家几代人都有考中秀才的,但攻克举人功名就要看田甘霖这一代了。回乡后，田甘霖精研学问，以备再考。

可惜，田甘霖没能迎来下一届科举乡试。就在他落第后不到两年，甲申之变，崇祯自缢，明朝灭亡。田甘霖当年参加的考试，便成了明朝最后一次乡试。

噩耗传来，田甘霖悲痛难当。当年除夕之夜全家团聚，对亡国同样不能释怀的田甘霖之父、容美土司田玄写下了十首《甲申除夕感怀诗》，序言写道："余受先帝宠锡，实为边臣奇遘，赤眉为虐，朱茀多惭，悲感前事，呜咽成诗。"慷慨悲歌后，田玄令三个儿子田霈霖、田既霖、田甘霖步韵以和。田甘霖和诗多首，其中有"痛惜朝中党，相倾枉自劳。文人夸御李，勇士但争桃"，"谁酿年来祸，举朝亟失时。人人皆狡兔，著著是卑棋"等激愤之语。他猛烈抨击朝廷腐化、将帅无能，哀其不幸，怒其不争；他相信王朝能够重振旗鼓，而振兴朝纲的希望自然落在自己和同道的手中。常年的儒家教育，使得田甘霖深深认可明朝是天下正统，自己是明朝一臣子。忠君报国，天经地义，这个君就是明朝皇帝，这个国自然是大明。明朝向土司地区推行文教，到了收获果实的时节。

不仅是田甘霖如此想，整个田氏家族都是如此想。

早在明朝尚未建立，朱元璋还是吴王时（至正二十六年，公元1366年），容美土司就主动归顺。朱元璋沿袭元制，承认田氏为容美宣抚司长官。明朝历任容美土司恪尽地方职守，热情朝贡天子，积极响应征调，与朝廷关系和睦，加上容美本地风调雨顺，没有发生战乱与灾荒，容美土司实力稳步发展，从西南众多洞蛮部落之一发展成为湘鄂川黔交界疆域最广、势力最强的土司，占地千百里。

田甘霖祖父田楚产和父亲田玄执政期间，容美趋于鼎盛。田楚产忠厚仁义，招徕流民，推广文教，容美人口和社会都迅速壮大；田玄积极响应朝廷的征调，曾派遣儿子田霈霖、田既霖、田甘霖和弟弟田圭、田赡等率领土兵，自带粮秣，协助官军围剿周边农民起义军，前后六七次，立有战功。崇祯十三年（公元 1640 年），朝廷因容美土司镇压农民起义军有功，升宣抚司为宣慰司，授予了土司辖区的最高级别。[①] 田玄也借机扩张疆域，管辖现湖北恩施土家族苗族自治州清江以南大部分地区及湖南省部分地区，面积约 7000 平方千米，比当初归顺明朝时扩大了三倍，达到了疆域的巅峰。

忠君报国的思想观念，混合着容美土司与明朝朝廷的密切联系和容美土司日渐强大的势力，注定田氏父子不会在王朝倾覆之际默不作声、无所作为，更不会逆来顺受。

田玄迅速发兵，堵截经过容美的残兵流寇，同时等待“王师”的征召。他先是听说福王在南京即位，很快覆灭，又有唐王在福建登基，建号隆武。田玄派人用蜡丸包裹密信，多次往返容美与福建，为恢复大业献计献策。隆武帝嘉奖田玄的忠诚，命令田玄保境安民，以待复兴时机，并赐予一品服色加都督衔。顺治三年（公元 1646 年），田玄病逝，长子田霈霖继位。田霈霖亦自视为大明臣子，与南明朝廷的湖广督师何腾蛟、堵胤锡等以手札往来，继续商议匡复大计，并派人远赴行在呈上“复国方略”。当时偏居西南的永历帝赐田霈霖蟒玉、太子太保、后军都督府左都督、

① 明清土司辖区级别由低向高分别为长官司、安抚司、招讨司、宣抚司、宣慰司。后者可以下辖前者。

正一品服色等。外面兵戈连年，不少明朝遗臣前来容美躲避战乱，田氏家族都盛情接纳，容美成为明朝遗老遗少们桃花源般的乐土。

此时的田甘霖完全赞同父兄的举措。可叹的是，思想观念上的心心相通，并不等同于骨肉手足的和睦共处。长兄田霈霖承袭宣慰司后，竟然将三弟田甘霖全家软禁在陶庄！

容美田氏素有同室操戈、兄弟猜忌的恶性。田甘霖六世祖田秀晚年就爆发了庶长子田百里谋权篡位、弑父杀弟的悲剧。当时只有6岁的五世祖田世爵，因乳母覃氏以亲生儿子代死，历尽艰险出奔桑植土司，后来冤案昭雪继承官爵。高祖田九龙又遭到长兄田九霄的猜忌，不得不在长兄继位后耕读于深山，后来因为兄长、侄子相继去世而承袭官爵。田九龙嫡长子田宗愈早亡，田九龙就选定嫡长孙田楚产为继承人。不料，庶长子田宗元纠集族人诬告田宗愈为庶出，争夺继承人，田楚产不得不流亡十余年。因此田氏族人有云："世事变迁惊岁月，人情翻覆失疏亲。"田氏的手足悲剧，如今要在田甘霖这一辈再度上演了。

软禁地陶庄是山间一块平地，四周深山沟壑，远处清江奔腾，草木葱郁，云蒸霞蔚，是游山玩水的好去处，也是偏僻冷清的田氏囚笼。

田甘霖默念，达则兼济天下，穷则独善其身。传统典籍中不乏清修无为、避世闲居的指南，田甘霖以此自洽。日常劳作之余，他也借酒浇愁，"醉翁堂上坐，亦有独醒时"，不过绝大多数时间"低头思往哲，托意自匪夷"，放空思绪，将身心都托付给无垠无际的虚空。长江以南罕见飘雪，冬日的一天，田甘霖看到一座山头落满了雪花，与周边郁郁葱葱的山林构成鲜明对比，于是提笔写下《雪后晚眺》一诗：

一山犹白一山青，疑是寒温气未平。
吾亦无心难作解，闭门旦去叩庄生。

时局动荡，田甘霖正值大展宏图之年，却困于萧墙之祸，羁于穷山僻壤弹丸之地。他胸中气难平，却无力追问个中究竟，转向老庄寻求无为避世之道。

在遥遥无期的软禁生涯中，田甘霖最大的慰藉来自妻儿。田甘霖有幸娶得贤妻覃美玉。覃美玉比田甘霖小十岁，是利川忠路土司之女，不仅识字，还通晓音律，并由此入选了容美土司的戏班。她在容美的演艺生涯丰富多彩，先是戏班的台柱，后来担任了教习。在一次演出中，田甘霖、覃美玉一见钟情。崇祯十一年（公元1638年），16岁的覃美玉嫁给田甘霖，并在第二年生下了长子田舜年。田甘霖夫妻将田舜年视作珍宝，即便是在软禁中也尽己所能给年幼的儿子最好的养育。田舜年整天随父亲识字读诗，随母亲练音辨律，日后成长为容美田氏家族中最著名的藏书家、曲艺爱好者和文教赞助者。

就在田甘霖自叹“不合时宜者，杯中了此生”时，容美和家族卷入了天翻地覆的局势。容美贫瘠闭塞，但这里的群山万壑“屏藩全楚，控制苗蛮，西连巴蜀，南通黔粤”，具有重要的战略地位。随着清军进占荆楚和巴蜀，南明政权偏居西南，容美所处的湘鄂川黔交界处恰巧成了各板块的交界处。先前闭塞偏僻的山区，摇身变为进可攻、退易守的抵抗根据地，农民起义军余部纷纷汇聚到这里。从田甘霖遭软禁的第二年开始，郝永忠、刘体纯和李过、高一功率领的大顺军陆续占据交界处的州县，联合利川县的王光兴和谭文、谭诣、谭宏三兄弟，分段屯兵、操练征战。各部推刘体纯为首，听其节制，形成占有二十余县、拥兵数万的抗清基地，史称“夔东十三家”，清朝称之为“西山寇”。

夔东十三家与南明政权合作，一度收复湖南失地，一丝复国曙光闪现。南明永历朝廷派遣东阁大学士文安之总督川、湖诸处军务，便宜从事。文安之，天启年间进士，甲申国变之后从故乡夷陵避乱容美。南明福王起用其为詹事，隆武帝召他为礼部尚书，文安之都因为兵戈隔断而没有赴任。在容美避难三年间，文安之经常与田玄及其诸子吟诗作对，互相抒发亡国之情，结下了深情厚谊。永历帝转移到贵州后，文安之毅然奔赴行在。文安之的文雅情操与忠心为国之心，都令田玄父子敬佩不已。文安之离开容美时，田玄父子安排了盛大的送别仪式。如今，文安之归来督师，田霈霖等人满心欢喜。

可是，文安之是怀抱愁绪而来的。南明政权虽然颠沛流离，却传承了晚明朝堂的内讧传统，将帅争权夺利、相互倾轧。文安之在行在无所作为，自请督师夔东，晋诸将郝永忠、刘体纯、王光兴等为公侯。可他无一兵一卒，名为督师，实则仰仗夔东十三家立足。

容美土司与夔东十三家以清江为界，江北属十三家，江南属土司。长江三峡与清江一带，民少地贫，保障不了数万兵马的长期给养。十三家农民军难免在驻地搜刮物资，支撑长期抵抗，其中不乏有跨江烧杀掳掠的行径。田霈霖因其名属“官军”，隐忍不发。

顺治四年（公元1647年），大顺军将领“一只虎”李过[1]攻打荆州失败，败军溃退进入容美土司辖境，田霈霖未加防范。不料，李过带兵大肆劫掠，不论是官廨仓库，还是民舍野积，一律掳掠殆尽。容美田氏三百多年的积蓄毁于一旦，境内一片狼藉。更令人发指的是，李过连前任土司田玄及其夫人的坟茔都不放过，将田玄墓掘盗一空。事后，李过所部满载搜刮来的金银粮草，扬长而去。

“一只虎”浩劫，奇耻大辱。容美田氏效忠明朝，没有获得回报，反而横遭惨祸，连累父母尸体受辱。田甘霖闻讯，捶胸顿足，自忿容美在明朝眼中连走狗都不如。事后，督师文安之除了空言安慰，对拥兵自重的李过也无可奈何，容美田氏更是寒心至极。现任土司田霈霖日夜拊心，时而慷慨悲歌，时而涕泣涟涟，一年

---

① 李过（1600—1649），又名李赤心，大顺军领袖李自成的侄子，号“一只虎”，大顺军主要将领之一。李自成死后，大顺军分成两大部分，分别由李过、高一功和刘体纯、郝永忠率领。刘体纯一名刘体仁，又号“刘二虎”。

后忧愤暴蹶而卒，享年39岁。

田霈霖仅遗有遗腹子，众人便推二弟田既霖继位。田既霖为人恬静寡言，不好声色财宝，从小走科举之途，当年和田甘霖等兄弟一同参加了明朝最后的乡试，落第返乡后就接连遭遇了变故。田既霖本就有魏晋之风，兼之三年内父、兄先后死去，而容美劫后满目疮痍、内忧外患，自知才不配位，对土司之职坚辞不受。族人力推，田既霖答应暂代兄长的遗腹子任职，等侄子长大后再归权还政。不想，遗腹子诞生后即告夭折，田既霖不得已，承袭容美宣慰使之职。他自知非治乱之才，无力掌舵夹缝之中的容美，思虑再三，于顺治八年（公元1651年）从陶庄将三弟田甘霖接回，委以政务。

田甘霖回归时，族中政见纷纭：有主张尽起兵马，倾巢而出，向农民军报仇雪恨的；有要求向永历朝廷申诉，严惩李过等凶手的；有建议向清朝示好，脱离明朝阵营，另谋出路的。土人全民皆兵，临战征发，实则无一人为职业军人，劫后的容美参战男子不过两三千人，军械奇缺，如何与农民军一战？南明永历朝廷，自身四处漂泊，如何能给容美主持公道，又怎会为了势单力薄的土司处罚倚为柱石的夔东十三家？田甘霖悟透了中央王朝千百年来维持各地土司世袭一方的原因，鞭长莫及、直接统治成本过高自然是一方面，土司势力微不足道则是另一方面。即便造反，土司除了割据本地，对朝廷而言无足轻重。容美定期贡献山珍特产，满足朝廷天下一统的认知即可，或许这也是朝廷对容美的主要印象。

那么，投靠清朝又如何呢？田甘霖满心不悦。天子之位，正统者续之。朱明王朝为法统正道所在，已有近三百年。即便天命转移，也将在华夏之内拥立新天子，哪能由东北蛮夷之邦的满族人坐天下？容美投靠清朝，不就是自甘堕落、屈身蛮夷了吗？左思右想，田甘霖力主观望再定。

个人境遇的改观并没有给田甘霖带来家庭生活的福音，反而造成了悲剧。妻子覃美玉是田甘霖的贤内助，随着田甘霖逐渐掌握实权，家族成员将攻击的矛头对准了这个无辜的女人，诽谤她“刑夫克子”。覃美玉无以自明，加上性情刚烈，于顺治十二年（公元1655年）自缢，以死来“保夫安子”。田甘霖痛失爱妻，却无处发作。日益紧张的局势，也不容他沉浸在丧妻之痛中。清朝的统治在各地迅速稳固，四川、湖广、贵州州县陆续落入清军之手，夔东十三家成了被清军围困的孤岛。顺治十三年（公元1656年）春，容美土司南境的湘西永顺、保靖两大土司投向清朝，容美三面被清军包围了！

不当家不知柴米贵，不临深渊不畏抉择难。空谈是非对错容易，亲手将事情办成难。田甘霖的“天下正统”“夷夏大防”“忠君报国”等观念，在冰冷的刀枪面前一文不值。渡过难关，让家人活下去，才是至关重要的事。田氏先祖从唐至明始终延续对容美地区的统治，正是应时而动、顺势而为的成果。容美贫瘠之地，兵微将寡，若一味固守成见、负隅抵抗，田氏一族早就踪影全无了。因此，田甘霖劝导二哥田既霖归降清朝。

当年六月，容美土司田既霖派人联络清军，表示愿率所部两万人投诚，并上缴明朝颁赐的印信。清廷闻讯，授田既霖为容美等处军民宣慰使，加少傅兼太子太傅衔，赐蟒玉正一品服色，并赐尚方裘帽、名马弓矢等物予以优待。可惜，田既霖没能等到正式的封赏，就在顺治十四年（公元 1657 年）年初病逝。田既霖无子，临终前拉着三弟田甘霖的手欲言又止，兄弟二人相对流泪。最后，田既霖嘱咐道："所饮恨切齿者，未报恶邻辱我先亲之耻耳，弟不可忘。"不久，清廷封赏抵达容美，田甘霖接受新印，正式成为新一任容美土司。

容美土司降清，夔东农民军大为不安，极为不满。第二年，"（刘）体纯、（塔）天宝遣其将刘应昌等四人，将锐卒二千渡江，昼伏夜行，不四日抵容美，擒田甘霖及其妻子以归，遂尽逐江南民北渡"。夔东十三家不仅挟持了田甘霖及其家人，还胁迫上万容美居民向北迁移到清江北岸，充实农民军的实力。这一次，不断流亡的南明朝廷和近在咫尺的文安之还是束手无措，不施援手。

顺治十六年（公元 1659 年），清军三路攻进云南，追击南明政权。处于绝对劣势的永历皇帝孤注一掷，派使者联络夔东十三家进攻重庆。文安之组织刘体纯、李来亨等将领调拨兵马、集齐战船，溯江而上；联合梁平（今重庆梁平区）、万县（今重庆万州区）一带的谭文、谭诣、谭宏所部兵力，直抵重庆城下，三面围攻。无奈各部保存实力，畏缩不前，而且不服文安之调度，谭宏、谭诣甚至杀害了谭文。文安之欲讨伐谭宏、谭诣，后者干脆率部投降清军。文安之闻变，谋划调集大军平叛，可叹无人响应，其他将领都撤军自保。文安之对恢复一事彻底绝望，重返容美隐居，郁郁而终。农民军遭此大变期间，田甘霖跟随行军辗转多地。他是在巴东的囚禁地听闻文安之逝世的噩耗的，作《哭文相国先生》一诗以示凭吊：

炎海瘴江几度深，君恩未报却相侵。
经纶漫措擎天手，慷慨孤县夹目心。
虎豹重关何处觅，啸吟多句独堪钦。
可怜杜宇春来恨，啼向愁人泪满襟。

田甘霖哭文安之理想破灭、壮志未酬，何尝不是在哭自己？理智要求他投降清朝，内心还残留着对明朝的眷恋。两年前，南明政权内讧，两大军事支柱秦王孙可望和晋王李定国兵戎相见。孙可望兵败后，竟然降清。田甘霖曾作诗《闻黔中晋李秦孙构难奉诏解之事与五代晋梁符合感而赋此》，中有两句为：“伤心莫话黔中事，王气萧萧不忍看。”当时便对南明失望至极，经过两年的囚禁生活，再到如今文安之之死，田甘霖对明朝的好感已经消耗殆尽。文安之的死，不仅是一个老友的故去，更是容美田氏与明朝朝廷桥梁的崩塌。

重庆战败后，夔东形势急转直下，农民军日益窘迫。田甘霖的儿子田舜年等人千方百计筹措资金，商议赎人。康熙元年（公元 1662 年），容美以数万金赎回土司田甘霖。田甘霖结束长达四年的囚禁生活，返回故乡。他回乡后做的第一件事便是向清廷上书，陈述自己被裹胁的详细情形：

> 臣以边方远臣，慕义向化，西南首倡，于顺治十二年投诚，十三年缴印，十四年蒙换新篆，并赐裘帽弓马，犹渥逾涯，顶踵莫报，仰戴天朝洪恩，遂宣布德意，实期招诸土司，尽归版图，以答皇恩。不期深中贼忌，身受惨祸，于十五年正月内，遭刘二虎贼众掩袭，寨破被掳，除钦颁印信并尝赍等项，尽被掳掠，题报在案。凡臣阖家眷属，及舍把军民人等，感忍耻受辱者四年余。幸赖皇上宏庇：应袭长男舜年，亲属官僚臣田商霖、田鼎等，未落虎口，得以设处措费，鬻子质妇，不下数万金，赎臣生还……

也就是在这一年，吴三桂俘获并缢杀永历皇帝，南明灭亡。九月，四川、湖广、陕西的清军从三路大举进攻夔东十三家，战事异常惨烈，延续两年之久，直至康熙三年（公元 1664 年）八月，最后一路农民军将领李来亨在弹尽粮绝之后，携全家自焚殉国。坚持反清 21 年之久的夔东十三家彻底失败，湘鄂川黔边区为清朝所控制。

田甘霖不悲不喜，亦无感慨。星辰更替，阳光如常照耀在饱经蹂躏的容美土地上，田甘霖忙于招徕土民，恢复生产。他恳请周边清朝州县，从夔东十三家中逃出的百姓，如系容美难丁，乞恩放回。年过半百的田甘霖，带着儿子田舜年、孙子田炳如，亲自动手，栽竹种树，日役其间。除了劳作，田甘霖对抗无情岁月的另一大利器，就是写诗。他感叹“冉冉百年机易尽，难将皮袋贮悉悲”，转而信佛，可心灵深处“瓦全溷世余非念，玉隐昆丘孰与攻”，终究难入佛门。一得空，田甘霖就带着儿孙前往陶庄祭扫亡妻。

就在田甘霖以为苍天已经放过历经苦难与坎坷的自己之际，平静的晚年生活戛然而止。吴三桂造反，三藩并起，吴军攻入湖广！

康熙十三年（公元 1674 年）年初，吴军在湘西屯兵十余万，与清军隔江对峙。周边的巴东、建始、利川等县纷纷归降吴三桂，容美再次面临何去何从的抉择。田甘霖没有先前的犹豫，接受了吴三桂“容美都统、承恩伯”的印信，派遣军队协助防守吴军占领的澧州（今湖南澧县）。田甘霖对此类情形已然“经验丰富”。这一次，容美不仅没有受损，还趁乱出兵占领堡垒要塞，对外扩张势力；对内，田甘霖、田舜年父子取消下级土司的世袭权，强化集权。

田甘霖的生命在三藩之乱中走到了尽头。他卒于康熙十四年（公元 1675 年），享年 63 岁。他的一生，不论付出了多少，承受了多少，都不过是时代大潮中的一粒尘埃，无关大局。所有的苦难挣扎，不过是想让容美田氏免于覆灭而已。年少的志向随风散了，受教的学说渐行渐远，只有活下去，才是最重要的。田甘霖确信自己的人生选择无可厚非。

数年后，吴三桂病死，清军反攻，容美土司马上重新归附清朝。新任土司田舜年上缴伪印，容美军队主动协助清军平乱。田舜年于康熙二十年（公元 1681 年）邀功称："一闻王师南渡……同心戮力，统兵杀贼，臣亲率文武部落四十余处剿杀、防御。"清廷有声音认为容美田氏骑墙做派，不堪信用，康熙未加处罚，重新授予印信。

康雍乾盛世到来，容美迅速繁荣，人口流入众多，社会结构发生巨变，然而此时，生死挑战来临，朝廷开始在西南土司地区"改土归流"[①]。田甘霖长子田舜年统治容美三十多年，晚年属意长子田炳如继位，不想家族内部又起纷争。田舜年为湖广总督所忌，最终死在武昌监狱。朝廷挑选田舜年的庶子，年少即送入北京国子监读书，后任宫廷侍卫、直隶州知州的田旻如承袭容美土司。朝廷本意当是认为田旻如汉化已深，便于推行改土归流。不想，田旻如袭位后，强烈抵制归流改革。雍正十一年（公元 1733 年），因容美拒不改流，朝廷发兵进剿，田旻如众叛亲离，自缢而亡。

田旻如死后第二年，鄂西十五位土司齐集省城武昌，公请归流。雍正十三年（公元 1735 年），清朝在原容美地区设鹤峰州和长乐县，延续 425 年历史的容美土司彻底没入历史。

---

① 土：土司为代表的世袭土官；流：朝廷任免的流官。改土归流，即废除土司制，实行流官制，把少数民族土司管理的方式改为政府官员管理的方式。

朱术桂：高调的自杀

农历六月，热浪开始肆虐海岛。太平洋吹来的海风，也似乎与热魔勾勾搭搭，全然没有了往日的轻柔爽快。台湾岛，迈向酷热难挨的蒸笼模式。

66 岁的朱术桂，心却像坠入了千年寒冰之中，冰冷透底。

此时是 1683 年，在大陆是康熙二十二年，在台湾是永历三十七年。在热浪统治海岛的几天前，台湾水师在与清朝水师的澎湖大战中大败。扛着永历旗号的台湾郑克塽军队逃归台湾本岛，飘扬龙旗的清朝康熙军队占领了澎湖列岛。郑克塽势力经历一番激烈的“战与和”的辩论后，最终决定投降。年仅 13 岁的郑克塽，在臣下的裹胁下，与清军洽降。

家居的朱术桂闻此“噩耗”，叹道：“主幼臣强，将骄兵悍，不知托足何所矣。”朱术桂是经历了明末清初战乱颠沛的一代人，目睹了郑克塽祖父郑成功那代人南征北战、收复台湾的壮举。那代人中忠于明室的部分人，跟随郑成功军队迁徙台湾暂息。托庇于郑氏的军力，朱术桂等人得以幽居台湾二十年，不想从郑成功到郑经再到郑克塽，郑氏一代不如一代，最后发展到内有权臣胁迫幼主、外有清军大兵压境，求苟安而不可得的局面。如果不想栖身于异族铁骑之下，剃发易服，唯有重新上路流亡一途了。青壮年时，朱术桂辗转奔波不以为意，如今年近古稀，飘零海外，放眼茫茫大洋，既无力也无处可去了！他不禁发出“不知托足何所”的感叹，泪眼婆娑中思绪飘向了千里之外的故乡——湖北长阳。

朱术桂出身天潢贵胄，是明太祖朱元璋的八世孙。朱元璋第十五子辽王朱植在靖难之役期间被移往湖北荆州安置，明成祖朱棣因朱植未支持自己，并不待见这个弟弟，加之辽王世系本身缺乏作为，辽藩宗室逐渐边缘化，最终在隆庆二年（公元 1568 年）因为时任辽王行为不端而遭撤藩。辽藩旁系流落鄂西南各地，开枝散叶，默默无闻，长阳王就是其中之一。朱术桂于万历四十五年（公元 1617 年）出生，是长阳王的次子，属于朱明皇室的疏宗小王子。

史载朱术桂“仪容雄伟，美髯弘声，善书翰、喜佩剑，沉潜寡言、勇而无骄”，具体情形则不可考。考虑到明朝对宗室子弟有诸多限制，生怕其中出现文武双全的权力威胁者，只希望宗室子弟在温柔富贵乡中无所事事过一生，再结合朱术桂生平无所作为的事实，这些史载更多是溢美之词。但从中我们也可以看到一个美貌沉静的贵族形象，毕竟是熏陶了七八代的宗室，朱术桂带有与生俱来的贵族气质。

然而，朱术桂也仅有贵族气质而已。作为和皇帝亲缘疏远的宗室，而且还是次子，朱术桂感受不到多少皇权的光芒。依明制，他最多顶着将军的虚衔优渥终生。长阳虽非鱼米之乡，可地处长江边、清江畔，风光旖旎，适合清静终老。

乱世重新书写了朱术桂的命运。崇祯十五年（公元1642年），张献忠攻陷荆州，故乡待不下去了。25岁的朱术桂随兄长长阳王朱术雅避祸湖南。不想，这一走就与故乡越行越远，直至远隔沧海，唯有遥想。

两年后，崇祯皇帝自缢，明朝灭亡。福王朱由崧在南京称帝，改元弘光，偏安东南。朱术桂兄弟视之为正统所系，赶往南京朝贺。弘光帝封朱术桂为镇国将军，随长阳王镇守宁海。但清军迅速击溃了弘光王朝，次年攻克了浙西，宁海失守。朱术桂与兄长朱术雅在乱军中失散。当时鲁王朱以海在绍兴监国，不知长阳王朱术雅存活与否，于是令朱术桂袭封长阳王。不久，唐王朱聿键在福建称帝，建元隆武，延续明朝国祚。隆武帝承认朱术桂的王爵，改封朱术桂为宁靖王，派往方国安军中任监军。

此时的南明朝廷，一改限制宗室藩王的旧制，分派诸王监军。这其中固然有监督军事、振奋士气的考虑，更多的是希望各支明军残余各保一系宗室血脉，尽可能地延续朱明国祚，无奈中透着心酸。于是，宁靖王朱术桂一生的“主要工作”，便是辗转各部担任监军——实则依托各部将领寻求庇护。清军占领浙江后，福建军阀郑彩迎朱术桂南下厦门。此后，朱术桂就监军郑氏的部队了。

公元1646年，桂王朱由榔在肇庆称帝，改元永历。永历帝命朱术桂同时监军郑鸿逵、郑成功两部。有文章称，永历帝晋爵朱术桂为辽王，朱术桂终于跻身一字王的行列，恢复了祖宗的荣耀。但是这条记载缺乏信史证据。不过，风雨飘摇之际，永历君臣疲于保命，一字王和二字王又有何区别？只要能活下去，延续朱明血脉就是最大的荣耀。

朱术桂在厦门、金门居住十余年后，永历十八年（公元1664年）三月，郑经奉朱术桂渡海至台湾。其时，郑成功已死，郑氏在沿海遭遇清军打击，不得不退守台湾。郑氏在台湾奉行明朝正朔，穿戴大明衣冠，以明朝地方政府自居。朱术桂继续监军台湾，同时置办田地长期居住。连横《台湾通史》记载“延平入台后，士大夫之东渡者盖八百余人”，台湾地区成为明朝遗民的一大归宿。迁徙人群中，包括鲁王世子朱桓、泸溪王朱慈旷、巴东王朱江、乐安王朱俊、舒城王朱著、奉南王朱熺、益王朱镐等明朝宗室。在台湾，他们可以继续生活在明朝的旗帜下。

郑氏集团对以朱术桂为首的明朝宗室，还是礼遇有加的。晚清文史学者李慈铭记载：“成功以王（朱术桂）为宗室之冠，有大事坐王于左，宣而行之。每大清使至，王西向坐，宗人从王坐，成功西坐东间，其敬礼多如此。”无论是军政大事，还是外交场合，郑氏都推朱术桂等人出来，在旁见证。朱术桂是郑氏集团“明朝认同”的具体表象，是“大明王朝在台湾”的重要象征。在“台湾是大明王朝的台湾”的基本认识乃至“北伐中原、恢复大明”的大方向上，郑氏集团和朱术桂是完全一致的——尽管郑氏集团是一个事实独立、自行其是的政权，朱术桂并不能参与决策；尽管随着时间的推移，军民上下都意识到“北伐中原、恢复大明”已成幻梦。

残酷的事实是：在郑成功收复台湾的当年，永历十六年（公元1662年），吴三桂绞杀了永历帝朱由榔。南明王朝在法理上已经灭亡，明朝宗室近支血脉由此绝嗣。但是，台湾一直沿用永历年号，仿佛拒绝接受现实，永历年号在台湾一直延续到第三十七年。

那么，郑氏政权为什么不推举朱术桂称帝、名正言顺地延续明朝国祚呢？一方面，朱术桂血脉疏远，而且没有子嗣，不太适合称帝；另一方面的原因则在郑氏一方：郑成功对隆武帝感情深厚，心理上难以接受其他人选，而且郑成功在世时以为永历帝尚在人间，等永历帝死讯传到台湾，掌权的郑经对朱明皇室的感情远不如父亲那般亲近，郑经君臣想奉的只是明朝正朔，而不想捧一个明朝皇帝在手中，徒生掣肘。最终，朱术桂没能更晋一级……

往事在脑海中一一闪回，又消失在记忆的深处，朱术桂擦拭了眼角的泪水，定定神，提笔在墙壁上大书曰：

自壬午流寇陷荆州，携家南下，甲申避乱闽海，总为几茎头发，保全遗体。远潜外国，今已四十余年，六十有六岁。

时逢大难，全发冠裳而死，不负高皇，不负父母。生事毕矣，无愧无怍。

短短几十字，俨然自传，又是声明。支撑朱术桂颠沛大半生而没有像许多宗室一样投降清朝或者隐逸山林的信念，一是保持汉家衣冠，全发冠裳见列祖列宗于地下的无愧；二是皇家血统的尊严赋予的对朱明江山的坚持。前者背后是夷夏大防、抗拒以夷变夏的观念，后者背后是忠君爱国、毅然担当社稷兴亡的情怀。

朱术桂最大的悲哀，是日思夜盼“王师北定中原日”，不料迎来的却是“戎狄南下吞江左”。朱术桂并不反对大一统，但反对由夷狄来统一中华。如今，清统一中国已成定局，天下皆成清朝之地，朱术桂再无寸土可避。贵族的荣誉，不容许朱术桂剃发易服，向昔日的夷狄下跪磕头；监军的职责，也不允许朱术桂随同全军缴械投降。他长叹一声：“是吾归报高皇之日矣！”决意自尽殉国。

决心既定，朱术桂最放不下的就是亲人。早年颠沛时，朱术桂与兄长朱术雅流离数省，相依为命，感情很深。浙江战乱，兄弟失散，朱术桂因不知兄长下落而承袭了长阳王的爵位，后来得知兄长尚在人世，马上向隆武帝要求奉还王爵。遗憾的是，兄弟俩失散后再没有相聚。朱术雅曲折转向广东，后来清军攻破广州，朱术雅随同二十多位滞留于此的明朝宗室投降，结果集体惨遭屠戮。念及于此，朱术桂似乎多了一分拒降殉国的决心。

朱术桂的原配王妃已死，没有子嗣，身边尚有五位姬妾。六月廿六日，他召集姬妾袁氏、王氏、秀姑、荷姐、梅姐五人诀别："孤不德，颠沛海外，冀保余年，以见先帝先王于地下。今大事已去，孤死有日，若辈幼艾，可自计也。"姬妾皆泣对道："殿下既能全节，妾等宁甘失身。王生俱生，王死俱死，请先驱狐狸于地下。"五人遂自缢于室。后人感佩五人忠烈，建有五妃庙祀之。

六月廿七日，朱术桂加翼善冠，服四围龙袍，束玉带，佩印绶，坦然迎来生命的最后一天。他先派人将宁靖王印送交郑克塽。此时郑克塽尚未正式降清，还是大明的延平王、大明的大将军，而朱术桂始终是永历帝派来的监军，监军自尽前将印信交付主帅，也是常理。郑克塽得知，惊讶之余当即率文武官员赶来。他并没有劝阻朱术桂自尽，而是两人"嗟叹别之"。双方都决心已定，没有任何调和、妥协的可能，那就道不同不相为谋，让近半个世纪的交情好聚好散吧。

接着，朱术桂开始拜辞天地祖宗。"宁靖王要殉国了！"朱术桂自尽的消息很快就传开了，当地百姓纷纷涌入府邸。他们也不是来劝止朱术桂自尽的，同样是来告别的。朱术桂自尽之前烧毁了田契，把位于台湾南部的数十甲田地全数送给佃户，又将府舍捐为佛寺。他平日清静自守，在民众中口碑甚好，故前来告别的百姓为数众多，一拨接着一拨。朱术桂整理衣冠，一一答拜。于是，一幕怪异的场景出现了：人们或激动或惋惜或感慨，和一个高调的自杀者告别，就是没有人制止即将到来的自杀行为。

大家相互尊重，相互理解。你憧憬你的统一，我执着我的坚持。朱术桂和周围的人一样，认为大一统王朝是中国历史发展的常态，但他死也不能接受大一统的清王朝，他心心念念的还是恢复大明王朝的荣光。百官和百姓劝不了朱术桂，唯有含泪相别。

临死前，朱术桂在砚背题绝命诗曰："艰辛避海外，总为几茎发。于今事毕矣，不复采薇蕨。"（今高雄县路竹乡宁靖王庙书绝命诗为"艰辛避海外，总为数茎发。于今事毕矣，祖宗应容纳"。）其中的"采薇"，典出伯夷、叔齐不食周粟，采薇自守，是忠贞旧朝、决绝新朝的典型象征，历代遗民多引此自喻。

题毕绝命诗，朱术桂投缳自尽，"全发冠裳而死"，实现了"全发"和"着汉家衣冠"的愿望。满人的发式、服饰与汉人明显不同，头发与衣裳的区别在明末清初彰显了满汉之别，进而附带了浓厚的政治含义。明朝遗民坚持"宁全发而死，必不去发而生"。同样寓居台湾的明朝遗民沈光文就有言："吾二十年飘零绝岛，弃坟墓不顾者，只欲完发以见先帝。"

朱术桂自尽后，两名王府侍宦也从死其旁。

他人的自杀，或许是懦弱逃避的行为，但是，朱术桂的自尽是勇敢者的行为，是对信念的坚持，是一种决绝的抵制，给他颠沛流离的一生画上了一个强有力的感叹号。尽管朱术桂之前的言行乏善可陈，但最后的投缳自尽，是他最轰轰烈烈的举动，也是他一生最重要的行为。他用自尽，呐喊出了大明王朝最后的抵抗；

他的死，给朱明皇室和大明王朝书写了浓墨重彩的收笔。

七月初五，郑克塽正式交纳降书。朱术桂的自缢、郑克塽的投降，标志着大明王朝在理论和现实两方面的彻底覆灭。

康熙六十年（公元1721年），台湾朱一贵起义，曾追尊朱术桂为“大明懿宗秉天正道元睿良敏敦文简武思仁贞孝考皇帝”。民间私谥朱术桂为“明懿宗”。

刘声芳：紫禁城大夫

从雍正八年（公元 1730 年）秋天开始，一车车的煤炭源源不断地运进圆明园。

这座皇家园林风光秀丽的东南角，飘起袅袅黑烟，之后常年萦绕在青山绿水之间。

年逾古稀的刘声芳会同内务府总管主持此项工程——给皇上炼制丹药。当今雍正皇帝深信黄老方术，早在潜邸时即炼制丹药自用。雍正四年（公元 1726 年）以后，皇上开始长期服用丹药，近来更是召募张太虚、王定乾等深谙“修炼养生”的道士共襄炼丹盛举，最终决定倾力研制“长生不老仙丹”。看着道士烧炉炼药，刘声芳在心底暗暗叹了一口气。

刘声芳可是一代名医，而且是管理太医院事务的首席御医。行医六十余载，刘声芳自然清楚，世间哪有什么长生不老的仙丹，道家所谓的丹药，含有汞、铅等重金属，长期服用会造成中毒。

丹药中毒不仅有理可据，而且有史可查。可叹的是，皇上已经深陷其中，听不进去谏言了，还安排刘声芳这位首席御医来主持炼丹，多么尴尬，多么讽刺！出了差池，还不是要刘声芳来承担罪责、收拾残局？

“御医难做啊！”刘声芳在心底长叹了一声，转身步履蹒跚而去……

年过古稀之后，刘声芳和诸多老人一样，常常不自觉地回忆过去。他回忆最多的是祖父。刘声芳是江苏淮安人，父亲早逝，自幼由祖父抚养长大。祖父是一位行走乡间的郎中，背着药箱，拉扯孙子，行医谋生。刘声芳异常怀念那段纯真、美好的时光，祖父教他唱“汤头歌”，他看着祖父望闻问切。祖父还不时高兴地向刘声芳炫耀收集的民间单方、验方。后来，祖父年迈不能出诊了，刘声芳便背起了祖父的药箱，继承祖业，走街串巷。再后来，方圆百里都盛传刘声芳医术精湛，前来就诊之人越来越多，最后连南巡的康熙皇帝都闻名过问。康熙四十二年（公元 1703 年），康熙皇帝南巡途中，招揽刘声芳入太医院任职，刘声芳取得了一个民间大夫所能追求的最大成功。

祖父早年偶尔向刘声芳提起过：“我们当大夫的，没有不想进紫禁城行医的，可真进了紫禁城，没有不把肠子悔青了的。”刘声芳起初不解，进宫没几年就深深折服于祖父的远见卓识。御医供职太医院，日夜待命给皇家诊疾，还要承担扈从、保健、防疫等差使，真是深宫如海，自由全无。更大的压力是无形的，时时敲打着人的每一根神经。皇上是天子，御体康健与否关系着江山社稷的安危，关系着无数臣民的祸福，给皇上诊治容不得丝毫差错！每一次诊治、每一道方子，都在种种规章制度限制之下，御医能够发挥的空间很少。而中医又无固定之法，诊病多有仁者见仁、智者见智之时，稍有创新的病案往往通过不了同行评议、官僚审核。同行与官僚们自然希望龙体康泰，诊疗方案最好没有丁点儿冒险，如此才能皇上安康、大家安全。一旦龙体有变，无须皇帝下令，层层安保制度便会严惩御医，历朝历代因皇帝驾崩或大病而严惩御医的先例，不胜枚举。可是，任何疾病对人体的伤害都是不可逆的，再精湛的医术也不可能包治百病，生老病死是不可抗拒的自然法则。遗憾的是，没有人会听御医陈述这些道理，从皇帝到朝野文武，不听细节、不担责任，只要疗效。如此环境，医术再高超的御医都磨成了中规中矩的泛泛之辈，不敢越雷池一步。太医院不求有功但求无过，御医们明哲保身，谨小慎微。

皇上龙体欠安之时，便是御医们战战兢兢之日。御医出诊，便踏上没有援手、只有潜在危险的未知征途。明嘉靖年间“壬寅宫变”[①]，嘉靖皇帝被宫女勒得奄奄一息，御医许绅匆忙赶来，在

① 壬寅宫变是发生在嘉靖壬寅年（嘉靖二十一年，公元 1542 年）的宫女弑君事件。嘉靖皇帝为求长生不老，强迫宫女们凌晨采露，宫女们累病不堪。杨金英等十余名宫女趁嘉靖皇帝熟睡之际，用黄绫布勒住嘉靖皇帝的脖子，企图杀死皇帝。因打了死结，又改用钗、簪等物刺，最后旁人赶到，宫女们刺杀行动失败。

生死线上救活了皇上。嘉靖皇帝加封许绅太子太保、礼部尚书，许绅无福消受，很快就病死了，留下遗言："吾不起矣。曩者宫变，吾自分不效必杀身，因此惊悸，非药石所能疗也。"许绅战胜了病魔，却输给了巨大的精神压力，搭上了性命。

刘声芳的诊疗风格，暗合太医院的行事做派。他本是平和稳重之人，用药平稳，不用寒热生猛之物，而且主张剂量适中，激发人体自身免疫调节功能来对抗疾病。入宫之后，刘声芳先后给康熙皇帝、赫世亨、苏玛拉、大阿哥福晋等位高权重者治病，逐渐得到重用。康熙四十九年（公元1710年），刘声芳升迁为太医院右院判；康熙五十二年（公元1713年），因为经手诊治的宫女死亡，他受加级革退处分；康熙五十五年（公元1716年），他又因"开错药方"，被内务府拟处以降三级、罚俸一年的处分，所幸康熙皇帝开恩宽免；康熙末年，刘声芳担任太医院院使，成了太医院的首席御医。当然，升降起伏中的甘苦得失，只能刘声芳一个人品味权衡了。

刘声芳能当差太医院三十年，很重要的一点是有幸遇到了一位宽容的皇帝——康熙。康熙皇帝与刘声芳同龄，和刘声芳医学理念相通。他坦然接受生老病死的自然法则，保健也好，诊疗也罢，最成功的结果也只是延缓了逐渐走向死亡的过程；药石只是辅助，根本还看一个人的心态和身体底子。更加难能可贵的是，康熙皇帝待臣属和善，越到晚年越宽容。

康熙皇帝博学好问，对医术颇多涉猎，但并不固执己见。这一点，康熙的孙子乾隆截然相反，乾隆相当自负，常反过来指导御医如何诊疗、如何开方。康熙的六世孙光绪，干脆亲自动笔删减御医方子中不喜欢的药材，添加上偏爱的药材。康熙四十五年（公元1706年）八月，刘声芳和同事奉旨诊治护军参领莫尔洪之病。经过诊治，莫尔洪病势时好时坏，食欲大减，最后竟然茶饭不思了。康熙皇帝得知，甚为恼火，痛批刘声芳等御医“皆因医学粗浅之故，所以往往不能救人”。不过，康熙皇帝也就是动动嘴皮子，骂完便罢，他又根据自己的经验，提出了他的治法，让刘声芳等人“照文试治可也”。刘声芳御医生涯中最大的纰漏是康熙五十五年的“开错药方”事故。对如此硬性的错误，刘声芳主动承认过错，坦然准备接受惩罚。好在提前发现错误，没有产生恶劣后果，康熙皇帝最终宽免惩罚，着实出乎刘声芳预料。更严重的事故发生在御医李颖滋手上，其诊治的庶吉士朱恕不幸身故。此事说是大夫术业不精、态度不正，李颖滋也无话可说。但康熙皇帝只是口头指责李颖滋：“朱恕无福分，遇李颖滋而被杀矣！着将此谕译为汉文，给李颖滋看。”终康熙朝，没有一个大臣因细碎获罪，亦没有一个大臣受株连获罪。

龙椅易主，雍正皇帝给刘声芳出了大难题。老御医寄希望于六十年行走江湖、三十年出入紫禁城的阅历，能再次帮助自己逢凶化吉。

雍正皇帝大刀阔斧，革故鼎新，有旺盛的欲望和饱满的干劲儿。为人方面，他爱憎分明，对勇于任事、真才实干者不吝奖赏，对庸碌无为、私心牟利者，雷霆重击。刘声芳行走紫禁城三十多年，雍正皇帝对他早有所闻，继位之初也得到了刘声芳的悉心照料，称他为“好大夫”。刘声芳是太医院院使，为正五品官，在雍正元年（公元1723年）得到了“俸食一品，兼赐四轿”的恩赏。刘声芳出身卑寒，尽管凭借医术获取了荣华富贵，心底依然羡慕科举正途。行医毕竟是末技，读书当官才是天下第一等好事。刘声芳年近七十，三个儿子还不太成器，不能独立，因此向皇上申请破格荫子入监一人读书。按清朝制度，文官在京四品以上、在外三品以上，武官二品以上，可以荫一子入国子监读书。刘声芳的正式品级不够，但雍正皇帝批准了其子刘俊邦入监读书。雍正七年（公元1729年）十月，雍正皇帝又御批，赏赐因病未应乡试的刘俊邦举人功名。《清稗类钞》评述：“刘声芳子俊邦，因病未应乡试，亦赐举人，一体会试。”可见在雍正朝前期，刘声芳与皇上关系良好，颇受宠信。

刘声芳的官品水涨船高，雍正七年由太常寺卿升迁为户部左侍郎，从正三品升至从二品；雍正八年因治疗雍正皇帝及其最亲密的弟弟兼政治盟友怡亲王允祥有功，加太子少傅，尚书衔。至此，刘声芳达到了一名御医所能达到的最高阶，自古以来有如此成就的御医屈指可数。自然，刘声芳因医崛起，加官晋爵都是额外恩赏，无须真正去户部办公。他始终管理着太医院，继续当紫禁城首席御医。

伴驾时间越长，刘声芳越发现康熙雍正父子俩的差别。康熙通融灵活，雍正严厉刻薄且多疑。多疑是紫禁城里最大的凶器，是皇帝导向暴戾凶残的前奏。雍正初年，心腹大臣、浙江总督李卫推荐懂医的道士贾士芳给雍正皇帝，雍正皇帝颇为赏识。一日，贾士芳给雍正按摩，口诵咒语："天地听我主持，鬼神听我差遣。"雍正皇帝勃然变色，认为贾士芳心怀不轨，下令处斩，并株连贾氏家族。在康熙朝可能一句玩笑就能化解的误会，到了雍正朝就变为几十条人命的血案。

刘声芳刚服侍雍正皇帝之时，皇上正值年富力强的盛年，刚刚品尝到最高权力的滋味，身体并无小恙，刘声芳加以调理，自然感觉更好，君臣因此相安无事。待雷厉风行改革多年后，国事并未出现预期的昌隆，问题反而层出不穷，精神的失落、疲惫强化了雍正皇帝对丹药的依赖，而后者反过来加剧了身体和精神的双重不适。刚刚年过半百的雍正皇帝迅速衰老，喜怒无常。刘声芳清楚，宫中人的厄运要来了。肩负龙体保健职责的御医，必然首当其冲！

果不其然，赵士英是刘声芳的后任，于雍正八年六月出任太医院院使，加光禄寺卿衔，也算深得雍正皇帝器重。不料，仅仅不到半年后的十一月，雍正皇帝便痛骂赵士英"举动言语荒谬乖张，是其福量浅薄，下贱小人"，革去职衔，暂留太医院戴罪立功。御医刘裕铎的命运更为悲惨。他在雍正六年（公元 1728 年）还是被皇上称赞的"当代第一名医"，两年后就成了草率行医的庸才，而且是潜伏着的、雍正竞争对手胤禩的党羽，要被推出去正法！

在众人搭救之下，刘裕铎遭革职，流配新疆从军。

雍正皇帝自身感觉越差，越怀疑御医误人。正如他相信皇权可以改天换地一样，他深信世间总有办法对抗生老病死，而这个办法需要御医去寻找、去施行。更要命的是，雍正皇帝不仅仅满足于延年益寿，还要炼丹服药长生不老。如此一来，御医们的日子就更难过了。种种纠结与压力，直接间接地汇聚到负责太医院的刘声芳那里。一个 70 多岁的老人，身心老迈、精力不济，开始不堪重负了。

大剂量服用丹药后，雍正皇帝的身体状况大滑坡。他怀疑这是刘声芳越来越不用心了，便把不满先宣泄到刘声芳的儿子身上。雍正八年十一月，朝廷明发上谕："刘声芳之子刘经邦从前在知县之任声名甚属平常，久为户部司官，甚属庸碌无能，不能办理一事，着将革职。"革职后还不解恨，又要求刘经邦将"在户部司官任内历年坐食分规饭银悉追出交还户部"。刘经邦为刘声芳另一子，他尸位素餐极可能是事实，但追缴他"坐食分规"的伙食银，确实刻薄了，丝毫没有给身为太子少傅的父亲刘声芳留脸面。朝野无不将此视为刘声芳失宠、失势的信号。

一个多月后的雍正九年（公元 1731 年）正月，又一道谕旨颁布了：

刘声芳在太医院效力有年，屡加特恩，用至户部侍郎。伊于部务，茫然无知。上年夏秋间，朕体偶尔违和。伊并不用心调治，推诿轻忽，居心巧诈。深负朕恩。著革去户部侍郎，仍在太医院效力赎罪行走。其从前所赏伊子荫生，及举人，俱着革退。

革职罢官，想必在包括刘声芳在内的许多人意料之中，但罢官的理由值得细思：雍正皇帝指责刘声芳对户部政务茫然无知，可是刘声芳始终主管太医院、服侍皇帝左右，户部侍郎本就是额外恩赏，如今反而指责刘声芳对恩赏的兼职不称职，真是欲加之罪，何患无辞。雍正的一贯风格是“一撸到底”，几年前赏赐给刘声芳儿子的功名也全部被追回。

一道谕旨，将刘声芳打回了三十年前。

行走康熙、雍正两朝宫廷，曾经的达官显贵刘声芳，此后再无确切记录，大约在一年后的雍正十年（公元 1732 年）去世，享年 78 岁。一代名医，黯然谢幕，悄然退场。

刘声芳逝世后，刘家迅速没落。乾隆三十二年（公元 1767 年），宛平县（在今北京）刘李氏呈控董九霸占她家的两张药材行牙帖，声明这两张牙帖是其父户部侍郎刘声芳生前于雍正六年间抄没罪臣家时蒙恩赏所得。对此，提督衙门在咨送刑部的公文中表示“年久无凭，亦无查明办理，相应请旨”。牙帖是清朝牙行经纪的官方凭证。牙行评议物价、撮合交易、吞吐物资，都要出具牙帖方才合法。地方官府一度将发放牙帖作为补贴地方财政的重要手段，导致牙帖日渐泛滥。雍正年间下令禁止征收牙帖税，命令各省布政使司衙门规定各地牙帖数目，报部存案。牙帖立刻变为稀缺资源，拥有者变身既得利益群体。牙行经纪角色，或父死子继，或亲朋承顶，几成惯例，有人甚至将牙帖视作祖产，代代相传。有力参与经纪的，就招人合伙或干脆出租牙帖，从中分利。此处的“刘李氏”极可能是刘声芳三子中某位的妻子。刘家由儿媳妇出面争夺牙帖，说明已经沦落到靠出借家传的牙帖维持生计的地步，而且在合作过程中还被人霸占了牙帖。

案子结果无考，刘家的落魄却是真真切切的，令人叹息。

齐周华：精神病患者

乾隆三十二年十二月二十日，公元1768年1月20日，浙江天台人齐周华在省城杭州惨遭凌迟，罪名是癫狂忤逆。

此事轰动一时，一是当事人齐周华情况特殊——他已70岁，是个著作颇丰的文人，在儒林享有一定的名声；二是此案的处理相当惨烈——齐周华惨遭凌迟，朝廷查抄齐家，株连宗族及文友。这样的大案子并不多见，老百姓难免议论纷纷。

齐周华到底因何而死？人们盛传，齐周华是个“老疯子”。此事祸起当年十月，巡抚大人熊学鹏至天台县查仓，齐周华主动呈状状告亲属、邻居乃至自己齐氏通族，凡是有关系的亲友都被他告了个遍。这样的人，不是发疯了是什么？至于齐周华为什么发疯，他原本是什么样子的，反倒没有人真正关心了。

齐周华到底是个什么人呢？他给自己取了许多笔名，独孤损、独孤跛仙、懵懂道士、尚古先生、忍辱居士、甚辱居士、岳六子跛仙等。这些名字很大程度上体现了齐周华的自我感知，孤独、迷茫、屈辱、隐忍，以及外在的不如意和内心的坚持之间的矛盾。他的一生，都在这个矛盾中度过。

齐周华于康熙三十七年（公元 1698 年）三月二日出生在台州府天台县县城，幼失怙。二十入县学，三十入府庠，天资聪颖，勤奋好学，年轻时就崭露头角，和堂弟齐召南并称“天台二齐”。时任台州知府杨汇赏识齐周华，评价他“文章豪迈不羁，光艳万丈，气骨雄峻，巍巍然如乔岳焉”。齐周华应该自视颇高，志不在扬名浙东，而期望继续读书精进，走出家乡去治国平天下。

齐周华读书做学问，固然也想应试当官，但不纯以读书为工具。他真心信奉所读的儒家经典，亲身实践古圣先贤的教诲。他真的相信理想会实现，个人的努力与付出能够弥补现实与理想之间的差距。这是齐周华和那些以读书为敲门砖、时时刻刻琢磨把书本转化为荣华富贵的人最大的不同。书斋教给齐周华的另一个品质是坚持。坚持，往好了说就是坚韧不屈，往坏了说就是固执，撞了南墙也不回头。读圣贤书，必行圣贤事。有了理想，不去身体力行，和没有是一样的。何况，儒家思想本就是入世的，就是鼓励在困难中砥砺前行的。

康熙五十三年（公元 1714 年）齐周华 17 岁时，遭遇了一件震动颇大的事情。其四世祖的墓地被一豪强霸占，对方强迫齐氏签订契约。齐周华对此非常愤慨，对祖父说：“家国一也，宋（赵）构而苟安，毋宁蜀（刘）备而战败，不然何以见祖宗于地下？”

激昂之余，齐周华手撕契约。这种基层的案子，主导判决的不是是非曲直，而是当时双方的势力强弱。结果，齐家墓地之争为官府所抑，合理主张被压抑了十五载。此事多少触动齐周华认识了现实的阴暗面，但是他从黑暗中学会的不是妥协，而是强化个体努力能够改善现实的信念。青年齐周华成长为了一名坚定的理想主义者。

如果不出意外，天台山下的齐周华会成为一个帝国的官僚，宦海沉浮；或者成为一个学者，游学民间，著书立言。

雍正七年（公元 1729 年）秋，齐周华与堂弟齐召南同赴浙江乡试。齐周华的文章慷慨豪迈，获得了房官的推荐，可主考官嫌其过于深刻，搁置不理。最终，齐召南中了副榜，齐周华名落孙山，打击不小。

更大的打击接踵而来。第二年，“吕留良案”爆发。已故学者吕留良生前撰著反清，以“华夷之别”直指清朝统治合法性的要害，结果遭到剖棺戮尸，焚毁著作。其子吕葆中被斩决，株连甚广，酿成朝野震惊的大案。雍正皇帝下令将廷臣拟议的判决发交全国各级学校。判决如下：

> 据内外大小臣工议，“将吕留良、吕葆中挫尸枭示，伊子吕毅中等立决，其余子孙十六岁以上皆斩。至所著书籍尽行烧毁”等语。着行文各直省学政，询问天下各生监等，是否照依部议？着秉公据实取具甘结。其有独抒己见者，不许

阻挠，一并具奏，钦此！

上命表面上鼓励读书人各抒己见，其实是一场思想文化政策的大宣讲，而且要天下官办学校的学生出具甘结，签字拥护政府对吕留良案的处置。对于绝大多数书生来说，这压根就不是问题。但是在齐周华那里，这是一个大难题。

齐周华对吕留良文字中反清的内容或许并不赞成，但是对吕留良的学识却是认可的。一个人的观点和学问并非一体，学问好的人政治不一定正确，政治正确的人则可能是不学无术之人。齐周华自然知道朝廷此举的用意，明了表露真实态度的潜在危险，可内心的坚持、倔强让他不吐不快。

经过一番思想斗争，齐周华做出了影响一生的决定：他撰写了《救晚村先生（吕留良）悖逆凶悍疏》。文中称赞吕留良的著作“能阐发圣贤精蕴，尊为理学者有之”，其中涉及反清的内容固然要禁止刊行，但其他讲义、文集、诗集，久已发行，读者自有公论，应该免于禁毁。朝廷对此案处置不妥，不应牵涉株连。

齐周华拿着奏疏，按照流程，先找了父母官——天台县训导王元洲，请王元洲呈送上级。这给后者也出了一道难题。王元洲很清楚不能为吕留良叫屈，当然也不能代呈相关奏疏，不然会惹祸上身。问题尴尬之处在于，朝廷公开号召读书人各抒己见，明令地方官员“不许阻挠”，要奏报基层的意见，齐周华是在响应朝廷的号召，而代呈他的奏疏是王元洲的职责。

王元洲委婉地劝说齐周华收回意见，在遭到明确拒绝后，采取了置之不理的态度。他躲着齐周华，就是不给代呈奏疏。倔强的齐周华干脆绕过县里，直接到杭州向浙江学政阐述意见，要求向朝廷呈报上书，同时控告天台县训导王元洲阻挠学生上书。

浙江学政置身于与王元洲同样的尴尬之中，也采取了同样的处置方法：置之不理。

这时候，鲁迅先生所说的“台州人的迂”在齐周华身上表现得淋漓尽致。他在品德、学识和若干情绪的支配下，近乎飞蛾扑火地踏上了北上京城的长途。他找到刑部，一来要上书为吕留良争取公论，二来控诉省、县两级官府阻挠自己上书。

刑部也遭遇了省、县两级的尴尬，但是刑部的大人们耍得一套圆滑潇洒的好手段。他们告诉齐周华，上书言事要符合程序，刑部把你的意见转给浙江巡抚衙门处理，你回杭州找抚台大人吧！

齐周华返回杭州，即遭到官府拘捕，打入大狱。在狱中，齐周华受尽酷刑，“无刑不受，死而苏，苏而死者数矣”，但他始终坚持己见。浙江官员觉得此案相当为难，症结就在于齐周华坚持“独抒己见”，即便意见不对，可在明面上这是谕旨公开允许的，很难从此入手结案。据说，主审官员也不愿为难齐周华，开导他说：“你这个痴人，尽说痴言疯话，还不认罪受罚？”自认疯癫，受一顿责打，就可以顺利出狱，事情便消于无形，官民两便。可齐周华拒不认痴。回到牢中，狱友责备他不通人情，他说：“认痴就不是痴，不认痴，才是真痴。”

齐周华的脑筋是笔直的、坚硬的，弯曲不了的，否则就不符合齐周华对圣贤教诲的理解。理想要高于现实，为理想奋斗要优先于利益考量。终其一生，齐周华都没有学会能屈能伸，倔强地坚持战斗到底。

官府以齐周华呈控王元洲系挟嫌妄告为由，把他长期监禁在牢中，先是关押在杭州监狱，不久押回原籍，系于天台县狱，雍正十二年（公元 1734 年）夏复囚于杭州臬司监狱。臬司监狱位于南宋风波亭故址，在狱中坚持创作的齐周华把狱中所作诗文汇编为《风波集》。但是，监狱生活并非诗文写作那般恬静，而是严重损害了齐周华的健康。后来，齐周华别署"踱仙"，瘸了一条腿，很可能是受刑所致（一说齐周华自幼残疾）。

这么一个杀不了、放不得、顽固得不近人情的囚犯，让官府十分为难，甚至惊动了闽浙总督郝玉麟。郝总督写了一副对联送给齐周华，联曰："物外有人闲始见，山中可乐老方知。"这副对联劝导齐周华超脱世事的意思非常明显，也隐含着劝诱齐周华自认疯癫、放归山林的允诺。齐周华应该明白总督大人的好意，但这种好意是与他的价值观相悖的，自然不能接受。

雍正皇帝死后，乾隆皇帝继位，照例大赦天下，浙江官府借机把齐周华扫地出门。乾隆元年（公元 1736 年），齐周华出狱。

经历六七年的牢狱之灾后，齐周华发现外面的世界物是人非，原本的功名之路无法再走。而就在齐周华出狱的当年，堂弟齐召南高中进士，点了翰林，之后青云直上，迁侍读、侍读学士，进而擢内阁学士、礼部侍郎。乾隆皇帝很欣赏齐召南的博学鸿词，齐召南也的确在金石、诗词上颇有进献，风光一时，与堂兄的落魄形成极大的反差。

齐周华处江湖之远，选择弃儒巾改道装，开始漫游名山大川，从此浪迹山水三十年。他的足迹遍及金陵、黔楚、桂林、陕西，最后终于武当山。

人生的不如意，曾经让齐周华在金陵弘觉寺发出过“予欲分禅榻终老于此”的感叹，并且自拟了华阳子、含玄子、懵懂道士、跛仙、逃禅子等洒脱求仙的名号。他对现实失望至极，对信仰产生了疑惑，希望通过寻仙修道求得心灵的解脱。然而，齐周华内心的根底还是入世的，他始终是一个坚定的儒家斗士。归隐只是暂时的念头，为儒家理想而实践的信念却是根深蒂固的。“本业儒，为儒累，弃儒而游方外，盖苦心儒者也。”云游是迫不得已，何尝不是间接求道、探访志同道合者的尝试？在黄河岸边，齐周华见河中砥柱，作歌曰：“岩岩砥柱中流阻，下舟容易上舟苦。识者羡尔不随波，我独怜尔不得所。”君子立于天地，齐周华也以中流砥柱自喻。

从黄河南下武当，齐周华为武当的险峻秀丽所吸引，为武当的仙道修行所吸引，驻足垂十年。十年中，他写作、修行，坐看云起云落，卧听松风竹声。他走过名山大川，看了无数巨大的山石，却丝毫没有厌倦，还日夜与山石为伍。山石充满力量，坦然面对风吹雨打，俨然是坚强战士的写照；山石耐得住寂寞，默默挺立于幽静山林，是有志者之同道。中国传统知识分子对名山大川有着天然的亲近，一则借山川来磨炼自己的心性，二则有穷者山居独善其身、达者出山兼济天下的理想设计，颇有在山中修炼兼待价而沽的意味。山居的齐周华将自己写作的作品整理成集，定名为《名山藏》，取藏之名山以待来者之意。不用说，既然藏之深山，齐周华也自知文字不一定见容于当道。这其中的矛盾，正是清代读书人的痛处。

与山石为伍的十多年，齐周华不是在逃避，而是在强化自身的思想观念，直到乾隆二十一年（公元 1756 年）其长子奉祖母之命迎接他返回故里。

齐周华云游半生，归来仍是一个少年。

此时的齐周华年近花甲，自知一生即将尘埃落定，念念不忘者，唯有凝聚毕生心血所著的《名山藏》。他屡次计划刊刻出版，屡次遭到亲友反对，其中反对最力者，当数堂弟齐召南。齐召南在朝为官，深知堂兄的文集有碍自己的前程。对此，齐召南日后的说法是："曾见过他《天台山游记》一篇，时文数篇，他要刊刻，我因其文理不通，阻他不刻，他便恨我。"事实上，齐周华的文章并非"文理不通"，齐召南大力劝阻的真实原因是文集"语犯时忌"，政治上不正确。齐召南仕途一帆风顺，之前就有政敌以其堂兄齐周华为口实攻击他，齐召南有口难辩，干脆宣称齐周华"已死"。单纯刚直的齐周华因此与齐召南反目成仇。而妻子、儿孙阻拦齐周华出书，除政治担心外，还有实实在在的为生计考虑，吃饭毕竟优先于思想传播。

齐周华不惜与整个家族为敌。他一意孤行，要刻集行世，竟不顾家人生计，开始变卖家产。妻子、儿孙来劝阻，他一律视同仇敌，骂妻子老而奇淫、儿子大而不孝，甚至拳脚相向。亲友拗不过“老小孩”，只能眼睁睁看着《名山藏副本》问世。齐家宗族眼看此事闹得家人反目、生活悲苦，集议开除了齐周华的族籍——不过他也不在乎。

齐周华手捧《名山藏副本》，欣喜若狂。旁人见状也许发笑，可如齐周华一般的读书人，对文字有着神奇的期望，对书籍有着热切的想象。有了《名山藏副本》，人生仿佛得以完整，又仿佛有了重新出发的资本与动力。内心深处的信仰、坚持和新书得以出版的冲动，使得齐周华在乾隆三十二年十月浙江巡抚熊学鹏至天台县查仓期间，持所刻《名山藏副本》初集、《诸公赠言》、《半山学步》求巡抚大人作序。事实上，齐周华在书中虚构了许多名人的序言，如今来求巡抚作序，大概还是为了夸耀一番。同时，齐周华又呈《为吕留良事独抒己见奏稿》，继续为吕留良案申诉。此外，他还状告同族齐召南、齐轩南，妻儿姻亲并齐氏通族——有人据此认为齐周华已经疯癫，也有人说齐周华意在与亲属划清界限，保全后者。

熊学鹏浏览图书和呈状后，大惊失色。乾隆朝的文字狱与前朝相比有蔓延、深挖之势。熊学鹏不敢怠慢，立即将齐周华缉拿待罪，还与闽浙总督苏昌会衔上奏。于是旧案复发，乾隆皇帝下令将齐周华凌迟处死，家属“开恩”斩监候。《名山藏副本》查禁，凡是列名其中的文人及出版者一并问罪。

案发前，堂弟齐召南因为在乾隆十四年（公元 1749 年）堕马，伤及头颅，卸职归家休养，乾隆皇帝还很是念及齐召南的伤情。齐周华事起，乾隆皇帝震怒齐召南“族内竟有如此狂悖之人”而不早报，把他逮诣京师，吏议坐隐匿，判处其流放抄家；后法外开恩，判其夺职放归，发还抄没家产的十分之三四。齐召南返乡后即撒手人寰。有清一代，浙江台州颇不受清廷待见，顺治十八年（公元 1661 年）爆发“两庠退学案”[①]、雍正初年停止浙江乡试，都严重影响了台州读书人的仕进道路。宋明时期，台州科举昌盛，宰相、状元不绝于途，开府封疆者为数众多，而整个清朝，台州各县中进士的只有 38 人，不到明代的 1/7。台州进士大多是县级官员，也有为人幕僚者，齐召南是清代台州人中官职最高者，得此下场令人唏嘘。

至于齐周华，其所著书籍悉追版烧毁。齐周华的作品生前仅刻过两次：第一次是乾隆四年（公元 1739 年）慈溪二老堂版《初

① 时任台州知府郭曰燧以临海庠生赵齐芳、赵齐隆兄弟积欠而严加责打，致赵齐芳伤重死亡，引起府县两庠同学公愤，纷纷退学以示抗议。巡道杨三辰以“诸生近海，谋且叵测”上告，浙江总督赵国祚罗织成狱，京审定案，为首的水有澜和周炽被绞杀，其余 4 人死于狱中，2 人死于转解途中，60 人流放辽东上阳堡等地。次年三月又行文台州，妻子同流。这一事件被称为“两庠退学案”，造成台州文教中断。自乾隆四十年（公元 1775 年）后，临海县进士绝榜 102 年，其他县也无不受到影响。一时读书士子殆尽。

学集》与《需郊录》二种，第二次是乾隆二十六年（公元 1761 年）的《名山藏副本》。《名山藏副本》是除已刻的《初学集》《需郊录》外，合《太平话》《风波集》《过秦草》等未曾刊刻的著作汰去旧名、选结成集的。《名山藏副本》初集成功躲过了清廷的查禁，传之后世，“为清代文字狱受害者仅存天壤之文字”，民国及 20 世纪 80 年代皆有再版。

清室告终，浙江人把杭州西湖小流洲的原清朝名将彭玉麟的“退省庵”改为“浙江先贤祠”，以祀黄宗羲、吕留良、齐周华、杭世骏四人，尊四人为“四贤”。

曹纶：领官俸的造反者[①]

嘉庆十二年（公元 1807 年）春天，乍暖还寒。北京宋家庄的林清来到宣武门内一带访友。

林清所访之人，是汉军正黄旗下曹府的曹纶。十几年前，林清在苏州粮道衙门当差役，随长官至高邮视察漕务时认识了时任高邮知州曹大人的三公子曹纶。因为年纪相仿，且都是北京人，两人相谈甚欢。如今，林清对曹家地址的记忆已经模糊了，只依稀记得曹纶祖上三四代都为官仕宦。蹊跷的是，他询问了好几户人家，都不清楚附近有一个世代为官的曹家，最后还是一家当铺的伙计指了报子街（今西单至复兴门一带长安街南侧）某宅极可能就是林清寻找的“曹府”。

① 本文主要参考孙守朋《嘉庆朝汉军旗人生计问题的政治史考察——以参与天理教起事的曹纶父子为中心》（《中州学刊》2011 年第 5 期）一文。全文除载明出处外，史料皆来自该文。

那是一座门漆完全剥落、瓦楞枯草摇曳的小宅门。林清叩了三次生锈的门环，里面才传来缓缓的脚步声。好一会儿，一个披着一件破旧长袍的清瘦男子打开了半扇门，疑惑地打量着林清。虽时隔十多年，但林清一眼就认出眼前之人是曹纶，只是颓废、萎靡得厉害。林清自报家门后，曹纶也认出了林清，惊喜地把他迎进屋来。

曹家厅堂真正是家徒四壁，没有一件称得上是家具的物件。门口有座砖土搭的灶台，拆了门框的卧室里面有张由木条拼凑而成、上覆稻草、姑且可以称之为“床”的家伙什。更让林清尴尬的是，曹纶妻子的衣服破烂不堪，补丁叠补丁，布条下垂不蔽膝，令人不忍直视。最让林清震惊的是，屋子角落的稻草堆里躲着两个半大男孩，竟然赤身裸体，无一丝布帛！

林清一把握住曹纶的手，直言：“曹兄如何落魄至此？”

曹纶眼泛泪花，涨红了脸，用力握住林清的手，羞愧地低下了头。

林清当即表示：“曹兄一寒至此，林清虽薄于金银，但通财济乏，乃道义所在。”他拿出数镒整银，每镒二十两，赠送给曹纶：“聊解曹兄燃眉之急。”曹纶感激涕零，和妻子千恩万谢后收下。

略话旧情之后，林清唏嘘而别。出门后，他留心向邻居打听曹家境况，惊讶地发现曹纶原先在銮仪卫当差，一年多前刚升任了本旗的佐领，乃堂堂朝廷命官。可是曹家的生活却一日不如一日，邻居极少看到他家人外出，只有曹纶当差时才不得不出门，常年累月穿着那件破旧长袍。曹家是“烂穷之人”，好似宅门瓦楞上的枯草，自生自灭，无人问津。

曹纶祖上是从龙入关的八旗将士。他们是大清王朝一统江山的核心依靠，在制度设计与实践操作中都占据军政要职。曹纶曾祖父曹金铎官至骁骑校，是京师禁旅的中级军官；伯祖父曹瑛官至工部侍郎，跃居高位；祖父曹城外任云南顺宁府知府；父亲曹廷奎历任江苏高邮知州、贵州安顺府同知。汉军正黄旗曹家称得上是官宦世家，深受皇恩。在外人看来，曹家即便不是金碧辉煌、奴仆成群，起码也是衣食无忧，怎么会落魄至此呢？

曹纶既非花天酒地醉生梦死之人，也没有遭遇大病大灾大变故，曹家的没落是形势的必然。八旗子弟站在王朝权力金字塔的顶端，占尽利益、权位等优势，锦衣玉食者自然有，但多数旗人逐渐从耀武扬威的武士滑落到普普通通的平民，甚至陷入节衣缩食的窘境。朝廷为保持武备，规定八旗子弟只能从军从政，不能从事他业，设计各项制度将这些政权的依靠力量供养起来。八旗子弟的收益主要有三块：旗地、军饷、官俸。清初圈占民田，分配给入关的八旗子弟，称为旗地，旗人定期收取田租；旗人家家出子弟当兵，有一份军饷可领；军政各界优先安排旗人为官，旗人官员有俸禄、养廉等固定收入。这套制度在清初保证了八旗家庭的优裕生活，但几代之后，八旗滋生人口日众，朝廷俸禄的标准和官兵员额并未随之提高，收入不变，支出增加，生活质量自然下降。加之旗人习俗远非俭朴，尤其是自诩为特权阶层和官宦人家的旗人，装点脸面和交际应酬的开支大量存在，家庭开销居高不下。正常收入不足以支撑高消费，旗人纷纷寅吃卯粮，或者典卖田地。种种因素共同作用，把旗人推向了贫困的深渊。

尽管朝廷三令五申禁止旗人典卖田地，可旗人早在康熙朝便纷纷出卖旗地。卖地款用尽后，旗人又开始典卖军饷禄米。城东官仓一带，每到发粮日，八旗兵丁拿了粮食就转卖给仓前的米铺伙计，或者早早把领米凭证典当给了米铺。口粮之外，家具、衣物乃至军械都可以典卖。其中军械为朝廷所发，为将士保家卫国必备，是严禁典卖的，收当有罪，所以当铺的招幌上多有“军器不当”四个大字。每逢旗人婚庆或典仪之日，当铺门口多有旗人来租借衣冠、配饰乃至兵器的，装扮脸面，按日付费，是为京城一景。

这股落魄穷酸风竟也蔓延到了旗人官员身上。官员比一般旗人优越之处在于有官俸可领，无奈明清两代官员薪低。清朝七品知县，每年俸禄才45两纹银，正二品侍郎155两。而一个幸运的自耕农，年收入也有好几十两银子；乡间小地主的收入则可能与二品侍郎相等。当然，清朝官员还有养廉银等额外收入，根据缺分不同从几十两到上万两不等。看似不少，但是京官的额外收入微乎其微，数以千万计的养廉银是外官的专利。清朝官员没有法定办公费用，且需自聘幕佐，相当于一人勉力维持整个衙门的运转。官员的额外收入充当行政经费尚且不足，能落入腰包多少全靠个人“经营”能力了。万一遭遇罚俸、分摊、赔补等案，官员更是入不敷出、常年欠债。少数幸运者和权势人物积蓄了雪花银，多数官员也就是小康生活而已。

雍正年间，八旗“都统、前锋统领、护军统领、副都统内，颇有家计艰窘之人”（《清世宗实录》雍正元年八月）。都统为从一品，前锋统领为正二品，高官如此，一般官员自然不能幸免。光绪年间的官员何刚德在笔记《春明梦录》中回忆：

> 满员进署，半多徒步，其官帽怕尘土，罩以红布，持之以行。每遇朝祭，冷署堂官蟒袍，竟有画纸为之者，且闲散王公贫甚，有为人挑水者。

没有谋得一官半职的旗人，如果不想坐吃山空，就只能不顾从业禁令，在底层刨食。广州驻防旗人萧茂清自幼丧母，凌晨起身磨豆浆，赶早去市场卖豆浆，每天得铜板数十枚，与老父亲相依为命。萧茂清之流只是特例，绝大多数长期闲散的旗人，生活难以为继，忍饥挨饿乃至卖儿鬻女者都有。乾隆年间发生过“统治阶层”旗人自甘堕落、冒充百姓卖身为奴的奇事。正白旗杨立住曾在内务府养狗处当差，被斥退后度日艰难，竟然同其妻富氏冒充民人，以价银十六两，自卖为奴，后因不堪打骂逃出，被主人抓回吊打，才被迫说出旗人身份。这是乾隆三十二年（公元1767年）五月的事。乾隆四十三年（公元1778年）十月又曝出镶黄旗旗人秦宏佩“假冒民人，带同妻女卖身为奴，甘心下贱”

的案件。如此说来，二十多年后的曹纶一家蜗居在稻草中瑟瑟发抖，便不足为奇了。

曹纶家毕竟世代为官，家境起初尚可。嘉庆二年（公元1797年），其父曹廷奎病故于贵州任所，因为居官清廉，身无余财。曹廷奎长子曹长绅早卒，次子为武备院工匠，无力也无财治丧，责任就落在了第三子曹纶身上。曹纶倾尽家财，万里扶棺，让父亲回京归葬，因此陷入赤贫，奴仆佣人很快散去。曹纶和妻子析薪执爨，每天吃两顿稀粥，有时连稀粥都吃不上，只能以馎饦（一种极薄的面片汤）充饥，艰难糊口。或许是家庭背景的作用，曹纶于嘉庆八年（公元1803年）终于谋得了官职，出任整仪尉[①]，两年后又担任了公中佐领[②]。曹纶位居中层官员行列，达到了无数百姓梦寐以求的人生终点。可对他而言，除了每月多了一笔微薄的俸禄，曹家生活的状况并未有任何实质上的改观。曹纶有三个儿子（女儿未明），养家责任很重。为了操持长子曹福昌的婚事，他卖了家具衣物，当了官服朝珠，卖了兵器马甲，典了禄米凭证……只剩一座年久失修仅可容纳全家蜗居的小宅了。

同情曹纶等旗人生计艰难的大有人在，但像林清一般慷慨解囊的却寥若晨星。从曹纶家出来后，林清马上送了数件衣物给曹纶，解决了曹家数口人轮流出门的难堪。四月，曹纶病愈后，造

① 官名，清代銮仪卫属官，正六品。

② 佐领是八旗组织基层单位的长官，辖二百旗人左右，世袭者称为世管佐领，选任者称为公中佐领。

访林清家致谢。林清提议两人结为兄弟，曹纶欣然接受。此后，林清对曹纶多有资助，大大缓解了曹家的困顿。嘉庆十三年（公元 1808 年）秋，曹纶扈从皇上去木兰围场狩猎，林清馈赠他骡一头、马一匹、铜钱百缗。当年十月，曹纶因为卖宅产与人讼狱，林清暗中相助。五六年间，林清帮助曹家的钱数，或许不少于曹纶的正常收入。

随着交往深入，曹纶对林清的情况也大致了解。林清未上过学，但人很聪明，且豪爽干练。他十来岁就出入衙门当长随、差役，跟随多位主子走南闯北；中途也经过商，开过饭馆。但总体而言，林家并非富贵人家，林清并无多少积蓄。曹纶觉得林清颇具“及时雨”宋江的风采，钱来得快也散得快，朋友交得多也散得广。林清也托曹纶办过事儿，主要是进城买米，托曹纶为之疏通关卡。曹纶二话没说，将佐领图记标在林清的货物上，宣称是八旗兵丁禄米，有几次还亲自护送大米出城。

嘉庆十六年（公元 1811 年）三月，曹纶升任独石营都司，正四品。独石营驻扎在长城隘口，是京城屏障，都司一职能够掌握一支军队，是响当当的“实职”。或许它不是很多人理想的职位，但这一升迁是曹纶仕途上的重大进步。

赴任前，曹纶前去和林清道别，林清自然热烈祝贺。曹纶感慨道：

> 辱吾子厚爱，食我以食，衣我以衣，馈我以金。今幸得

外职，将远离，前所贷于吾子者，临别无以归券，将奈何？

见曹纶还惦记着归还数年来的馈赠，林清摆摆手道：“曹兄这是什么话？林清的钱财都是君子所赐。”曹纶不明白深意，追问钱财从何而来，林清支开他人，对曹纶说：

> 仆少孤贫，因遇异人授神术，凡求无不立至者，乃渐丰于财。今传授日众，众推为坎教教主，领八卦九宫。此间地近王畿，恐好事者谓清聚众招摇，陷清于法，清将束身以归吾子，或同教者不肯从，子其训谕而镇抚之，有罪无罪，唯子所命。

林清坦承自己参与了民间坎教，习得了“神术”，还担任了领袖，请曹纶判断是否有罪。清朝严厉镇压民间宗教，视之为反抗的洪水猛兽，规定绿林山寨、帮派团伙等同于谋反组织。朝廷严厉镇压之程度殃及百姓结社自由，三人集结即为犯法，歃血为盟即为有罪，导致中国人结拜兄弟的形式不得不转变为交换名帖。乾隆嘉庆交替年月，白莲教起义，蔓延数省，靡费朝廷无数钱粮兵丁，教训历历在目。曹纶再愚钝，最基本的政治敏感还是有的。他立刻明白，林清领导着一个朝廷严禁的民间组织！这几年来，不见林清从事什么正经生意，四处走动，出手阔绰，原来是在暗中结社。而曹家得到的资助，显然也是坎教的组织行为。

真相如此吓人，曹纶始料不及。此情此景，显然不能将林清扭送官府。曹纶也不想如此处理，可又该如何应对呢？一时思绪纷繁，理不出头绪。

闪现的第一个念头便是："朝廷何其凉薄。"曹纶过了多年苦日子，对旗人的困窘生活感深入骨。祖辈上马叱咤疆场，下马理政一方，孙辈过的都是些什么日子？朝廷难辞其咎。它听任少数达官显贵贪婪跋扈、聚敛横行，坐视绝大多数八旗子弟衣食无着、忍饥挨饿。曹纶就是遭忽视的绝大多数中的一员，到当祖父的年纪才谋得了一个四品武职，估计余生不是常驻边塞，就是升迁有限，没有提升生活品质的可能。贫穷极可能成为家族的遗传病，除非有非常的机遇，曹家大概率要向底层坠落。非常的机遇是什么？非常的机遇就摆在眼前！林清领导坎教，虽然宣扬吃斋静坐、行善助人，但一定另有所图。事后，曹纶回忆自己当时"实在穷极无奈，贪图富贵，料得林清事成后，自然给我一、二品"。对于仕途无望、向下坠落的人来说，富贵险中求，曹纶决定抓住高风险的天降良机。

思忖再三，曹纶避席，郑重回答：

> 纶虽不才，岂为负恩不义之人哉？安有拯救于贫乏垂毙之时，不知所报，而反相陷害者乎？愿吾子勿复忌。

曹纶明确表明自己是倾向林清的，他还试探林清所谓的"神术”。林清便传授给他真空八字咒，告知诵咒可终身不患贫。曹纶还真念念不忘这八字咒，到独石营任职后经常诵念，可惜一直没有见到金银的影子。五月，曹纶入京领饷途中，遇见林清组织的教徒孙三、刘九，便趁机询问为什么念咒没有救贫效果，孙三、刘九回答：“必向林教主稽首而受，乃有验耳。”曹纶一心求财，便带着长子曹福昌到宋家庄，奉林清为师，郑重跪拜稽首。林清不答拜，只举手回礼。曹纶父子正式加入林清的教派，成为该组织安插在清军中的武官。

曹纶加入的组织原本是嘉庆初年起事的白莲教的分支，林清统一京畿组织后，改名为天理教。该教另有河南分支，以李文成为首。他们平日行善救人，宣扬世界末日，根本所图仍是荣华富贵。曹纶正式入教后，孙三、刘九告诉曹纶天理教的“起义计划”：

> 今河南七卦俱属林公，林公将起事。将军若潜师以来，甚善。否则举事以后，折简以召将军可也。

天理教显然看重曹纶掌握的军队，希望曹纶能率军前来直接参加起义；如不成，则等京城起义成功后，作为奇兵来壮大起义队伍。可是，曹纶没有百里奔袭京城的胆量，也没有这样的能力，更重要的是内心还在犹豫观望。他不愿过早暴露，想把风险降到最低。

等了整整一年，起事杳无音讯。嘉庆十七年（公元 1812 年）

五月，曹纶来京领饷，特地到宋家庄向林清询问起事计划。林清以时机未至搪塞，让曹纶继续等待。这次见面的时机很特别，当时河南分支的李文成派来的人正在内室与林清商量起义计划。听到曹纶来访后，林清告诉河南来人，说曹都司值得信任，应该参与谋划：

> 曹都司，吾故人也。贫乏不能自存，吾活之，故愿其事。

来人力陈不可：

> 林教主以轻财好施为众推服，吾属所以甘为林教主效死者，只以激于义耳。将军为朝廷命官，必不肯与吾属伍，而又诡自亲附，与闻密谋，是必坐观成败，依违进退，将两人利而存之，窃为将军不取也。

曹纶在天理教中显得格格不入。天理教教徒几乎全是城市贫民、农村流民，还有少数官府底层的吏役、宫中的低级太监。曹纶以堂堂正四品朝廷命官厕身其间，身份悬殊得令教徒难以置信，难免令人怀疑系伪装加入，刺探到起事计划后告密，或者坐观成败，以收渔翁之利。地位不同、利益不同，如何能让人信服曹纶与他人会进退一致？曹纶慨然答道："以一死报林公。"话毕，他反手抽取佩刀就要自刎，在场众人赶紧制止。经此一举，教徒们对曹纶的认知大大改观。但林清等头领最终还是没有让他参与谋划，也没有将确定的计划告诉他。

到了嘉庆十八年（公元1813年）七月，曹纶前往热河办差，九月十三日从热河返回。这时，天理教已经确定了在九月十五日这个历代造反者青睐的“好日子”河南、京畿同时起事的计划。林清临阵派人飞告曹纶，但因曹纶外出，报信人无果而返。曹纶返回的第二天（十四日），河南教徒举事的消息就传到了独石营。面对起兵参与和检举告发的抉择，曹纶果真如教徒之前所料而坐观成败，等尘埃落定再做进退。为此，曹纶还沾沾自喜：“事成可得大官，事败亦不至干累及己。”十五日，天理教教徒攻入紫禁城，旋即事败。消息传到独石营，曹纶既不知嘉庆皇帝紧急回銮，更不知儿子曹福昌当天头缠白布参与了夺宫行动。曹福昌参与的队伍，原计划由东华门攻入紫禁城。因为宫中侍卫紧急关闭城门，只有数十名教徒突入东华门。曹福昌等上百人困于门外，很快作鸟兽散了。

这是中国历史上唯一一次起义军攻入紫禁城。嘉庆皇帝哀叹道：“千古未有事，竟出大清朝！”

事后，朝廷严讯俘虏的教徒，并在京畿地区大肆展开搜捕。曹纶父子很快暴露，曹福昌被捕。缇骑赶到长城关隘，驻军长官听说有实职军官参与谋反，不敢怠慢，调兵遣将赶赴独石营抓人，甚至做好了曹纶率部反抗、兵戎相见的最坏打算。不料，独石营平静如水，曹纶束手就擒，被押送刑部。在天理教教徒的指证下，曹纶很快供认不讳。

竟有八旗正四品职官加入民间底层宗教并参与谋反，如此大逆不道的行为，嘉庆皇帝极为震惊！[①]依照大清律例，曹纶父子被凌迟处死，悬首示众，并且罪及满门。曹纶次子曹重庆、三子曹鹤龄被斩首，与父兄同日行刑；曹纶叔叔曹廷琦、二哥曹维、侄子曹咸亨论斩，改为斩监候，在当年朝审时归入"情实"，仍未逃一死。曹纶妻子杨氏及女儿，曹福昌妻子夏氏、儿子曹积善及女儿，被消去旗籍，给各省驻防八旗官兵为奴。嘉庆皇帝还下谕，把曹纶编入《逆臣传》：

> 曹纶身为职官，甘心附从逆贼林清，谋为不轨，罪大恶极，实从来所未有。其身已显伏国法，不可不将其逆迹书之简册，俾令遗臭万年。著国史馆将该逆事实编列《逆臣传》，以为乱臣贼子之戒。

曹纶还连累了同旗长官。失察曹纶谋逆的正黄旗汉军正、副

---

① 另有三名闲散宗室涉案：奉恩将军（正四品）庆遥、举人庆丰、宗室海康加入天理教外围组织红阳教。天理教进攻紫禁城的计划早早通知了他们，三人因各种原因没有参加。事后，海康、庆遥被处以祖坟前勒毙；庆丰因悔罪且有自首表现，连同母亲、妻子流配吉林。海康妻子、女儿，庆遥妻子、子女发配黑龙江安插管束。三名宗室加入民间教派，有迷信、疾病等特殊原因，根源还在于贫困。

都统福庆、禄康、德麟、拴住、来灵等五人，依失察时间长短予以处分，革职降级有差。朝廷下令加强对旗人的管理，重申旗人应该忠君报国云云。嘉庆皇帝没有认识到八旗弊政的根源在于机械限制与特殊供养，他不做根本改革，反而在维护原有制度的前提下重申忠君报国，无异于自欺欺人。八旗子弟从朝廷的依靠力量变为既得利益群体，进而退化为食利寄生集团，正在掏空王朝的躯体。

周觉春：我不是贱民[①]

安徽省徽州府，地处皖南，丘陵环绕，峰峦叠翠，山水旖旎，在清代盛产文人秀才和徽商行贾，名扬天下。

祁门县溶口乡有一户周姓人家，年轻寡居的母亲与儿子周觉春相依为命。母亲耕种几亩薄田，兼及采摘缝纫，在亲友的帮衬下含辛茹苦地拉扯大了周觉春。和天底下所有母亲一样，她希望儿子一生顺遂，超越前辈。

眼看周觉春年齿日增，母亲的忧虑却日甚一日。穷人的孩子早当家，母亲希望儿子做个勤勤恳恳的农民，或者走街串巷的小商贩，或者学有专长的手工匠——除非豪门富户子弟，徽州青年的出路无非这三条。周家有一门祖传的手艺——吹打，学成后可

① 本文人物史实参考齐琨《颠覆抑或延续——关于徽州乐人阶层变迁的口述与文献研究（上）》（《黄钟》2010 年第 3 期）一文，《刑案汇览》中记录了文中所述案件。

成为职业吹手，乡间的喇叭手。但是，周觉春的母亲“欲子另图生业，不令学习吹手”。这背后的原因，就是母亲深忧的来源：溶口周家是小姓。

明清时期，徽州百姓分大姓、小姓。大姓不是官宦人家、书香门第，就是商贾大户，无一不是大宗族。“大抵新安皆聚族而居，巨室望族远者千余年，近者犹数百年，虽子孙蕃衍至一二千丁，咸有名分以相维，秩然而不容紊。”（嘉庆年《桂溪项氏族谱》）“新安各姓聚族而居，绝无一杂姓掺入者，其风最为近古。出入齿让，姓各有宗祠统之；岁时伏腊，一姓村中千丁皆集，祭用文公《家礼》，彬彬合度。”（赵吉士《寄园寄所寄》）强盛的宗族势力可维持地方规范、协助地方治理，一些势单力薄或远道徙来的零散人家便托庇于大宗族。祁门溶口周姓的远祖，自明朝开始就附居于李姓人宗族的村庄旁边，为李姓宗族看坟、葬山、保管族产、演戏奏乐。作为回报，李姓宗族租给周姓人家农田十六亩耕种，除粮赋外不多收一分一毫，权当工钱。这种免租农田和无偿服务，是双方达成的默契。周觉春这一房的周姓子孙，分配到的无偿服务便是学习吹打成为吹手并为其抬轿。凡遇李姓宗族婚丧祭祀，周姓吹手抬轿者轮流承值，主人家不给工资。

周姓对李姓的依附关系，“其起自何时，始于何人，年远无从稽考，亦无卖身典身文契。并非朝夕服役、常川豢养”。虽说约定俗成，亦非奴婢仆户，但溶口周姓“因习业低微，不与大户平等相称、同坐共食”，也不能与大家大户联姻，更不能报捐报考，被称为“细民”“小姓”。

在徽州，大姓为村落中著有宗谱、盖有祠堂、建有祖坟的宗族世家。小姓依附于大姓，因住主屋、种主田、葬主山而为大姓无偿提供劳役，虽然没有奴籍且自立门户，但还是遭到鄙视。小姓因所持劳役不同而拥有各类称谓，如拳头庄、守坟庄、包袱庄、抬棺木庄、龙灯庄、吹灯庄、道士庄、火把庄、挑担庄、抬轿庄、粮仓庄、守夜庄、守木庄、修房庄、搭戏台庄等，名目繁杂。其中，承担丧葬劳役的抬棺木庄最卑微，而担负家兵劳役的拳头庄地位略高。祁门溶口周家在婚丧祭祀中负责吹打、演剧，也属贱役乐人。除了婚嫁、科举方面的限制，小姓在社会生活中也受到全面歧视：小姓与大姓主人不得平等相称；生儿取名不得犯家主讳；年节寿诞需到主家拜贺；衣着不许用绫罗绸缎，男不许戴大红纬帽，女不得饰珠簪金笄；酒席不许用簋碗、食山珍；住屋正脊高不许超过两丈；行走不许用成对书姓灯笼；葬不得妨碍主坟；碑不准超高二尺五寸；等等。更可怕的是，贱民的身份是世袭的。奴婢的子女还是主人家的奴婢，乐户的子女还得吹拉弹唱。从理论上讲，贱民凭借机缘脱离贱籍三代以上，子孙方有读书应试的资格。

将人划分为尊卑贵贱的不同等级，在古代十分常见。传统中国是身份社会，以士、农、工、商四民为良民，士为四民之首；以奴婢、娼优、隶卒等为贱民，另有一些有地域特色的贱民群体。官府和良民歧视、压制贱民，贱民也自惭形秽、默认不公，原因何在呢？以娼妓、优伶为贱，是因为身体发肤受之父母，娼妓亵渎身体、优伶出卖身体，不仅不孝，而且对身体完全没有自主权；奴婢、衙役等人需忍气吞声、承受无端责打，毫无尊严，同样是不孝。地域性的贱民，比如浙江的惰民，从事抬轿、吹打、唱戏、保媒、接生、理发等行业，高度依附他人、仰人鼻息以谋生立足。所有的贱因，都指向贱民群体不能对身体、职业和人生享有独立权益，也不可能发展自由思想。独立与自由，在中国传统价值观中，始终占据重要的地位。如果一个人连独立的精神、自由的思想都没有，怎么能成为传统社会的精英和统治者，怎么能读书应试呢？尊卑贵贱与精神内涵有关，与财富多寡无关，事实上部分优伶乐户因商业上的成功，经济实力超越了耕读传家的良民，但只要他依然以取悦主家为目的、以卖笑卖艺为谋生手段，就固定在贱民阶层。相反，真正的乞丐不用动辄挨打受骂，自由迁徙，不是贱民；赤贫的苦力可以自主安排每天言行，规划自己的人生，也不属于贱民。

身份尊卑现象长期存在，自有社会思想观念的支撑。随着商品经济的发展、社会流动的增加，明清时期贱民阶层要求突破身份束缚、追求美好生活的呼声越来越高。就官府立场而言，贱民依附于他人，不能进入正常社会，影响了朝廷户籍、兵源和税源的登记与认定。明清官府都支持贱民从良，除娼妓、隶卒等律令明确的贱民外，对其他群体或地域性贱民原则上都鼓励从良。明清社会总体趋向平等，减轻歧视。清朝雍正皇帝进一步消除贱籍，雍正五年（公元 1727 年）谕旨内阁：

> 山西之乐户，浙江之惰民，皆除其贱籍，使为良民。近闻江南徽州府则有伴当，宁国府则有世仆，本地呼为细民，几与乐户、惰民相等。又其甚者如二姓丁户村庄相等，而此姓乃系彼姓伴当、世仆，凡彼姓有婚丧之事，此姓即往服役，稍有不合，加以棰楚。及讯其仆役起自何时，则皆茫然无考，非有上下之分，不过相沿恶习尔。

上谕提到的世仆、细民，就是徽州地区的小姓。对于这些区域性贱民，“应予开豁为良，俾得奋兴向上，免至污贱终身，且及于后裔”。雍正的上谕，理论上让数以万计的贱民家庭脱离贱籍，编户为民，“令下之日，人皆流涕”。然而，现实远非一道上谕能够改变，思想观念和社会舆论非一朝一夕能够扭转，贱民家庭从良后以何为生也是现实问题，因此绝大多数贱民家庭虽然有上谕的支持，无奈还得继续操持旧业，重复先辈的生活。祁门溶口的周姓“因相沿已久，又恐李姓不依，仍照常供役”，即便朝廷在嘉庆十四年（公元 1809 年）再一次发布了开豁贱民令，周姓一族的许多人还是继续给李姓服役。周觉春便成长于这个当口。

道光元年（公元 1821 年）八月十八日，李姓的李应芳、李荣和兄弟俩前往溶口挑货。伴随宗族势力的兴衰，作为大姓的李氏族人也出现了贫富分化。李应芳、李荣和兄弟俩已为贩夫走卒，经济状况不甚乐观。正是对现有生活的不满，李应芳对小姓的从良改业颇有微词。主观上，他不愿意坐视阶层优越感的丧失，不能直面与小姓平起平坐甚至在经济上不如后者的现实；客观上，小姓改业后，大姓就需要重新雇佣工人，雇工费用需要宗族分担，这是笔额外的负担。尤其是李氏宗祠的祭祀、宗族的红白喜事日益增多，雇佣乐人使李姓族人分担的礼乐费用日益高昂。一路上，李应芳不停地向堂弟李荣和抱怨小姓违背世代契约，大倒生活的苦水。

路过周家门口时，李应芳撞见了年轻的周觉春。

李应芳当即命令周觉春去溶口公祠学习吹打，当一名吹手，这是李应芳理解的乡土社会秩序。周觉春断然拒绝了：我尚未决定从事何业，但不会继续从事低微贱业，我不是贱民。

李应芳无名火起，上前要将周觉春强行拉走。周觉春母亲见状，跑出来争夺儿子，且大声叫嚷。双方在周觉春家门口拉扯之际，周觉春堂兄周成志闻声赶来相助。周成志问清了情由，心生气愤，这是要周姓世世代代依附李姓，子子孙孙从事贱业！他决定给李应芳一顿教训，叫来堂弟周容法、周立，胞弟周大毛，儿子周季受四人。周成志操起一根木棒，周容法等四人随手拔出田旁的插篱、木梢，气势汹汹。

周觉春母子势单力弱，李应芳很快将周觉春拉离家门口，往溶口公祠方向走去。周成志五人在后追赶，在程家岭拦住了李应芳等人。周成志大声喊骂，李应芳拿起扁担，转身相迎。周成志抢先动手，挥舞木棒殴伤李应芳的右肋。李应芳用扁担格落木棒，反殴周成志。周成志夺住扁担，彼此拉扯，又松手跌倒在地。李应芳扔掉扁担，将周成志按在地上殴打。周成志的儿子周季受看到父亲被人按在地上殴打，挥舞木梢连续打击李应芳，殴伤李应芳的脊、膂。李应芳忍痛起身捡起扁担，反击周季受，周季受不敌。周容法赶到后，挥舞木梢加入混战。李应芳很快头触地而倒。堂弟李荣和见状，手携木棒上前帮忙。周季受持木梢殴伤李荣和的脖颈，周立用木梢殴伤李荣和的右腿，周大毛也用木梢殴伤李荣和的左肩。李荣和倒地喊骂。原先倒地受伤的周成志又拾起木棒，重新加入战局，殴伤李荣和的左胳膊。周李两家打成一团，因人数悬殊，混战最终演变为周姓五人群殴李应芳、李荣和。

群殴的动静太大，吵到了乡邻。周姓的周隆等人赶到程家岭，喝令周成志等人住手，并将受伤的李应芳、李荣和抬去医治。李应芳伤情过重，旋即殒命。

人命既出，官府介入。仵作验伤，李应芳的致命伤在头部，是周容法造成的。李姓宗族要求严惩，且认为周姓以贱犯尊、以下犯上，要加重处罚。祁门县衙起先定为“周容法殴死家主李应芳一案”，照顾到了李姓的诉求。可是，双方并无卖身文契，且按照朝廷的历次开豁条例，周姓已非李姓的奴仆。然而，开豁令下达后，周容法仍然照常供役，其贱民身份到底存在与否，这就相当难办了。

经过周李两姓宗族的反复诉讼拉锯，再加上官僚机构的冗杂低效，此案竟然拖延了两年多。其间，招呼族人的周成志被认为是主谋，死在监牢中。由于史料阙如，后人无法得知当时的具体情形。综合道光年间其他案件的史料，我们相对能确定的是，这场旷日持久的诉讼在两年内牵动了两个家族的所有精力和资源，众多嫌犯、人证羁押流转在各个审级，也能确定清朝黑暗的狱政是周成志瘐死狱中的重要原因。

道光三年（公元1823年），安徽省认定“周姓与李姓素日虽不敢居于平等，其实并无主仆名分”，“殴死家主案”实为“共殴案”。上报刑部后，刑部最终定论为：

> 周容法合依共殴案内，原谋到官以后，未结之前，监毙在狱者，准其抵命，将下手应绞之人减等，拟流例，杖一百，流三千里。

按照传统中国刑法，以卑犯尊加重处罚。奴仆伤害主人，即非有心，也课以重罪；告发主人，不论诬告还是属实，都是有罪的。相反，以尊犯贱则可以减轻处罚。主人责打奴婢，殴死不问死罪，最重不过徙刑，一般是罚金；而主人诬告奴仆，一概不论。李应芳之死，刑部对周容法的刑罚并未加重，而是按照良民互殴致死、主谋已死、从犯减等的标准来核准的。

两条生命的消失引起了朝野对小姓群体的重视。道光五年（公元1825年），安徽巡抚就小姓的身份问题奏称：“若无卖身文契，又非朝夕服役受其豢养，虽佃大户之田，葬大户之山，住大户之屋，非实有主仆名分者，应请除其贱籍，一体开豁为良，彼此有犯，并同凡论。"这就重申了之前的历次开豁令，明确提出了"卖身文契"和"朝夕服役"两条认定贱民的标准，为之后全国类似的贱民从良事件提供了操作指南。

当日发出"我不是贱民"抗诉的周觉春，后情无考。是老死在了草木繁盛的徽州山区还是走南闯北行商外地，是重蹈了祖辈的覆辙还是另谋生路，无从得知。他就如清帝国亿万计的小民一样，没有文字、没有痕迹，刑案卷宗记录的瞬间就是他留给后世的全部轨迹。

官府对贱民的态度是明确而友好的，但良贱隔阂非一朝一夕能够夷平。相反，徽州大姓与小姓之间尊卑分明、不容僭越的社会状况，一直持续到民国时期。大姓再穷也不齿于做"吹喇叭、抬轿子、唱戏文"的职业，再艰难也不会迎娶小姓人家的女子。违犯者，轻则为族谱除名，重则遭到宗族的生命私刑。多数小姓的人生轨迹并未根本改变，少数能力出众又足够幸运的小姓子弟，积蓄资金，渐渐参与到乡间事务的处理工作中，但在决策时往往不发意见，主动避让大姓；也有读书入仕或捐纳得官的，但即便显达一时，遇到之前的大姓中人，也敬称为叔伯。小姓始终禁止与大姓通婚。

能显达的小姓门户，在徽州少之又少，即便富贵发达了在大姓面前仍低人一等。这种深植内心的自卑自贱，才是明清时期贱民存在的深层基础。

邓承修：杂途官的起伏[①]

同治四年（公元 1865 年），湖北宜都举人杨守敬来到北京参加会试。

天下读书英才为了博个金榜题名尽聚京城，而北京居，大不易，时刻考验着考生的腰包。杨守敬本是偏僻地区的寒门子弟，自幼丧父，由母亲含辛茹苦拉扯大，身子高过柜台不久，便当学徒经商。好在天赋聪明又肯用功，杨守敬陆续考下秀才、举人，又两次来京博取进士功名。可惜，两次名落孙山，囊中羞涩，竟至租住困难的地步。

无奈之下，杨守敬考取了景山官学教习一职。清代困于科场的老举人、老贡生们，常以咸安宫官学、景山官学等内务府学校

① 本文主要参考吴国强《邓承修论》（《广东史志》1999 年第 1 期）、王维江《邓承修：另类“清流”》（《史林》2007 年第 5 期）两文。

的教习职务作为仕途跳板。每月二两银子和些许禄米，令人不至衣食无着；任教满一定年限后，部分教员会被授予低级官职，令人对前途还抱有希望。杨守敬谋得教习职位后，正式加入了“北漂”大军。

杨守敬虽出自寒门，却好金石、书画、典籍之学，在京稍为安定后很快融入文艺群体。他在一次探访金石的过程中结识了有着同样爱好的户部主事陈乔森。陈乔森又将他介绍给了同好金石的刑部郎中邓承修。邓承修的经济状况略好，宅内有空房，便邀请杨守敬搬来同住。杨守敬蹭住在邓宅，断断续续持续到同治十三年（公元 1874 年），两人交情日笃。

邓承修小杨守敬两岁，生于道光二十一年（公元 1841 年），是广东省归善县淡水（今属惠阳市）人，咸丰十一年（公元 1861 年）20 岁的时候中举。邓氏家资较为丰厚，于两年后替 22 岁的邓承修捐纳为郎中，签分刑部。郎中为捐纳京官的最高职衔，无奈员多缺少，需要经历漫长的候补期。杨守敬入住邓宅之时，正是邓承修候补实缺之际。

> 是时，铁香（邓承修字）亦好金石，每日游市上觅所得，其精者归铁香，其次者守敬收之，缘守敬无力买精者。然饮食之费、租屋之费皆铁香任之。计铁香亦非殷实富人，每年不过得其叔津贴数百金，而以之养吾闲人，其志非寻常好客之比。

文艺青年是需要金钱做后盾的，尤其是金石、书画等最耗银子。邓承修家资比杨守敬要殷实（其叔叔每年赞助数百两银子，这对普通百姓来说是一笔巨款），所以承担了共同生活的饮食、租房费用,但依然没有脱离与杨守敬同样的阶层,不然也不会在“游市”上选购金石了。大古玩商、收藏家们，是看不上那些流连在街边门市上的青年人和中低层官员的，他们生活在一个常人未能探知的高级交际圈里。

邓承修的交际圈人数不多，主要有：广东文昌（今海南文昌）人潘存，户部主事；广东遂溪人陈乔森，户部主事；浙江绍兴人李慈铭，户部郎中。他们除了因为同乡、同僚等原因相聚在一起，更因为有着类似的境遇：第一，都是科场不顺，没有进士功名。其中李慈铭十一次参加乡试,无不落第,年近四十还只是一个秀才。第二，都是异途为官，除杨守敬外，其他人都是通过捐纳买官的。李慈铭一心得官，其母变卖家产以遂其志，不惜因此家道中落；陈乔森买官银子不够，还是潘存、邓承修联合给凑的。朝野视这些人为官场异途、杂途，以区别进士出身的正途文官。于是，他们又有了第三个共同境遇——仕途不顺。潘存在户部主事任上“服官三十年，竟无所遇”；邓承修、李慈铭捐纳的都是郎中，却长期没有实职。京官原本俸禄低微，不足以养家，没有实职则连俸禄都没有，科举功名和官员身份完全不能遮盖邓承修这个小团体苦哈哈的生活的实质。加之又是半道买官的读书人，还维持多金的文雅生活，其中酸楚苦寒一言难尽。

北京冬天极其干冷，李慈铭的银子大多花在买书上，竟然无钱买煤，在寒冬中一边战栗一边熬夜读书。为求证文字，李慈铭翻箱倒箧，乐在其中，告诉不解的人说："经义悦人，如是如是！"杨守敬受不了北京生活的穷苦，景山官学教习的差事没有长干，而是几进几出京城，出则谋生谋事、访学问道，入则借宿邓承修家，与圈中好友自娱自乐。

同治十年（公元1871年）又是一个会试年，杨守敬还借宿在邓宅备考。这一次，他收到了另一个圈子的"入场函"：陶然亭雅集的邀请。

陶然亭雅集由部堂高官潘祖荫发起，翰林张之洞主其事，邀请在京的文化名人、青年才俊参会。那是一个邓承修、杨守敬等人仰视的交际圈。京城里平行着一个诸项完美、意气风发的群体，他们进士出身，而且名列前茅；官居翰詹清要职位，前程似锦；指点江山，深得朝堂大员的赏识与支持。比如雅集主事人张之洞16岁中解元，27岁中探花，年少得高名，如果不是中间父亲去世、族兄张之万两次担任考官，他高中进士的年纪极可能大大提前。张之洞等人有先辈蹚出的官场捷径可走，从翰林起步，在翰林、詹事、御史、给事中等清要岗位逐步升转，然后由内阁学士转为部堂卿贰，完成到高层官僚的仕途积累。这个过程需要十几年，而一般文官即便是其中的幸运儿也需要二十多年才能到达部堂卿贰的级别。之后，或是在中央部院轮岗，或是外放地方为督抚，目标都是竞争宰辅之位。此为明清官场的理想捷径，晚清李鸿藻、翁同龢、潘祖荫等无不走的此道。即便没有完成部堂卿贰的积累，由翰詹御史外放地方府道，最终以巡抚藩臬告老退休的，也不在少数，远好过其他文官。

咸同年间，因高比例的军功、捐纳等杂途官员涌入，官场官员拥塞，不同路径之人自我强化群体认同的行为愈发显著。李鸿藻、翁同龢等由理想捷径上位之人，不吝提携同道后生，上下声气相通，声势壮观。文人雅集是他们相互认同、增进友谊的重要形式。每届科举前夕，总有清要先辈张罗雅集，网罗天下英才，预为造势，也提前笼络人心。

杨守敬虽科场不顺，学识却不断增长，尤其是近年来在金石、书法诸项上名声见涨，成了张之洞等人延揽的目标。

多少举子梦寐以求这份邀请，杨守敬却觉察到其中的怪异。雅集虽是文会，会场却直通官场，已在仕途者借此攀附奥援，未入仕途者借机寻求赏识，扬名之余都是实利，真正是个“名利场”。可是现在自己收到了请柬，好友邓承修却被拒之门外。邓承修同为文士，亦多年研修金石、书画，为何不受邀请？邓承修已经幸运地在同治八年（公元 1869 年）获补刑部四川司郎中的实职，可在清要先辈看来依然是杂途异类。思索之后，杨守敬参透了雅集的真意，反感这种“迹近标榜”的名利场，将请柬束之高阁，没有参会。

当年，杨守敬再次名落孙山，继续在北京进进出出。潘存、陈乔森两人耐不住京官的窘困无助，陆续辞官归里，教书育人，以乡绅终老故里。李慈铭终于在第十二次参加乡试后考中了举人，继续追逐进士功名。邓承修也选择了坚持，在刑部郎中任上案牍劳形，做起了部院俗吏。

俗吏通常沉沦下僚，因其刀笔雕琢容易出错，常常受罚，且耗费过多精力，限制了视野和资源，不容易脱颖而出。邓承修极有可能终身在各部院衙门之间流转，毕生心智耗尽在公文之中，但是他等到了一个改变命运的机遇：光绪皇帝继位，大开言路！

在光绪皇帝继位一年前的同治十二年（公元 1873 年），邓承修"以部员补御史"，正好为抓住这次机遇做了充足的准备。

清代掌管监察大权的科道官（御史、给事中）遴选严格，一般从德才兼备、未受处分的中层京官中考选，而且只对拥有进士功名的官员开放，非进士出身的汉族御史只占约三分之一。后人无从得知邓承修当时考取御史的情形，总之是非常幸运或艰难的。他迈出了这一步，仕途便大有好转。按清代官制："在内翰、詹、科、道衙门品望最清，升转特异他官。"多数御史历俸数年后，内升多为京堂，甚至有内阁学士、侍郎的；外放地方，一般以道台、知府任用，也有提升按察使的，而且遇缺先补，安排和日后升迁都快于其他官员。即便如此，御史依然重内升轻外放，大概因京堂卿贰的前程远比道府宽广。

光绪初期大开言路，给御史们提供了发挥的舞台。中国的士大夫本就有公而忘身、介直敢言的传统，历朝历代都有挺身而出、扬利除弊的御史名垂史册。哪怕其中有卖直邀名之人，朝野也相对宽容。光绪朝一旦广开言路，言官奏章便如雪片般飞来，一来有表达欲望，如鲠在喉不吐不快，二来话语权也是实权，可以推进主张，可以打击政敌，自然可以扬名立万，谋取似锦前程。一时间，“遇事敢言，日有献替，虽台长同官，且以白简劾罢”成为风尚。

这股敢言风潮中掌握着主要话语权的仍是那些走理想捷径的上位之人。李鸿藻、潘祖荫、翁同龢等高官将一些敢言的名士引为麾下，加以扶持。《国闻备乘》有“南党北党”条专论此事：

> 李鸿藻好收时誉，诸名士皆因之以起。光绪初年，台谏词垣弹章迭上，号为“清流”，实皆鸿藻主之。唯邓承修、边宝泉[1]无所依倚。鸿藻每入见，凡承旨询问，事不即对，辄叩头曰：“容臣细思。”退朝即集诸名士密商，计既定，不日而言事者封事纷纷上矣。

清流党人将陶然亭雅集的风格传承下来，名为点评时政，实为协调行动，活跃在光绪朝早期的多次政治风波之中。这些清流党的代表人物有张佩纶、陈宝琛、张之洞、宝廷、洪钧、吴大澂、缪荃孙、黄体芳、何金寿、王仁堪等人。邓承修是其中极个别既

① 边宝泉，同治二年（公元1863年）进士，历任翰林编修、御史、给事中等，直言敢谏，官至闽浙总督。

没有进士功名，又是捐纳得官的另类。他和张之洞、张佩纶为代表的主流清流党人，始终是两类人。

但是，在思想上，邓承修忠实承袭了坐而论道、耿直敢言的言官传统，这一点和张之洞等人是契合的。部院、州县官员只看重工作的好坏、结果，言官则更在意对错、过程，而判断是非对错的标准便是儒家圣贤的教诲和观念。天地有正道，政治清明全赖持正守道；政治暴露种种问题，是混淆了是非、背离了圣贤教诲的后果，迫切需要纠正。邓承修强调“臣之所虑者在于纪纲不振、赏罚不行”。纪纲是儒家理念和先贤教诲，是治国正道，而赏罚则是政治实践，涉及行政的人事核心问题。邓承修在言官任上的弹劾参奏，无不是围绕这两点展开的。（通观历代言官，指摘的核心都没有偏离这两点。）中俄伊犁交涉期间，邓承修上疏痛斥朝廷专使崇厚“怯懦专擅，不顾国事”，用大批领土换取了俄军的撤军。他建议拒绝草签的条约，另遣使臣，重新谈判；还建议选将练兵，养精蓄锐，做好与俄军激战的准备。至于弹劾朝臣言行失仪、官民紊乱身份等，更是邓承修等言官的常事。

言官不负实际行政责任，频频空发议论，难免给其他官员纸上谈兵、不敷实用的感觉。内忧外患夹击之时，总是言官章奏迭上之际，很多官员讥其为“杀贼御史纸上兵”。光绪初年，军功、洋务等板块官员大多无功名，学识较差，在正途言官面前颇有压力，心底颇为抵触言官。双方矛盾激烈，明里暗里相互攻讦，客观上强化了双方的群体意识，给朝野一种清流结党、空谈误事的感觉。言官的存在，始终毁誉相伴。

邓承修一任御史，便激烈参奏弹劾，成为此股言路中的先锋人物。《清史稿》记载：

> 先后疏论闱姓赌捐，大乖政体；关税侵蚀，婴害库帑；以考场积弊，陈七事纠正之；吏治积弊，陈八事肃澄之。又劾总督李瀚章失政，左副都御史崇勋无行，侍郎长叙等违制，学政吴宝恕、叶大焯，布政使方大湜、龚易图，盐运使周星誉诸不职状。会边警，纠弹举朝慢弛，请召还左宗棠柄国政。逾岁，彗星见，则又言宗棠莅事数月，未见设施，而因推及宝鋆、王文韶之昏眊，请罢斥，回天意。是时文韶方向用，权任转重，会云南报销案起，又严劾之。

统计邓承修弹劾的宰辅一级的人物，就有大学士、军机大臣宝鋆、左宗棠、王文韶、文煜，其他达官显宦有礼部尚书恩承、都察院左都御史童华、四川总督丁宝桢、广东学政吴宝恕、使俄特使崇厚、云贵总督张凯嵩、浙江巡抚谭钟麟、户部右侍郎长叙、山西布政使葆亨、湖广总督李瀚章、左都御史崇勋、山西布政使方大湜等。如果再加上中低层官员，说邓承修单挑整个官僚体系或许是夸大其词，但说他得罪了半个帝国官场应当不为过。

光绪八年(公元1882年)，邓承修荣升地位更加显要的给事中，声名与张佩纶、宝廷等之前的政坛明星并驾齐驱，人送“铁面御史”

的绰号。当时北京城里有“勿声张，声张邓铁知之不敢当”的民谣，专门用来吓唬吵闹的小孩子。慈禧太后对邓承修的评价也相当正面：“向来办事尚认真，才具亦好。”

邓承修骂遍天下，却声名鹊起，尤其是得到统治者的肯定，自然因其有过人之处。同时期，梁鼎芬弹劾李鸿章“可杀”，遭革职；黄体芳弹劾李鸿章办海军问题，降调御史。朝廷设言官，用为皇权之耳目爪牙。一旦言官调转枪头，指摘皇权过错，便为统治者所不容。李鸿章练兵也好，办洋务也罢，即便有错，客观上都在巩固皇权，慈禧太后是支持的。李鸿章妥协也好，投降也罢，千夫所指，可哪一回不是慈禧太后准许的？很多言官拿捏不好批评李鸿章和抨击皇权之间的微妙关系，如梁鼎芬、黄体芳一般黯然谢幕。邓承修发言，无不维护皇权，他相信一个奉行儒家学说的中央王朝是国泰民安的前提。比如，山西布政使方大湜赴京听候简用，中途绕赴天津，由李鸿章代为称病请假后径自回籍修墓。邓承修弹劾方大湜“避国门而趋权门，重私情而忘公义”，以劾方之名牵涉李鸿章，暗指李鸿章“结党”，慈禧就接受得了。长年部院的刀笔历练，邓承修的公文写作、圣意揣摩功力确实强过那些书斋中摩挲金石的名士。先前的俗吏岁月没有虚度。

光绪十年（公元1884年），邓承修连续官升三级：闰五月升内阁侍读学士；七月授鸿胪寺卿（正四品），正式身处卿贰的行列；八月兼任总理衙门大臣，再添一实权差事。咸丰状元、光绪帝师、尚书翁同龢同时兼任总理衙门大臣，第一次零距离接触了邓承修，在日记中记下“始识邓铁香”。邓承修终于扬名朝堂，握有实权。

有一个说法：邓承修对总理衙门的差使起初是抗拒的，甚至情愿“改就武职”，因朝廷不准才勉强供职。他一方面是担心“宠任既溢其涯，颠覆亦随而至”；另一方面是因为总理衙门专同“夷人”打交道，遭人唾骂，唯恐污了“名节”。前者是君臣相处的经验总结，后者不免存有夷夏大防的偏见。深究原因，言官如想进步，势必从事具体政务，政治理想终究要在现实中着陆。

就在邓承修进入总理衙门之时，统治者决定把清流言官铁骨铮铮的纸上摹画付诸实践，希望对内忧外患的解决有所裨益，于是清流名士纷纷承担起实际政务：张之洞外放了山西巡抚，很快褪去清流色彩，通达权变，变为洋务和地方精英，终成一代名臣；张佩纶因会办海疆事务，署理福建船政大臣，但在中法马尾海战中指挥失措，导致福建水师全军覆没，被革职发往军台效力。清流从政如张之洞般成功转型，从“名流”变为“名臣”的凤毛麟角；多数都如张佩纶般折戟沉沙，平添了一段赵括般的谈资。众目睽睽之下，邓承修也裹入这股清流从政的浪潮中。那么，他会是哪种结局呢？

邓承修兼职总理衙门的洋务，主要是处理中法交涉，这与他之前高调的参奏中法战争有关。光绪十年前后，中法在越南爆发战争，清军全线溃败。邓承修先是弹劾云南巡抚唐炯、广西巡抚徐延旭丧师辱国，要求从严惩处，接着力主把广西提督黄桂兰等“军前正法”，并上疏纵论两粤防务。唐炯等遭革职判罪，黄桂兰在军营自尽。如今，邓承修亲涉其中，旁人自然产生“你行你上”、看你如何作为的感想。

中法交涉的第一个难题是朝廷战和不定。晚清朝廷面对外敌，始终无法抛弃虚幻的优越感，坚定不了奋战或和平的决心。中法战火燃起，以李鸿章为首的部分疆臣主张迟和不如早和；慈禧太后下令廷臣会议，在会议期间突然发布懿旨，指出李鸿章“尚属老成之见”，可又不明确指示与法国和谈。邓承修明确主战，认为“三路攻越”是上策，“分兵为守”是中策，“不敢言战”是下策，力主滇粤合兵迅速进攻，但是朝廷没有采纳他的建议。第二年，邓承修赴天津，协助李鸿章与法国公使巴特纳签订和约。此和约的签订，是在清军取得军事胜利的背景下，朝廷反而向法国出卖越南权益的退缩之举，堪称外交奇闻。一心求战的邓承修作为中方代表之一，心中不忿与屈辱，可以想见。

邓承修还都后，申请归家省亲。未出都门，朝廷命他赴广西与法国人会勘中越边界。邓承修跋涉数千里来到广西边境，单骑出关与法方交涉勘界事宜。

中越勘界是落实中法条约的具体举措，关系到国家利益与子孙后代。之前，中国与藩属国越南之间并无明确边界，边境地区确实存在大量模糊地段。行前，邓承修的基本原则是对于中华土地，“尺寸不可出让”。考虑到此事不可能短时间完成，需要通盘筹划，慈禧太后对邓承修的原则是肯定的，密谕训令邓承修“多争一分即多得一分之利益”。但是，转到光绪十二年（公元1886年）年初，慈禧又决定迅速完成勘界，还下旨斥责两广总督张之洞、勘界大臣邓承修“胶执成见”，“久沦越地者，均不必强争”，“总期速勘速了”。如此反复，如此严厉，邓承修腾挪的空间已近全无。

前方封疆大吏对此事的持论也不令人省心。云贵总督岑毓英请求朝廷令法国退还于《天津条约》中窃取的北圻等地，于河内、海阳通商；两广总督张之洞坚持模糊地带为历朝旧界，要求划归中华，进一步指出法国人兵病饷艰，越南动乱不已，建议朝廷毁约进击。邓承修位在疆臣之下，于勘界一事并不能专断。如今身处乌烟瘴气的边境，原本就不健硕的身体也吃不消了，身心疲倦之下，他只能硬撑着勘界。

在勘界前方团队中，邓承修也品尝到了官场掣肘之苦。帮办勘界事务的李兴锐，长邓承修13岁，曾为江忠源、骆秉璋和曾国藩部属，又受李鸿章荐举前来，为直隶候补道，虽同为正四品，但资历远非邓承修可及。李兴锐在勘界时曾越过负责的邓承修，擅自答应法人条件，事后为邓承修所推翻。李兴锐因此与邓承修为敌，借口疾病撂挑子。邓承修心力交瘁，以病乞医。慈禧训斥其为“负气规卸”，不久又痛斥其“饰词规避，始终执拗，殊属大负委任”，下旨将邓承修交部严加议处，暂时戴罪立功，要求迅速完成勘界，“傥再玩延，致误大局，耆英治罪成案具在，试问该大臣等能当此重咎乎”？至此，邓承修感受到了打碎牙齿和血吞的苦涩。

事非亲历不知难。清流上浮，好以上帝视角指点江山，却不知在帝国体制下实务之艰，有抱负、有想法的官员，做事更难。邓承修秉持的信念，让他不允许自己自暴自弃、尸位素餐，只能咬紧牙关，遵旨迅速推进勘界。其间，他于光绪十三年（公元1887年）正月再次提出异议，结果又遭慈禧“勿再骛此虚言”的警告。一个月后，邓承修终于完成中越边境勘界任务，在中法文书上签下大名。法国人举办了庆祝仪式，邓承修“饮法人香槟酒，微醉”。香槟不易醉人，想必邓承修的心已经乱了，气已经泄了，酒精方才趁虚而入。

因为勘界功劳，朝廷“加恩宽免”了邓承修的处分。但邓承修去意已定，屡次恳辞，终于在光绪十四年（公元1888年）获准开缺。他此时正处40多岁的盛年，仕途还有大把上升空间，却自断前程。个中缘由，不外乎是他对二十载京官浮沉、数年洋务实操的疲倦与失望，是他品尝官场辛酸后的无奈选择。辞职回籍后，邓承修于丰湖书院任教，以“端学术，正人心”为学规，光绪十八年（公元1892年）年初病逝于惠州，享年51岁。

而在邓承修指点江山的光绪六年（公元1880年），51岁的李慈铭考中了进士。年过半百的他特地刻了一枚闲章自嘲：“道光庚戌茂才，咸丰庚申明经，同治庚午举人，光绪庚辰进士。”又过了十年，李慈铭也考取了御史。年过花甲的他已经过了争论是非曲直的年纪，接受了北洋系统每年1100余两的“束脩”，在清流同僚竞相痛骂北洋总督李鸿章之时，“慈铭在言路，不劾李鸿章”。光绪二十年（公元1894年），中日甲午战争爆发，李慈铭闻讯咯血而卒，时年66岁。

此时的杨守敬已经游荡在各处书院、幕府、州县三十多年，无进士功名，谋州县官职而不得。光绪三十二年（公元1906年），朝廷终于选授他为安徽霍山县知县。年近古稀的杨守敬淡然笑之，辞不赴任。他是邓承修那个小圈子里唯一一位迈入民国的，也是学术成就最高的，是公认的清末民初历史地理大家、金石名家、书画大师和藏书家。北洋政府聘其为参政院参政。1915年，杨守敬在北京逝世，终年76岁。袁世凯策令："参政院参政杨守敬，学术湛深，著述宏富，硕德耆献，海内知名。其生平事实，著宣付国史馆立传，以彰宿学。"

载沣：正常的失败者[①]

政治斗争，有胜有败。失败者安静退场，本属理所当然。但在中国历史上，少有平心静气的失败者，多的是怀恨在心的复辟者。清亡民兴之际，被推翻的满族权贵中就出了一些复辟者，但总的来说，满族权贵的复辟运动动静不大，几乎可以忽略。究其原因，从满族权贵自身来说，除了长期养尊处优导致素质退化，政治上难有作为，作为晚清政权领袖的隆裕、载沣二人的淡泊、豁达、与世无争，也是不可忽视的重因。

---

① 本文有关隆裕的史实主要来源于那根正、郝晓辉《我所知道的末代皇后隆裕》（中国书店出版社，2000 年）和赫德兰《一个美国人眼中的晚清宫廷》（百花文艺出版社，2002 年）两书；有关载沣的史实主要来源于溥仪《我的前半生》（群众出版社，2007 年），溥杰《溥杰自传》（中国文史出版社，2001 年）第二章“父亲醇亲王载沣”，龙翔、泉明《最后的皇族——大清十二家“铁帽子王”逸事》（北京大学出版社，2011 年）等书。

公元 1908 年，慈禧太后临终前，设计了隆裕皇后和醇亲王载沣共同掌权的政治格局。她这么做多半是出于私心，想把实权保留在叶赫那拉家族手中。但这一决定影响了清朝的国运，也彻底改变了隆裕和载沣两个人的命运。

隆裕太后时年正好 40 岁。同治八年（公元 1869 年）正月初十，隆裕诞生在北京朝阳门内芳嘉园，正名叶赫那拉·静芬，小名喜子。父亲桂祥是慈禧的胞弟。据说隆裕小的时候，慈禧就给桂祥留话："喜子不要嫁给别人。"长大后，隆裕进了紫禁城，成了比自己小三岁的光绪皇帝的皇后。她既是慈禧的侄女，又是慈禧的侄媳妇，当然在名义上，她是慈禧的儿媳妇。

现代很多作品把隆裕描绘成一个昏庸、悍妒又专权的女人，仗着慈禧的宠信横行后宫。而在清人和民国的笔记中，隆裕是一个苦闷、平常的女子，并不受慈禧的宠爱。相反，慈禧相当喜欢聪明活泼的珍妃和工于心计的同治皇帝的妃子瑜妃。隆裕既得不到慈禧的关怀，又得不到丈夫光绪皇帝的爱，只能在后宫对坐枯灯，生活单调而枯燥。冷板凳一坐就是二十一年。老醇亲王奕譞逝世的时候，隆裕作为事实上的儿媳妇，要上门诣祭。皇后驾到，总要犒赏门丁、仆媪等人，需要上千两银子。隆裕根本没有这个意识，也穷得拿不出这笔钱，就空着手去了醇亲王府。最后还是王府代她出了这笔赏银，对外宣称是"皇后有赏"。隆裕知道实情后，大惭。一年后，醇亲王府举办奕譞的周年殷祭，隆裕百般筹措还是没有凑足赏银，就借口生病不去祭奠，说来实在有些悲凉的感觉。

关于隆裕的为人处世，经常出入宫廷的德龄评价她“个性温和”，“不爱管事”。美国传教士赫德兰在华二十多年，其妻给许多朝廷贵妇看过病，接触不少高层人物。他说：“隆裕皇后长得一点都不好看，她面容和善，常常一副很悲伤的样子。她稍微有点驼背，瘦骨嶙峋，脸很长，肤色灰黄，牙齿大多是蛀牙。太后、皇上接见外国使节夫人时，皇后总是在场，但她坐的位置却与太后、皇上有一点距离。有时候她从外面走进大殿，便站在后面一个不显眼的地方，侍女站在她左右。在别人不注意的时候，她就会退出大殿或者到其他房中。她脸上常常带着和蔼安详的表情，总是怕打扰别人，也从不插手别人的事情。”

隆裕的弟弟德锡回忆姐姐：“作为一个女人，她遵循了旧体制下‘无才便是德’的传统，所以她谨言慎行，从不嚣张跋扈，从不怨天尤人。她努力地生活在那个沉闷的世界里。”隆裕曾对弟弟说：“我知道在这个皇宫里，大家都不喜欢我，而且我也不明白为什么大家都不喜欢我。我每件事情都尽量做得小心，每件事情能忍则忍，能让则让，可为什么大家对我还是这样？”隆裕口中的“这样”包括他人的误解，也包括慈禧在世时对她的忽略。她仿佛就是个邻家大姐，一心要过安稳的好日子，谈不上什么远大志向，也没有执政的能力。

慈禧太后死后，隆裕升格成了太后。慈禧可能希望隆裕成为另一个自己，但隆裕既没有能力，也没有兴趣成为“慈禧太后第二”。

她暴得富贵，一时间有些手足无措，作为对之前苦闷、失败生活的补偿，“唯得时行乐而已”。她能想到的行乐手段也就是听听戏买买东西罢了，倒不会对国家造成什么伤害。至于军国大事，她都推给载沣处理，当起了“甩手掌柜”。

辛亥革命爆发，载沣被迫下野，隆裕不得不登台亲自决策。她几乎以奕劻、袁世凯等人的意见为意见。隆裕在政治上独立做出的也是最有影响的决策，就是决定宣统皇帝溥仪退位。隆裕看重的是保全爱新觉罗家族的身家性命和那每年400万的优待条件。以恭亲王溥伟为首的一批权贵激烈反对，颁布退位诏书之时，溥伟试图闯宫大闹。隆裕突然变得坚定起来，下令关闭宫门，强行颁布诏书，在形式上确认了清朝的结束。

和40岁的隆裕搭档的是25岁的摄政王载沣。

光绪九年（公元1883年）正月初五，爱新觉罗·载沣出生于北京宣武门内太平湖醇亲王府。父亲奕譞是道光皇帝的儿子、咸丰皇帝的弟弟、光绪皇帝的父亲，谥号“贤”，《清史稿》中称其为“（光绪）皇帝本生考”。他娶了慈禧胞妹为妻，所以既是慈禧的小叔子，又是妹夫。奕譞的一生，战战兢兢、谨小慎微，他给子孙定下家训：“财也大，产也大，后来子孙祸也大。若问此理是若何，子孙钱多胆也大。天样大事都不怕，不丧身家不肯罢。财也小，产也小，后来子孙祸也小。若问此理是若何，子孙钱少胆也小。些微产业知自保，俭使俭用也过了。”

载沣很好地继承了奕譞的作风，恪守家训。“小时候但凡吃烧饼，载洵尽吃芝麻，盘里甭管几个烧饼，有芝麻的一层尽数归他。弟弟载涛好吃麻酱，烧饼中有麻酱的部分全被载涛扫荡。剩下的才归载沣，载沣也是一笑了之。”（龙翔等《最后的皇族——大清十二家“铁帽子王”逸事》）。长大后，载沣缄默少语，相貌清秀，不及中等身材。作为庶出的小儿子，载沣本来是和权力无缘的，但哥哥们不是早亡就是进宫当了皇帝，载沣成了事实上的长子，9 岁时父亲去世，便袭承了醇亲王爵位。

胞弟载涛评价载沣：“遇争优柔寡断……做一个承平时代的王爵尚可，若仰仗他来主持国政，应付事畿变，则决难胜任。”晚清时期，满族子弟中缺乏可用之才，荣禄、奕劻之下无人可续。慈禧不得不超擢年轻人上台。于是，满族年轻权贵粉墨登场。载沣登上政治舞台，是在八国联军大乱后去德国“谢罪”之时，时年 18 岁。“德国本打算让我父亲见德皇时行中国式的跪拜礼，由于父亲不答应，经多方交涉算是没有再度丢脸。在见到德皇和在德国参观后回到北京。这件事使慈禧觉得父亲办事有能力，更加重用他。”1908 年，光绪、慈禧相继逝世，幼子溥仪登基称帝，载沣突然成了摄政王，“监理国事”。

溥仪的登基和载沣的上台，带有某种强烈的预兆。1908 年 12 月 2 日，清朝最后一次登基大典。天气奇冷。小溥仪被折腾了半天，等被抬到太和殿，再放到又高又大的龙椅上的时候，小孩子的耐性完全丧失了。溥仪放声大哭。典礼刚刚开始，当时王公大臣、文武百官正要对他行三拜九叩礼，载沣单膝侧身跪在龙椅下面，双手扶住儿子，不让他乱动。溥仪挣扎起来，哭喊得更凶了："我不挨这儿！我要回家！我不挨这儿！我要回家！"三跪九叩礼行起来没完没了，小皇帝的哭叫声越来越响。载沣急得满头是汗，只好哄他说："别哭别哭，快完了，快完了！"

典礼结束，文武百官窃窃私议起来："王爷怎么可以说'快完了'呢？""太不吉利了！"大家都垂头丧气地散去，觉得载沣的话给刚刚揭幕的宣统王朝罩上了不祥之兆。三年多后，小皇帝溥仪宣布退位了，载沣的"快完了"成了一句谶语。

半个世纪后，次子溥杰回忆道："我父亲虽然成了国家拥有最高权力的人，可是他是个老实人，也和我祖父一样，都是把权力看得较淡。""我曾看过父亲那个时候的日记。在日记里没找到多少材料，却发现过两类很有趣的记载。一类是属于例行事项的，如每逢立夏，必'依例剪平头'，每逢立秋，则'依例因分发'；此外还有依例换什么衣服，吃什么时鲜，等等。另一类，是关于天象观察的详细记载和报上登载的这类消息的摘要，有时还有很用心画下的示意图。可以看出，一方面是内容十分贫乏的生活，一方面又有一种对天文的热烈爱好。如果他生在今天，说不定他可以学成一名天文学家。但可惜的是他生在那样的社会和那样的家庭。"

载沣在政治上乏善可陈。他和军机大臣们同席议事，一切不敢自专，别人说什么都觉得有道理，就是没有自己的主张。往好了说是"监国性极谦让"，往坏了说就是"无能"。无能也就罢了，载沣还不敢任事。东三省总督锡良、湖广总督瑞澂入见，陈述各自辖区的政务。载沣召对时只慰劳了几句场面话，便无话可说了。瑞澂想向载沣汇报湖北革命党动态，开口说了几句，载沣就打断他：“你的痰病还没好吗？”瑞澂马上住嘴，不再说话。出使日本大臣汪大燮屡次密陈日本政治动向，提醒载沣关注日本势力的扩张，一直没接到载沣的回复。汪大燮干脆赶回国内，请求面陈机宜。他对着载沣慷慨陈词，载沣默然无语，最后提醒汪大燮说：“已经十点钟了。”言罢便让汪大燮退下。

当然，作为摄政王，载沣在1909年到1911年间也不是毫无作为。毕竟时代不同了，新情况、新事物不断扑来，载沣多少沾染了新观念。在根子上，载沣肯定是希望大清王朝复兴强盛的，也不反对汹涌时兴的立宪思潮。他基本继承了慈禧末年开启的新政事业，继续推动预备立宪。资政院、咨议局及其选举，都是在这几年成行的。只是载沣相信一点：执政者必须掌握大权，满族亲贵们只有大权独揽，才能确保王朝长治久安。他无视地方分权及近代化大幕已开启的国情，重用少年亲贵，大力推行中央集权，激化了矛盾，加快了革命的到来。当然，如寄希望于载沣主动放弃满族亲贵的权力，未免对他期望过高。清廷立宪的本意，就是巩固皇权，用改革来对抗革命，绝非采纳西方民主制度。

不可忽视的根本一点是，载沣执掌的清朝大船，早已经破败不堪、积重难返了，再精干的舵手也无力回天，何况平庸如载沣之辈。

溥杰回忆："在辛亥革命成功以后，父亲立即主动放弃了摄政王的地位，回家以后反而高兴地对家人说：'从今天起我可以回家抱孩子了！'说罢轻轻抱起了我。当时母亲被他那种轻松的神气气得哭了一场，父亲倒是心安理得地开始了新生活。"宣统皇帝溥仪则回忆："（母亲）后来告诫弟弟：'长大了万不可学阿玛那样！'""他对那三年监国是够伤脑筋的。那三年可以说是他一生最失败的三年。"

从1912年开始，载沣和隆裕从高处跌落，过起了"退休生活"。

清朝灭亡后，隆裕在紫禁城里又过起了沉闷无聊的生活。慈禧早早就决定了隆裕的人生，也毁了她的幸福。"隆裕曾经对爷爷（其弟德锡）说：说真心话，我是一个与世无争的人。虽然嫁的是皇上，可并不像民间其他女子一样，能享受到那种刻骨铭心的爱情。女人可以不要别的，但女人一定是需要爱情的啊。没有爱情，我退而求其次，想寻求点平静，可在这个是非之地，我能有平静吗？""隆裕哭着说：我真的很难受，在这个皇宫里，别人都以为我很风光，可到底有多难，只有我自己知道。夜深人静的时候，我经常睡不着。家里人都不明白，明明当了皇后，是到宫里来享福来了，可我为什么老这么快。其实在宫里的这些日子，对我来说，没有一天不是煎熬，这也是我老得快的主要原因。"（那根正、郝晓辉《我所知道的末代皇后隆裕》）

蔡东藩在《民国演义》中对隆裕的晚景有生动的描述："隆裕太后长期忧郁，以致积郁成疾。虽然慨然下诏逊位，但实际上仍是‘让国仍存亡国恨’，以为愧对创业的列祖列宗。心中一直郁郁不乐……积成肝郁，尝患呕逆。延至民国2年（公元1913年）正月，胸腹更隆然高起，日渐肿胀……正月初十日，适逢她的‘万寿节’，循例于御殿受贺，见民国大总统袁世凯的专使梁士诒，用着外国使臣觐见的礼节祝贺，不免悲从中来，且宗室王公大臣多半回避，不肯入贺，殿上不过寥寥数人，昔年权柄在握时的盛景全非。因此，愁病交加。再加上‘万寿节’内，天气晴暖，殿中所用素炉热气过高，感受炭气，致使病情加剧。从此，卧床不起。”“二月二十一日，隆裕后已是弥留，到了夜间，回光返照，开眼瞧见宣统帝在侧，不觉呜咽道：‘汝生帝王家，一事未喻，国已亡了，母又将死，汝尚茫然，奈何奈何？’说至此，喉间又哽咽起来，好一歇复发最后的凄声道：‘我与汝要永诀了。沟渎道涂，听你自为，我不能照顾你了。’言讫，已不能言。”

蔡东藩的描述多有文学的虚构，但也包含了若干真实的信息。清亡后，隆裕对亲手葬送祖宗的江山社稷耿耿于怀，抑郁成疾。她常常在宫中漫无目的地游走，沉默不语，饿了就吃些果品充饥。她还写过“每睹宫宇荒凉，不知魂归何所”之类的文字。1913年2月22日晨，忧愁的隆裕太后病逝，享年46岁，入葬清西陵，陪伴并不爱她的丈夫光绪皇帝。

民国政府和社会舆论对隆裕评价极高。她的葬礼备极哀荣，政治人物纷纷捧场，民国政府在紫禁城太和殿设立祭堂，顶端正中挂一大匾：女中尧舜。

载沣在清亡后的日子也过得很平淡，但他的心态很好，没有郁郁寡欢，更没有像隆裕那样抑郁成疾。

载沣曾书对联“有书真富贵，无事小神仙”来明志。溥杰回忆道：“父亲本来是个淡泊的人，早晨起来向祖母请过安后，就到宝翰堂书房去洗脸吃早点，然后看书写字。中午和母亲一起吃午饭后，又到他的书房里继续看书。到了吃晚饭的时间，回到内宅和母亲一起吃晚饭，饭后又到祖母处问晚安。然后他们夫妻俩说些闲话，结束一天的生活。”“父亲喜欢读书，各种书报杂志都看，经常读的是史书，尤其是《资治通鉴》。晚年自号‘书癖’，他有方图章，刻的是‘书癖’两字；也爱看戏，喜欢看杨小楼、梅兰芳、谭鑫培等人的戏。他甚至还喜欢学点天文学。夏季夜晚，他给孩子们指认天上的星座。每逢日食出现，他和孩子们隔着熏黑的玻璃片观察太阳，并把日食、月食经过的情况记入日记，附上工笔绘画的图形。我常想父亲如果不当摄政王，专门读书研究的话，一定会有相当成就的。”

“1912 年 9 月孙中山先生来北京，要见我父亲。父亲有些紧张。孙中山先生不是说过要‘驱除鞑虏’吗？这‘鞑虏’不就是满族吗？父亲怀着忐忑不安的心情在家里接待了孙中山先生。一见面，孙中山先生就说：‘你拥护共和，这很好呀！虽然你是摄政王，但将来在中华民国五族共和的大家庭里，你还是有前途的。’我父亲说：‘我拥护民国，大势所趋，感谢民国政府对我们的照顾。’”孙中山向载沣赠送了照片。隔日，载沣回访了孙中山。

伪满洲国成立后，载沣又成了“皇父”，平淡的日子受到了干扰，干扰主要来自日本人和伪满洲国的“邀请”。对日本人的拉拢，载沣一概婉拒，不受利用。

溥杰回忆：“父亲生前坚持不参与伪满洲国事，只是短时间去看望过溥仪两三次。他曾表示不同意溥仪当伪满皇帝，因为溥仪不听，气得哭了一场。溥仪想把父亲留在东北，他用装病等方法坚持回到北京。”幼子溥任回忆，他 16 岁时陪着父亲载沣去长春看溥仪。“有一天晚上，屋里只有载沣、溥仪、溥任的时候，载沣语重心长地对溥仪说：‘别拿日本人当傻子，他们不傻。他们不会打下江山让你坐，朝鲜就是个例子。古代的石敬瑭也是个例子。当这个皇帝没意思，不如当个百姓，活得像个人。’载沣说完这话，神色怡然，仿佛放下了千斤重担似的轻松。溥仪听完这话，起身去拉门，还探出身子左右看了看，待关好了门，才悄声对载沣说：‘往后您别再出关，弟弟妹妹们也别再出关，就是我请，也别再来。’”

抗战期间，载沣先是避居天津，1939 年迁回北京王府。1947 年他利用王府屋舍，出资创办了竞业学校。

1949 年北平和平解放。载沣遣散了王府的下人，着手处理醇亲王府的善后工作。征得北京大学同意后，载沣把王府收藏的图书、文献等悉数捐给了北京大学。接着，他以一亿元（折合新人民币一万元）的价格出售了王府，举家搬到了西扬威胡同的一所普通四合院中。整个院子有十几间房子，载沣亲手在庭院中栽了两株海棠。载沣死于1951年2月，享年68岁，葬于北京福田公墓。载沣生前在福田公墓购买了十个墓穴，或许有意让家人一起安息于此。

附录：嘉庆十年进士同学会

传统中国，身份严明，但社会阶层流动始终频繁。“朝为田舍翁，暮登天子堂”和“旧时王谢堂前燕，飞入寻常百姓家”的上升下坠现象，国人习以为常。阶层流动是社会稳定的调节阀，而科举制在其中扮演了关键性角色。

科举制度与阶层流动的关系，近年渐成历史学科研究的热门话题。论者通常将考中进士作为一个家族社会阶层晋升的终点。诚然，进士是最高科举功名，进士高中即在理论上具备直接出仕的资格，且以七品官为起点，已然位列官僚集团的中层。所以人们似乎默认，新科进士们前程似锦，其人生与家庭将继续高歌猛进。那么，进士们的仕途发展到底如何？是否实现了进一步的阶层跃升呢？

我们选取科举制高度成熟、社会环境和平的嘉庆十年（公元1805年）乙丑科的进士为样本，延后两百多年给他们安排一场“同学会”，看看他们的宦海沉浮。

嘉庆十年，岁在乙丑，夏四月戊寅放榜。《明清进士题名碑录索引》[1]中记载了243名进士，计有一甲进士及第彭浚、徐颋、何凌汉3人，二甲进士出身徐松等96人，三甲同进士出身叶申万等144人。

清朝对新科进士施行的朝考，是进士仕途分流的第一大坎。

除一甲3名进士直接授职翰林院修撰、编修外，二、三甲进士都要接受朝考。朝考在清初原本带有复核的意味，后演变为进一步的选拔考试，考试内容除诗赋外偏重策论。朝考分出一、二、三等，再结合殿试、会试名次，其中的优秀者钦点为翰林院庶吉士，余者分发中央部院衙门见习、分发各省以知县即用，或者归班铨选等候分配。据《嘉庆实录》记载，嘉庆十年进士朝考分流的情况如下：

	庶吉士	中央部院衙门见习	即用知县	归班铨选
人数	81	13	87	59
比例	33.75%	5.42%	36.25%	24.58%

两宋以后，非进士不入翰林，非翰林不入内阁，入选翰林几成封侯拜相的必由之阶。庶吉士就是“预备翰林”，一般为期三年，其间由翰林院中经验丰富者为教习，向其授以各种知识。三年后再进行散馆考试，择其优者正式拜为翰林，其余量才录用。嘉庆十年入选庶吉士的比例略大于1/3，彰显朝廷对新科进士的重视。其中，二甲96人中有64人入选庶吉士，占比66.67%；三甲

① 朱保炯等编:《明清进士题名碑录索引》,上海: 上海古籍出版社,1980年。

144 人中只有 17 人入选庶吉士，占比 11.81%。三甲进士如果在殿试中名次过低，除非在朝考中有超常发挥，否则很难入选庶吉士。

分发中央部院衙门见习的进士有 13 人，一般试用两三年后会以主事任用。明清京官仕进优于外官，晋升难度相对小，地方官上升竞争激烈，因此留在中央部院衙门见习的进士的出路仅次于预备翰林。13 人中，吴玉堂原本就是兵部候补主事，正六品官，中进士后以兵部主事即用。为何已经是朝廷命官的吴玉堂要“回炉”应试？首要原因便是科举是官场正途，进士是正途中的精英，朝廷遴选官员首重进士出身；其次是因为许多官职限定了必须是进士出身的任职条件，主要集中在吏部、礼部、学官等部门。进士出身既可加重日后进步的分量，又可以扩展任职范围，吸引了不少非进士出身的官员“回炉”考试。吴玉堂的特殊情况还在于他的兵部主事是候补的。清朝中期以后，官多职少，官员纷纷候补，有长达数年甚至十几年之久的。进士出身可免去候补期，何乐而不为呢？新进士中还有一名陈兰策，应试时身份是候补同知，正五品官，情况应与吴玉堂相同。

分发各省以知县即用的有 87 人，其中陈兰策免去候补，以同知即用。所谓即用，是相对候补而言，事实上，地方官职亦僧多粥少，各省皆积压了大批分发到省的官员候缺，新进士到各省后也要排队。作为优待，一旦县份出缺，先安排新进士任职，即可称为“即用”。理论上，新进士相比其他出身官员可免候补期或候补期较短，但在实践中，清朝中后期，地方督抚垄断辖区官员调署权，新进士的任职优势并不明显。《道光实录》道光二年（公元 1822 年）记载，江苏督抚违例将专管河务的县丞王国佐两次委署吴江知县，长达数年之久，正式的吴江知县傅廷兰迟迟未能实任。傅廷兰便是嘉庆十年分发地方的即用知县，此时距离他考中进士已经过去 16 年了。

剩余的 59 人，占比将近 1/4，需要具体情况具体分析。

他们当中的绝大多数人会进入归班铨选的流程——《嘉庆实录》中没有载明人数或名单。对于科举名次垫底，或者被认为年纪过大、过小、迂腐颟顸及有不适合任职的（如残疾），通常进入帝国漫长的候补官员队伍，等待各种挑选机会，这便是归班铨选。比如，山东鱼台人马邦举，嘉庆十年中进士后归班候选知县，后来接受教职，出任曹州府教授，正七品官。朝廷通常将才能平庸、缺乏莅民之才的官员改任品级相近但职责单纯的教职。马邦举的传记也承认他“幼时读书性稍迟，比长，颖悟顿开”，变相承认了其天资一般。

他们当中也有因病重、年迈、丁忧、奉养等各种原因无法出仕，或者自动放弃仕途的进士。在全社会的高度关注与资源倾斜之下，考中进士俨然是光耀门楣的盛举。它寄托了整个家族的期盼、支持与牺牲，耗尽了应试者的青春、心智与理想。我们不能排除有人将考中进士作为人生的终点，当作给他人的“交代”，无兴趣亦无心力任职，便选择了放弃。

这 59 位进士中有 37 位查不到任何仕途记录，占比将近 2/3，足见此途“官运堪忧”。归班铨选的进士，黯然离京回籍，等候吏部选官，短则数年，长则十多年。山东潍坊人郭圩，当年 37 岁，回家候选知县。郭圩家境一般，以进士之尊在乡里开设私塾谋生。9 年后，吏部通知郭圩赴任云南省恩安[①]知县。云南僻远，恩安土瘠民贫，是出了名的陋邑。郭圩携家眷赴任，第二年春死在了云南旅舍，享年 47 岁。广东南海人、名列三甲末尾的冯本泰也回乡候选。冯本泰热心公益，组织能力较强，被乡亲们推举为南海县三堡保正。进士身份对他多有裨益，比如南海县境内江河交汇，地形复杂，常有盗匪出没，冯本泰便能直接向广东巡抚呈请，添设官兵驻守，大大缓解了匪情。造福乡里或许就是冯本泰考中进士最大的作用。这也从另一个角度说明，进士功名虽然没有给部分进士直接的官职，但在其他方面给予了补偿——社会地位、处世实权等。

二甲中有两个人分流到了这一类中。一位是李新祐。《湖南通志》和临湘地方网站都有李新祐考中进士的记载，可惜其人之后杳无音讯，极可能是岁近暮年或身染重疾，无法出仕。另一位是萧汉申，曾任职知县。萧汉申极可能在朝考中表现太差，归班候补得官。

三甲中有 57 人分流到了这一类中，占三甲总人数的

① 恩安：清雍正八年（公元 1730 年）置，治所在今云南昭通，1913 年改名昭通。

39.58%，占该类总人数的96.61%，可见三甲进士在首轮仕途筛选中就遭遇了困境。57人的日后品级几乎都是正七品，只有齐元发一个人超过了正七品。《道光实录》道光十一年（公元1831年）记载，“崖州知州齐元发于所属地方黎匪纠众抢掠，不能先事查拏，禀报又复迟延，日久未能缉获”，被革职。当时距离考中进士已经过去25年，可见齐元发的仕途并不顺利。另，当年的末名进士胡秉钧也在这一类中，日后降职为训导，从八品，是“同学会”里品级最低的。

曲江宴罢，天各一方；鸿雁难觅，山海茫茫。

嘉庆十年243位进士，曾于嘉庆十五年（公元1810年）编印出版了《嘉庆十年乙丑科会试同年齿录》，记载了截至当年的各自情况。可惜我没有找到这本书。该齿录截止年月太早，对众人仕途发展的研究意义不大，最大的价值或许是记录了大家五年内的去向。今人编有《清代官员履历档案全编》，我因种种原因也没有看过此书，不知道其中收编有多少嘉庆十年的进士。目前，我通过查询《清实录》《清史稿》《皇朝经世文编》《皇朝经世文续编》《皇朝经世文三编》《清朝通志》的电子数据库，辅以中国知网等网络平台中相关文章的记载，大体概括出乙丑科进士仕途发展情况，以《嘉庆十年乙丑科进士仕途统计表》呈现如下。

嘉庆十年乙丑科进士仕途统计表

	所任官职品级	人数	合计	百分比
高层群体	正一品	2	21	10.19%
	从一品	5		
	正二品	7		
	从二品			
	正三品	5		
	从三品	2		
中层群体	正四品	5	183	88.83%
	从四品	19		
	正五品	8		
	从五品	17		
	正六品	7		
	从六品	1		
	正七品	124		
	从七品	2		
低层群体	正八品	1	2	0.97%
	从八品	1		
	正九品			
	从九品			
	不入流			

该年进士中有37人查不到仕途记录，其余206人宦海留痕，

故该统计表中只统计此206人的情况，37人不计入统计范围。这206人中仕途终点可考者106位，余下100位只能查到某时段职务，无法确定是否终官于此。如秦绳曾由刑部员外郎转御史，“刚直敢言，弹劾不避权贵”。他因是帝师秦承业之子，子受父荫，赏加四品卿衔。秦绳曾仕途终点未明，故统计为四品卿衔。对于仕途几上几下的情况，如起伏间隔长久，取最后职务；如是最终断崖式、惩罚式贬职，则取最高官职。[①]

清朝从三品官在地方为盐运使，在中央为鸿胪寺卿、太仆寺卿一级的官员，不归吏部铨选任免，需请旨而行。该一级的官员调动、整合资源的能力很强，具有全国影响力或声誉，故从三品及以上官员，我们视之为高层群体。进士的仕途起点为七品；从七品在地方为州判，在中央为翰林院检讨、国子监教授与博士一级的官员。自从七品至正四品的官员，处于官僚集团的中层，实权与影响力比上不足、比下有余，我们视之为中层群体。正八品及以下官员是佐贰、杂职和教职，无论实权与影响力，还是物质收入都相当有限，我们视之为低层群体。乙丑科进士有21人跻身高层官员，占可确定人数的10.19%。考虑到高层官员在《清实录》等数据库中无痕无迹的可能性极少，该科高层官员的数字可信度

---

① 庶吉士并非实际官职，但给予七品官待遇，按照七品官发放俸禄，在统计中视为正七品。因为史料限制，许多乙丑科进士的完整、确切履历难以查明，统计结果准确度不高。根据统计的进一步阐发与分析，尽量选取可以明确的方向与结论。特此说明。

很高。高层官员的数量在总人数中的占比约为 8.64%。对比同治七年（公元 1868 年）科考 275 名进士最后官位达到三品及以上的为 19 人，占比 6.91%，[①] 考虑到同治年间政治变动明显，授官较为泛滥，进士跃升品级易于嘉庆十年，乙丑科高层官员的比例已经很高了。尤其是其中出了一代权臣、掌握道光朝实权二十余年的穆彰阿，含金量很高。有人称乙丑科进士为“龙虎榜”，是有一定道理的。

不过即便是“龙虎榜”，进士跃升到高层的比例也不到 10%。

绝大多数乙丑科进士停留在中间阶层，计有 183 人，占可确认人数的 88.83%。另有 2 人下降到了低层，占比 0.97%。有 124 人凝固在了正七品的起点上。奋斗一生，晋升到七品以上的只有 78 人，占可确定人数的 37.86%。再考虑到那些在金銮殿前如同彗星般滑过，之后便消失在江湖山野的 37 名进士，我们可以得出结论：对于大多数进士而言，高中皇榜之日就是人生的高光时刻，从此再未超越。

乙丑科进士终于（可能终于）官职最多的前三位分别是知县、知府、编修。（详见下表）就官职种类而言，仕途终于州县官员的最多，占可确定人数的 57.28%，这与地方官员占朝廷官缺多数的现实有关。留在京城做学问的进士约占 17.48%，种类居次。这

---

① 何炳棣:《明清社会史论》, 台北: 联经出版事业公司, 2013 年, 第 147 页。

与进士“优于学问”的社会认知是一致的。

嘉庆十年乙丑科进士终官职位统计表

<table>
<tr><th>官职</th><th>人数</th><th>比例</th><th>备注</th></tr>
<tr><td>知县</td><td>95</td><td>46.12%</td><td rowspan="2">另有知州 6 人、同知 4 人。州县官员占比 57.28%</td></tr>
<tr><td>知府</td><td>13</td><td>6.31%</td></tr>
<tr><td>编修</td><td>10</td><td>4.85%</td><td rowspan="2">另有侍讲 3 人、检讨 2 人、侍讲学士 2 人，翰林院侍读学士、太子洗马和国子监祭酒、司业各 1 人。留京做学问官员占比 17.48%</td></tr>
<tr><td>庶吉士</td><td>15</td><td>7.28%</td></tr>
</table>

朝考分流的影响日渐发酵，最终产生了巨大差异。庶吉士的发展是四类同年中最佳的。（见下表）81 位庶吉士中有 14 位跃升到了高层群体，占比 17.28%。实现晋升的有 42 位，占比 51.85%，都远远高于平均数，不负朝廷栽培之意。

嘉庆十年乙丑科庶吉士仕途情况统计表

	品级	人数	合计	百分比
高层群体	正一品	2	14	17.28%
	从一品	2		
	正二品	4		
	从二品			
	正三品	4		
	从三品	2		
中层群体	正四品	2	67	82.72%
	从四品	11		
	正五品	3		
	从五品	9		
	正六品	3		
	从六品			
	正七品	37		
	从七品	2		

入选庶吉士的本就是进士中的佼佼者，跃升高层的更是精英。然而，并非庶吉士都能获得晋升。三甲入选庶吉士的17人中，除帅承瀚、穆彰阿、色卜星额、崇绶4人仕途进步外，其他13人都止步于七品。而这4人中有3人多少受益于他们的八旗身份。可见，庶吉士未必是每个人的仕途助推阶段，它只为奋斗者提供靠前的

起跑线，不给坐享其成者提供保温箱。

朝考分流分发中央部院衙门见习的进士有13人，其中6人日后晋升，占比近半，同样高于平均值。

即用知县87人，有68人依然是正七品，占比78.16%。其中，只有郑祖琛一人，从知县奋斗到了云南巡抚兼署云贵总督、太子太傅，稳居高层；另有正四品道员一位，知府、知州多人，都没能从知县奋斗到高层。隋唐前，宰相起于州县；隋唐后，州县渐成浊流，仕进不易。嘉庆十年即用知县晋升乏力，为此又添一例。

至于59位归班铨选或无法出仕的进士，只有22人有仕途履历。另据《嘉庆二十五年会试同年齿录》统计，当年归班铨选的55人在编辑齿录时的道光十三年（公元1833年）只有4个人获得官职，占7.27%；而不少庶吉士、即用知县已经多数获得实职，且有乃至正四品的。当年即用知县98人，有62人出仕，占63.27%。[1]可见，归班铨选仕途比前几类更难、更慢。

朝考分流的差异，本质上是仕途路径的差异。清代选官重京官，京官身处政务中枢，视野宽、站位高、资源多，又接近权力核心，尤其是翰林院诸官，随侍皇权，其聪明才智容易上达天听，更容易获得晋升。另外，清代官员升转有惯例与顺次。比如，京察优异的翰林、御史外放知府乃至道台，优于州县官升知府。又如，

① 马镛：《清代乡会试同年齿录研究》，上海：上海科学技术文献出版社，2013年，第81页。

编修升迁至品级同于巡抚的内阁学士，难度远远小于知县升迁至巡抚。这便造成了庶吉士与中央部院衙门见习的仕途发展，要胜于即用知县、归班铨选及其他同年们。

宏观的归纳总结与冰冷的数据分析，掩盖了个体的喜怒哀乐彷徨奋斗。没有个体，哪来群像？而乙丑科进士的宦海起伏中，隐藏着清朝仕途的规律。

乙丑科日后官居一品的进士一共 7 人，按进士录取名次排序为何凌汉、孙尔准、姚元之、郑祖琛、觉罗宝兴、穆彰阿、那清安。7 人中有 6 人出身于翰林，其中 5 人是庶吉士起点，那清安虽然以主事起步，但几年后回流翰林院任职。这与人们熟知的“非翰林不入内阁”的规律基本相符。唯一例外的是郑祖琛，朝考后分发江西任知县。他当年只有 21 岁，在此后的 40 多年里从没犯错，并且足够幸运、足够长寿，把握住每次晋升的机会。郑祖琛在江西完成了从知县到道台（正四品，中层官员的顶级）的跃升，之后外调他省，历任道台、盐运使、布政使、巡抚、署理总督，加太子太傅衔。地方官在上升空间、晋升机会、升迁顺次等方面明显弱于京官，郑祖琛的成功是极度幸运的罕见例子。

皇帝的垂青必不可少，7 人中最典型的当数觉罗宝兴。觉罗宝兴早期仕途很是平淡。嘉庆十八年（公元 1813 年）白莲教徒杀入紫禁城，他当时正从上书房值班出来，在东华门遭遇教徒，马上返回报警，为宫中应对留出了时间。嘉庆皇帝还京后，立刻擢其为内阁学士，第二年实授礼部侍郎，跻身高层。从客观上讲，觉罗宝兴政治素养一般，曾闹过将“高宗”误写为“高祖”的笑话，此后屡起屡伏，仕途坎坷，但已经进入皇帝的视野，即便坎坷也是高层次的升降。觉罗宝兴的第二次机遇降临在道光二十一年（公元 1841 年）。当时，大学士琦善、协办大学士伊里布相继被罢免，内阁中满族大臣缺员，资历深厚的觉罗宝兴便成了皇帝最现实的选择，（从中亦可见民族成分对官员升迁的重要影响，清朝毕竟是满族统治的王朝）遂在四川总督任上升为文渊阁大学士，留任总督。

新皇帝登基之初，通常着手栽培心腹重臣。道光皇帝登基之时，留意培养翰林出身、年富力强、官居次高品级的满族官员。乙丑科进士中有两位候选人，分别是穆彰阿和那清安。两人符合上述所有标准，都出任过多个部院的侍郎，能力与资历都到了寻求突破的时候。他俩都在道光元年（公元 1821 年）跃升部院正职。那清安之后没能再进一步，因为年纪偏大或身体病弱，更重要的是性格“持正”，政治上不够灵活。穆彰阿城府深厚、手腕高超，于嘉庆二十年（公元 1815 年）被任为刑部侍郎，刚正敢为，一日之内呈上二十多件斩立决的奏本。嘉庆皇帝认为他积压案件，贬其为光禄寺卿。穆彰阿经此挫折，政治上迅速成熟起来，终成一代权相。

一品大员中有两位系名人之后：孙尔准是广西巡抚孙永清的儿子，姚元之是大学问家、桐城派祖师姚鼐的孙子。家庭背景或多或少对子孙的仕途有所裨益。孙尔准从小耳濡目染了父辈行政之风，由翰林外放知府后，如鱼得水，从地方直升为闽浙总督。姚元之则继承了家学，留在京城做学问，以文才见长，是清朝著名书法家，深得道光皇帝喜爱。可惜，姚元之后来与同年穆彰阿在洋务问题上意见不合，于道光二十三年（公元 1843 年）被后者在京察中借口“年衰”而“被退休”。

当然，家庭背景并非一定会助力子孙博取高位。乙丑科中还有两位名人之后：山东聊城人傅京辉是顺治状元傅以渐的后人，民国教育家、学者傅斯年的先人，朝考后沦为末途，只有巴县知县的仕途履历；崇绶是乾隆朝宰相、一代名臣阿桂的曾孙，朝考时“所作诗文俱属平常”，皇帝开恩选他入庶吉士，“散馆所作诗赋仍复平等”，最后加恩赏崇绶为蓝翎侍卫，后情无考。两人似乎都未得到家庭背景的滋养，家庭背景也未帮助两人进一步跃升。

孙尔准等四人的履历表明，上流阶层子弟既有维持高位的，也有不能保持既有地位而向下层沦陷的。前者保持了政治传统，有助于同化跃升到高层的新人；后者则腾退出了上层空间，保证了社会的流动性。中国传统社会的流动性，在此也添一例证。

科举考试领跑的前三人，没能在仕途发展中保持优势。状元彭浚，仕途终于顺天府丞兼学政，这是一个正四品的中级官位。他的简历显示，其人文采佳，一度担任过道光皇帝的老师，却仕途进步缓慢，最大可能是政治实操能力一般。榜眼徐颋，在《清实录》中有比较详细的履历，显示其长期担任皇家教习，似乎没有承担过需要负实际责任的行政职位，最后官职是以内阁学士之职提督安徽学政，道光三年（公元 1823 年）追赠侍郎衔。估计徐颋考中进士时年纪不小或身体病弱，道光皇帝对他的追赠或许是对他教习皇子皇孙的奖励。探花何凌汉，颇为大器晚成，嘉庆十年考中进士，21 年后道光六年（公元 1826 年）才出任顺天府尹，之后始终在京城各衙门间升转，担任过大理寺、都察院和六部中除刑部之外的堂官，终于户部尚书。一甲三名进士，仕途发展都远超二、三甲平均值，但高起点并没有完全转化为预期的结果，政治实操毕竟与科举考试形神俱异。

平步青云者揭示政治规律，仕途平淡乃至失意者，也有失败的意义。

相当一部分进士仕途不畅的客观因素是无常的生命。漫长的科举考试相当耗费心力，许多考生皓首穷经，考中进士时身体羸弱或者年事已高。比如，欧阳敬任知县第二年即病逝；牟安儒考中时已过知天命之年，一任知县即告老还乡；汪继培考中时已 54 岁，分发吏部不久即告假返乡，再未复出。当然，年龄也不一定是仕途利器。云南鹤庆人、乙丑科三甲进士段克莹，时年仅 18 岁，极可能是同年中最年轻者，后任贵溪、上饶知县，再未进步。另外，孙源湘在庶吉士求学期间，请假而去，再未复出；李黼平入选庶吉士不久，辞官而去；李鸿祖一任知县期满，回乡读书自娱。

违法违纪是另一导致仕途失败的重因。比如，汪汝弼散馆后在泰山知县任上贪赃枉法遭处分，后情无考。传胪（二甲第一名）

徐松，当年才 24 岁，风华正茂，发展遥遥领先同年，授翰林院编修，入直南书房，又得到大学士举荐，任《全唐文》馆总提调兼总纂官，还奉诏纂辑《四库全书》，29 岁便出任湖南学政，少年得志，朱紫眼看唾手可得。遗憾的是，徐松在上升的欲望和官场的压力夹击之下，上任不到一年就被御史奏参需索陋规、出题割裂圣经等九款罪状。后经查明，徐松刻印自己作品，摊派生员购买牟利，遂遭罢官并流放新疆伊犁。

仕途升迁规则复杂，远非三言两语能够概括，更难以明确区别才能、政绩等的权重。相反，政治制度自诞生之日起就发展出独立的逻辑，官员个体完全不能与之相抗，只能被动接受制度的裁决。乙丑科即用知县杨嗣曾，顺利升迁为登州知府，后先降济宁知州，再降日照知县，又从知县升迁为临清知州，二度出任济宁知州，两度起伏都没有离开山东省，却耗尽了杨嗣曾的政治生命，在知州任上休致。同年进士、湖南桃江人符鸿，品行高尚。三年前，符鸿与同乡陈琼一起赴京会试，考过两科之后放弃了功名扶病重的陈琼回乡。途中，陈琼病逝，符鸿扶柩归乡。当年考官找不到符鸿的第三份答卷，得知情况后深为惋惜。三年后的乙丑年，符鸿中进士，分发河南，先后任淇县、卫辉、灵县知县，后因母亲去世回籍丁忧，复出后任来安、婺源知县。符鸿资历深厚，著述丰厚，却始终未得提升。二甲第 89 名进士奚大壮中试后授湖北应城知县，干劲十足，卓有政声，曾接受嘉庆皇帝的垂询接见；两次成功处理辖区的大旱，保境安民，得到官民交口称赞。

但他迟至 11 年后才升知州。道光元年其父重病，奚大壮离任回籍奉养老父。千百年来，多少进士沉溺州县，宦游四海、随波逐流，了却一生，他们才是进士的主流。

进士中名位不显，但风骨凛然、不为外物所动坚持自我的那部分人，尤为可敬可佩。乙丑科进士周济，好读史，喜观古将帅兵略，骑射击刺艺绝精，是文武双全、学问与实操俱佳的人才。殿试之前，有人劝他："答对策时，言语不要过激。"周济回答："我刚考中会试，怎么能欺君呢？"廷对时，周济纵言天下事，字迹都写到了框外，结果列在三甲，归班铨选，后来又改为淮安府学教授。知府王毂祭孔时不敬，周济面斥其过，两人关系紧张，周济不得不借病告归。两江总督孙玉庭深知周济有才，有意栽培，委任他治理淮南北的盐枭。周济调集营弁，勒以兵法，不久又感叹："盐务不理根本，只是缉私，私不可胜缉。"盐枭泛滥，根子在僵化腐败的官营体制。周济最终挂冠而去。

山东临沭人王橡，23 岁就考中举人，中举后以教书为业，后通过大挑担任过多届教谕，同时坚持考试，终于在 58 岁高龄考中三甲第 61 名进士，分发湖北候补一年多无缺，又转到河南候补，一年多仍无缺可补。后其父病故，王橡丁忧回籍守孝。候补及守孝期间，王橡没有俸禄，又中断了教学，生活拮据。同科进士、江苏某知县孙某邀他前往帮管田赋，并默许他以公肥私，本意为接济王橡的生活。但是王橡清廉自守，不取一丝一毫，只领工钱。守孝期满，王橡赴湖北候补，于嘉庆二十年春得到了京山知县的实缺。当时，王椽已是67岁高龄了，兴奋赴任。京山县地处偏僻，政务长期疏忽。王椽上任后，建章立制，惩治败类，稳定社会。民众拥戴王知县，一年后为褒扬其政绩，特寻捕一大蟒蛇作为重礼相送。王椽瞧见大蟒蛇，顿时昏死过去，治疗无效而亡。

任何时代，向上流动皆非易事。嘉庆十年，朝廷发出了243张跃升最高层的入场券，但只有不到四成的人的地位有所提升，只有一成的人最终跻身高层官员之列，多数进士停留在了官场的中下层。即便如此，进士相对其他功名，仕途优势明显，他们起码有直接任官资格。据统计，举人有官职者比例为69.61%，贡生27.72%，监生4.19%。除极个别人外，举人大多官至知县，最高官至知府，比例约1%；贡生大多官至训导、教谕，最高官至知州，比例不到1‰。[①]

进士中抵达高层者，几乎都拥有翰林出身、京官快速晋升、外放封疆或谋求部院堂官的成功路径，仕途失意者却没有明显的失败路径。绝大多数进士或因为客观限制，或困顿于制度与机遇，或淡泊名利，或风骨凛然不与官场合流，未能升迁，同样书写了丰富多彩的人生。他们中的许多人将学术研究、文艺创作、教书育人等与仕宦生涯相伴随，在其他领域镌刻下了不可磨灭的印记。评价成败的标准，不应该是唯一的品级高低、权势尊卑。因为篇

① 马镛：《清代举人、贡生和监生入仕初探》，《科举学论丛》2011年第1期。

幅所限，乙丑科进士中众多平淡无闻的人生不能一一记述，只能按时间为序展现同年们的历史瞬间。

嘉庆十七年（公元1812年），白钟岳押运滇铜，遭遇极端天气，在宿迁守冻。

道光元年，兵部查办军台废员，叶以倌蒙恩当年放回；欧阳瑚第二年放回。

道光三年，郭阶平出任陕西蒲城知县，此时距离他考中进士过去18年了。

道光四年（公元1824年），道光皇帝亲自评阅翰詹官员考卷，侍读学士德遐学问不精，遭勒令休致。

道光十四年（公元1834年），漕运总督朱为弼在查办漕运水手帮派械斗杀人事件，当时他已多病缠身。

道光十七年（公元1837年），兵部司员陈宗畴引见时倾跌失仪，兵部奉命调查“陈宗畴是否偶尔失足，抑系年力衰老所致”。

咸丰三年（公元1853年），太平军攻陷安徽桐城，一位老人自报家门：“吾前翰林院庶吉士、工部都水司员外郎马瑞辰也！”马瑞辰厉声咒骂太平军，遭太平军杀害，时年79岁。

咸丰六年（公元1856年），六年前遭“革职，永不叙用”处分的一代权相穆彰阿病死。

后　记

一个驻守长城的秦兵汉卒，职业生涯的大部分时间想必是持枪伫立在城墙上，遥望塞北的春花秋草，思念背后的故土亲友，有时思想可能开小差盘算今日的腌菜、明日的值更；一名谋食运河的漕运船户，是无暇欣赏运河两岸的南北差异、风土人情的，他每日思索的不是期限、工钱，就是如何安全行船、如何打点漕标兵丁——或许他真的有在漕船上夹带走私，甚至盗卖漕粮；一位行走州县官府衙门的绍兴师爷，长期在逼仄的签押房里埋首案牍，大概率也会患上腰肩疾病，担心视力问题，年少时所学的草长莺飞早已消磨成为上宪云云；一名从小家碧玉到寻常主妇的古代女子，干完今日的家务就要忙明天的三餐，抚养大儿女又要拉扯孙辈，人生重复几百年前先辈的轨迹，所谓的“月上柳梢头”与“无定河边骨”都是平淡生活中的异数……

他们不是历史的主角，几乎不可能在史籍上留下浓墨重彩；他们也不是历史的胜利者，不会留传下神奇的传说故事与精彩戏曲。但是，他们是中国历史的皇天后土，是我们的祖先。我们绝大多数人会沿着他们的人生轨迹行进。

本书是有关中国历史上的小人物、失败者和配角的传记合集。

每一位成功者，书写胜利的历史，将经验教训镌刻永恒，无可厚非。但历史不全是凯歌和掌声，还有折戟沉沙和默默无闻。兼顾这些失败者和无名之辈的人生，阅读他们的故事，后人才能对历史有一个全面、细致的了解。比如，耿恭和“玉门关十三勇士”的事迹，让后人感慨以一敌百的英雄气概，祖国不该遗忘每一位为国战斗的勇士。他们的历史是东汉前期西域史的一个侧影。另一个类似的失败者或许是李陵，“将军百战声名裂。向河梁、回头万里，故人长绝”。当年李陵送别苏武回归汉朝时感慨，你我一别，你将名垂青史，我则成了飘荡在草原的孤魂野鬼。李陵不应该成为无家可归的孤魂，他是西汉匈奴战争的见证者，身上照样闪耀着人性的光辉和英雄的气概。又比如，后周韩通的故事揭示了另一面的历史，那便是胜利者有目的地涂抹历史、塑造历史，进而扭曲真相。所幸，历史的痕迹不可能被完全抹清，故纸堆中的微光连成了一条强有力的线索。挖掘韩通这样的失败者，历史才能显露出全貌。

历史的智慧不单单存于帝王将相身上。主角的光芒固然有助于他们思想的传播、精神的流传，但每个人都是鲜活的，每个思想都是平等的，贩夫走卒身上依然有思想的火花，有可取之处。成功是一个复杂的事件，而失败同样复杂。了解失败者、湮没者的所思所想，相信同样有所裨益。不成功者的思想既可以反证成功的意义与原因，也蕴含着之所以不成功的深层价值。比如，宋襄公的失败有目共睹，但他对规则的坚持、对理念的遵守，依然值得肯定。在没有规则的环境下，任何人的成功都是没有保障的。又比如，东晋末代皇帝司马德文是一个亡国之君，但他从反面赤裸裸地揭示了皇权自我强化的内在逻辑——权力就是性命。再比如，王义方的“管不住嘴”，是追求功利和尊重内心的挣扎，是识时务与坚持原则的纠结。他所处的困境，不会是孤例；他所做的抉择，不会毫无意义。那些不懂得藏锋、不会隐忍、率性而为的政治人物，自有其存在的价值，值得他人尊重。有的时候，成功者的经验总结也许会沦为千篇一律的说教，而失败者的教训汲取，可能更有助于后人修正人生道路，解剖现在、认知未来。

在史籍宏大的叙事体系中，只有幸运的极少数才有机会出场，才拥有自己的故事，而其他人成了数以万计统计数据中的一个个无名小点。对于历史长河来说，每个人都微不足道；但对于亲友故交来说，每个人都是一部厚重的历史。本书提到了许多既没有历史标志意义，又没有留下思想财富的小人物。比如，早唐的张弘愈毕生都没有走出岭南，没有值得一书的事迹，没有丰富的人生旅程，但对于张九龄来说，他是父亲，是人生篇章的起始页；比如，刘保只是一个明朝可怜人，他行走在祖国的大地上，一心返回山西老家，终身饱受侮辱、残害与误解，但他是父亲毕生的牵挂、终身的遗憾；再比如，周觉春只是南方乡间微不足道一少年，只在诉讼档案中被提及了几笔，但他是母亲的命根子，是堂兄弟心中的依靠。每一个个体都是独一无二的，每一个个体的历史都值得被书写和铭记。

人生没有标准答案。没有人一出生就注定成功，命运是不断选择的结果。不同的选择导向了不同的人生，不同的选择塑造了人的善恶。傅游艺可以选择不跪，继续按部就班当一个唐朝中期的官僚，而不必冒险，最终遗臭万年、祸及子孙；柳同春可以选择认命，不念过去，不讨说法，但他没法向遇害的满门亲属交代，心里过不去这道坎儿；曹纶可以延续困窘的破落户生活，不必为人生冒险，也就不会有之后的故事。世间本没有善恶，也没有美丑，都是人们选择出来的。每个人的观念、认知、能力不同，选择时面临的环境千差万别，背负的压力、期望千奇百怪。一个细微的因素可能导向重大的偏差。因此，选择是没有标准答案的，没有两个选择是完全相同的。这是历史的吊诡之处，也是其魅力所在。

本书尽量挖掘不为人知的事件配角、犄角旮旯的历史人物，一来受水平所限，一来受史料限制，最后的“成品”或许存在不少缺陷。本书诸多人物中，只有李香君一位女性。女性在中国古代历史上是被忽略的群体。因为忽略，所以史料难寻，权以勇敢追求幸福且气节凛然的李香君作为女性的代表。

《嘉庆十年进士同学会》一文，与其他文章体例差别巨大，但因研究的是进士群体命运，更像是一篇群像传记，故作为附录收在书中。

有许多想写的人物，最终没能落笔，在此略提一二：南陈取代南梁后，萧梁宗室在北周庇护下，割据江陵一隅，延续了数十年国祚，史称“西梁”。我本想写西梁君主萧詧。这位儿皇帝后期怏怏寡欢，每诵“老骥伏枥，志在千里；烈士暮年，壮心不已”，未尝不扬眉举目、握腕激奋，久久叹息不止，最后在壮年以忧愤而背部发疽而死。清代道咸年间官员张集馨，留下了一本《道咸宦海见闻录》，宦海沉浮几十年，却每每在距离封疆大吏咫尺之遥时错失机会。他是一个有才能、敢作为，政绩历历可数，又没有污点的官员。恰恰因为有才而傲物，自信而超脱，张集馨不事钻营逢迎，最终止步藩臬。

本书中的文章，写作的时间跨度极大。最早的孙承泽一文，写于 2015 年，其余多数是 2019 年的作品。各篇质量也良莠不齐。我常常自我宽慰：每一本书都是作者遗憾的作品，本书亦如此。

图书难免存在差错，我对书中的史实错误负责。

本书得以顺利出版，我首先要感谢为本书的出版付出心血与汗水的同人们，他们是赵群伟、张雅静、姜井勇等；其次要感谢大象出版社及其编辑单明宇、李小希等；最后要感谢阅读到此处的各位读者。谢谢大家！

张　程

成稿于 2019 年 9 月 8 日

改于 2021 年 6 月 2 日